TRANZLATY

La lingua è per tutti

Kieli kuuluu kaikille

Il richiamo della foresta

Erämaan kutsu

Jack London

Italiano / Suomi

Nel primitivo
Alkeelliseen maailmaan

Buck non leggeva i giornali.
Buck ei lukenut sanomalehtiä.
Se avesse letto i giornali avrebbe saputo che i guai si stavano avvicinando.
Jos hän olisi lukenut sanomalehtiä, hän olisi tiennyt, että ongelmia oli kytemässä.
Non erano guai solo per lui, ma per tutti i cani da caccia.
Ongelmia oli paitsi hänellä itsellään, myös jokaisella vuorovesikoiralla.
Ogni cane con muscoli forti e pelo lungo e caldo sarebbe stato nei guai.
Jokainen lihaksikas ja lämmin, pitkäkarvainen koira joutuisi pulaan.
Da Puget Bay a San Diego nessun cane poteva sfuggire a ciò che stava per accadere.
Puget Baystä San Diegoon yksikään koira ei voinut paeta sitä, mitä oli tulossa.
Gli uomini, brancolando nell'oscurità artica, avevano trovato un metallo giallo.
Arktisen pimeyden keskellä hapuillen miehet olivat löytäneet keltaista metallia.
Le compagnie di navigazione a vapore e di trasporto erano alla ricerca della scoperta.
Höyrylaiva- ja kuljetusyhtiöt jahtasivat löytöä.
Migliaia di uomini si riversarono nel Nord.
Tuhannet miehet ryntäsivät Pohjolaan.
Questi uomini volevano dei cani, e i cani che volevano erano cani pesanti.
Nämä miehet halusivat koiria, ja koirat, joita he halusivat, olivat painavia koiria.
Cani dotati di muscoli forti per lavorare duro.
Koirat, joilla on vahvat lihakset raatamiseen.
Cani con il pelo folto che li protegge dal gelo.
Koirat, joilla on karvainen turkki suojaksi pakkaselta.

Buck viveva in una grande casa nella soleggiata Santa Clara Valley.

Buck asui suuressa talossa auringon suutelemassa Santa Claran laaksossa.

La casa del giudice Miller era chiamata così.

Tuomari Millerin paikka, hänen taloaan kutsuttiin.

La sua casa era nascosta tra gli alberi, lontana dalla strada.

Hänen talonsa seisoi hieman syrjässä tiestä, puoliksi piilossa puiden joukossa.

Si poteva intravedere l'ampia veranda che circondava la casa.

Talon ympäri kulkevasta leveästä verannasta saattoi nähdä vilauksia.

Si accedeva alla casa tramite vialetti ghiaiosi.

Taloa lähestyttiin sorapäällysteisiä ajoväyliä pitkin.

I sentieri si snodavano attraverso ampi prati.

Polut kiemurtelivat laajojen nurmikoiden halki.

In alto si intrecciavano i rami degli alti pioppi.

Yläpuolella lomittuivat korkeiden poppelien oksat.

Nella parte posteriore della casa le cose erano ancora più spaziose.

Talon takaosassa oli vieläkin tilavampaa.

C'erano grandi scuderie, dove una dozzina di stallieri chiacchieravano

Siellä oli suuria talleja, joissa tusina sulhasta jutteli

C'erano file di cottage per i servi ricoperti di vite

Siellä oli rivejä viiniköynnösten peittämiä palvelijoiden mökkejä

E c'era una serie infinita e ordinata di latrine

Ja siellä oli loputon ja järjestetty joukko ulkorakennuksia

Lunghi pergolati d'uva, pascoli verdi, frutteti e campi di bacche.

Pitkät viiniköynnösmetsät, vihreät laitumet, hedelmätarhat ja marjapellot.

Poi c'era l'impianto di pompaggio per il pozzo artesiano.

Sitten oli arteesisen kaivon pumppaamo.

E c'era la grande cisterna di cemento piena d'acqua.

Ja siellä oli iso sementtisäiliö täynnä vettä.

Qui i ragazzi del giudice Miller hanno fatto il loro tuffo mattutino.

Tässä tuomari Millerin pojat ottivat aamupulahduksensa.

E lì si rinfrescavano anche nel caldo pomeriggio.

Ja ne viilentyivät siellä myös kuumana iltapäivänä.

E su questo grande dominio, Buck era colui che lo governava tutto.

Ja tätä suurta aluetta hallitsi Buck kokonaan.

Buck nacque su questa terra e visse qui tutti i suoi quattro anni.

Buck syntyi tällä maalla ja asui täällä kaikki neljä vuotta.

C'erano effettivamente altri cani, ma non avevano molta importanza.

Oli kyllä muitakin koiria, mutta niillä ei oikeastaan ollut väliä.

In un posto vasto come questo ci si aspettava la presenza di altri cani.

Muita koiria odotettiin näin valtavassa paikassa.

Questi cani andavano e venivano oppure vivevano nei canili affollati.

Nämä koirat tulivat ja menivät, tai asuivat kiireisissä kenneleissä.

Alcuni cani vivevano nascosti in casa, come Toots e Ysabel.

Jotkut koirat asuivat piilossa talossa, kuten Toots ja Ysabel.

Toots era un carlino giapponese, Ysabel una cagnolina messicana senza pelo.

Toots oli japanilainen mopsi, Ysabel meksikolainen karvaton koira.

Queste strane creature raramente uscivano di casa.

Nämä oudot olennot harvoin astuivat ulos talosta.

Non toccarono terra né annusarono l'aria esterna.

Ne eivät koskeneet maahan eivätkä nuuhkineet ulkoilmaa.

C'erano anche i fox terrier, almeno una ventina.

Siellä oli myös kettuterriereitä, ainakin kaksikymmentä.

Questi terrier abbaiavano ferocemente a Toots e Ysabel in casa.

Nämä terrierit haukkuivat rajusti Tootsille ja Ysabelille sisällä.

Toots e Ysabel rimasero dietro le finestre, al sicuro da ogni pericolo.

Toots ja Ysabel pysyttelivät ikkunoiden takana turvassa.

Erano sorvegliati da domestiche armate di scope e stracci.

Heitä vartioivat kotiapulaiset luudilla ja mopeilla.

Ma Buck non era un cane da casa e nemmeno da canile.

Mutta Buck ei ollut mikään sisäkoira, eikä se ollut myöskään kennelkoira.

L'intera proprietà apparteneva a Buck come suo legittimo regno.

Koko omaisuus kuului Buckille hänen laillisena valtakuntanaan.

Buck nuotava nella vasca o andava a caccia con i figli del giudice.

Buck ui akvaariossa tai kävi metsästämässä tuomarin poikien kanssa.

Camminava con Mollie e Alice nelle prime ore del mattino o tardi.

Hän käveli Mollien ja Alicen kanssa aamuvarhain tai myöhään.

Nelle notti fredde si sdraiava davanti al fuoco della biblioteca insieme al giudice.

Kylminä öinä hän makasi kirjaston takan ääressä tuomarin kanssa.

Buck accompagnava i nipoti del giudice sulla sua robusta schiena.

Buck ratsasti tuomarin pojanpojille vahvalla selällään.

Si rotolava nell'erba insieme ai ragazzi, sorvegliandoli da vicino.

Hän kieriskeli ruohikossa poikien kanssa ja vartioi heitä tarkasti.

Si avventurarono fino alla fontana e addirittura oltre i campi di bacche.

He uskaltautuivat suihkulähteelle ja jopa marjapeltojen ohi.

Tra i fox terrier, Buck camminava sempre con orgoglio regale.

Kettuterrierien joukossa Buck käveli aina kuninkaallisen ylpeänä.

Ignorò Toots e Ysabel, trattandoli come se fossero aria.

Hän jätti Tootsin ja Ysabelin huomiotta ja kohteli heitä kuin ilmaa.

Buck governava tutte le creature viventi sulla terra del giudice Miller.

Buck hallitsi kaikkia eläviä olentoja tuomari Millerin mailla.

Dominava gli animali, gli insetti, gli uccelli e perfino gli esseri umani.

Hän hallitsi eläimiä, hyönteisiä, lintuja ja jopa ihmisiä.

Il padre di Buck, Elmo, era un enorme e fedele San Bernardo.

Buckin isä Elmo oli ollut valtava ja uskollinen bernhardiinikoira.

Elmo non si allontanò mai dal Giudice e lo servì fedelmente.

Elmo ei koskaan jättänyt tuomarin viertä ja palveli häntä uskollisesti.

Buck sembrava pronto a seguire il nobile esempio del padre.

Buck näytti olevan valmis seuraamaan isänsä jaloa esimerkkiä.

Buck non era altrettanto grande: pesava sessanta chili.

Buck ei ollut aivan yhtä suuri, painoi sata neljäkymmentä paunaa.

Sua madre, Shep, era una splendida cagnolina da pastore scozzese.

Hänen äitinsä, Shep, oli ollut hieno skotlanninpaimenkoira.

Ma nonostante il suo peso, Buck camminava con una presenza regale.

Mutta jopa tuosta painosta huolimatta Buck käveli majesteettisesti.

Ciò derivava dal buon cibo e dal rispetto che riceveva sempre.

Tämä johtui hyvästä ruoasta ja siitä kunnioituksesta, jota hän aina sai.

Per quattro anni Buck aveva vissuto come un nobile viziato.

Neljä vuotta Buck oli elänyt kuin hemmoteltu aatelismies.

Era orgoglioso di sé stesso e perfino un po' egocentrico.

Hän oli ylpeä itsestään ja jopa hieman itsekeskeinen.

Quel tipo di orgoglio era comune tra i signori delle campagne remote.

Tuollainen ylpeys oli yleistä syrjäisten maaseudun herrojen keskuudessa.

Ma Buck si salvò dal diventare un cane domestico viziato.

Mutta Buck säästi itsensä joutumasta hemmotelluksi kotikoiraksi.

Rimase snello e forte grazie alla caccia e all'esercizio fisico.

Hän pysyi hoikkana ja vahvana metsästyksen ja liikunnan avulla.

Amava profondamente l'acqua, come chi si bagna nei laghi freddi.

Hän rakasti vettä syvästi, kuten ihmiset, jotka kylpevät kylmissä järvissä.

Questo amore per l'acqua mantenne Buck forte e molto sano.

Tämä rakkaus veteen piti Buckin vahvana ja erittäin terveenä.

Questo era il cane che Buck era diventato nell'autunno del 1897.

Tämä oli koira, joksi Buckista oli tullut syksyllä 1897.

Quando lo sciopero del Klondike spinse gli uomini verso il gelido Nord.

Kun Klondiken isku veti miehet jäiseen pohjoiseen.

Da ogni parte del mondo la gente accorse in massa verso la fredda terra.

Ihmiset ryntäsivät kaikkialta maailmasta kylmään maahan.

Buck, tuttavia, non leggeva i giornali e non capiva le notizie.

Buck ei kuitenkaan lukenut lehtiä eikä ymmärtänyt uutisia.

Non sapeva che Manuel fosse una persona cattiva con cui stare.

Hän ei tiennyt, että Manuelin seurassa oli huono olla.

Manuel, che aiutava in giardino, aveva un grosso problema.

Manuelilla, joka auttoi puutarhassa, oli syvä ongelma.

Manuel era dipendente dal gioco d'azzardo alla lotteria cinese.

Manuel oli riippuvainen uhkapelaamisesta kiinalaisessa lottopelissä.

Credeva fermamente anche in un sistema fisso per vincere.

Hän uskoi myös vahvasti kiinteään voittojärjestelmään.

Questa convinzione rese il suo fallimento certo e inevitabile.

Tuo uskomus teki hänen epäonnistumisestaan varmaa ja väistämätöntä.

Per giocare con un sistema erano necessari soldi, soldi che a Manuel mancavano.

Systeemin pelaaminen vaatii rahaa, jota Manuelilta puuttui.

Il suo stipendio bastava a malapena a sostenere la moglie e i numerosi figli.

Hänen palkkansa tuskin riitti elättämään hänen vaimoaan ja monia lapsiaan.

La notte in cui Manuel tradì Buck, tutto era normale.

Sinä yönä, jona Manuel petti Buckin, kaikki oli normaalia.

Il giudice si trovava a una riunione dell'Associazione dei coltivatori di uva passa.

Tuomari oli rusinaviljelijöiden yhdistyksen kokouksessa.

A quel tempo i figli del giudice erano impegnati a fondare un club sportivo.

Tuomarin pojat olivat tuolloin kiireisiä perustamassa urheiluseuraa.

Nessuno vide Manuel e Buck uscire dal frutteto.

Kukaan ei nähnyt Manuelia ja Buckia poistumassa hedelmätarhan kautta.

Buck pensava che questa fosse solo una semplice passeggiata notturna.

Buck luuli tämän kävelyn olevan vain yksinkertainen yöllinen kävelyretki.

Incontrarono un solo uomo alla stazione della bandiera, a College Park.

He tapasivat vain yhden miehen lippuasemalla College Parkissa.

Quell'uomo parlò con Manuel e si scambiarono i soldi.

Tuo mies puhui Manuelille, ja he vaihtoivat rahaa.

"Imballa la merce prima di consegnarla", suggerì.

"Pakkaa tavarat ennen kuin toimitat ne", hän ehdotti.

La voce dell'uomo era roca e impaziente mentre parlava.

Miehen ääni oli käheä ja kärsimätön hänen puhuessaan.

Manuel legò con cura una corda spessa attorno al collo di Buck.

Manuel sitoi varovasti paksun köyden Buckin kaulaan.

"Se giri la corda, lo strangolerai di brutto"

"Väännä köyttä, niin kuristat hänet kunnolla"

Lo straniero emise un grugnito, dimostrando di aver capito bene.

Muukalainen murahti osoittaen ymmärtävänsä hyvin.

Quel giorno Buck accettò la corda con calma e silenziosa dignità.

Buck otti köyden vastaan tyynesti ja hiljaisen arvokkaasti sinä päivänä.

Era un atto insolito, ma Buck si fidava degli uomini che conosceva.

Se oli epätavallinen teko, mutta Buck luotti miehiin, jotka hän tunsi.

Credeva che la loro saggezza andasse ben oltre il suo pensiero.

Hän uskoi, että heidän viisautensa ylitti hänen oman ajattelunsa rajat.

Ma poi la corda venne consegnata nelle mani dello straniero.

Mutta sitten köysi annettiin muukalaisen käsiin.

Buck emise un ringhio basso che suonava come un avvertimento e una minaccia silenziosa.

Buck murahti matalasti, varoittaen hiljaisella uhkauksella.

Era orgoglioso e autoritario e intendeva mostrare il suo disappunto.

Hän oli ylpeä ja käskevä, ja aikoi osoittaa tyytymättömyytensä.

Buck credeva che il suo avvertimento sarebbe stato interpretato come un ordine.

Buck uskoi, että hänen varoituksensa ymmärrettäisiin käskyksi.

Con suo grande stupore, la corda si strinse rapidamente attorno al suo grosso collo.

Hänen järkytyksekseen köysi kiristyi tiukasti hänen paksun
kaulansa ympärille.

**Gli mancò l'aria e cominciò a lottare in preda a una rabbia
improvvisa.**

Hänen ilmansa salpautui ja hän alkoi äkillisesti raivoissaan
taistella.

**Si lanciò verso l'uomo, che si lanciò rapidamente contro
Buck a mezz'aria.**

Hän hyökkäsi miehen kimppuun, joka kohtasi nopeasti
Buckin ilmassa.

**L'uomo afferrò Buck per la gola e lo fece ruotare abilmente
in aria.**

Mies tarttui Buckin kurkkuun ja väänsi tätä taitavasti ilmassa.

**Buck venne scaraventato a terra con violenza, atterrando
sulla schiena.**

Buck paiskautui kovaa maahan selälleen.

**La corda ora lo strangolava crudelmente mentre lui scalciava
selvaggiamente.**

Köysi kuristi häntä nyt julmasti hänen potkiessaan villisti.

**La sua lingua cadde fuori, il suo petto si sollevò, ma non
riprese fiato.**

Hänen kielensä putosi ulos, rintakehä kohosi, mutta hän ei
saanut henkeä.

Non era mai stato trattato con tanta violenza in vita sua.

Häntä ei ollut koskaan elämässään kohdeltu niin
väkivaltaisesti.

**Non era mai stato così profondamente invaso da una rabbia
così profonda.**

Hän ei myöskään ollut koskaan aiemmin tuntenut niin syvää
raivoa.

Ma il potere di Buck svanì e i suoi occhi diventarono vitrei.

Mutta Buckin voima hiipui ja hänen silmänsä lasittuivat.

Svenne proprio mentre un treno veniva fermato lì vicino.

Hän pyörtyi juuri kun lähistöllä olevaa junaa pysäytettiin.

**Poi i due uomini lo caricarono velocemente nel vagone
bagagli.**

Sitten kaksi miestä heittivät hänet nopeasti
matkatavaravaunuun.

**La cosa successiva che Buck sentì fu dolore alla lingua
gonfia.**

Seuraavaksi Buck tunsi kipua turvonneessa kielellään.

**Si muoveva su un carro traballante, solo vagamente
cosciente.**

Hän liikkui tärisevissä kärryissä, vain hämärästi tajuissaan.

Il fischio acuto di un treno rivelò a Buck la sua posizione.

Junan pillin terävä kirkaisu kertoi Buckille hänen sijaintinsa.

**Aveva spesso cavalcato con il Giudice e conosceva quella
sensazione.**

Hän oli usein ratsastanut Tuomarin kanssa ja tiesi tunteen.

**Fu un'esperienza unica viaggiare di nuovo in un vagone
bagagli.**

Se oli ainutlaatuinen järkytys matkustaa jälleen
matkatavaravaunussa.

Buck aprì gli occhi e il suo sguardo ardeva di rabbia.

Buck avasi silmänsä ja hänen katseensa paloi raivosta.

Questa era l'ira di un re orgoglioso detronizzato.

Tämä oli ylpeän kuninkaan viha, joka syöstiin
valtaistuimeltaan.

**Un uomo allungò la mano per afferrarlo, ma Buck colpì per
primo.**

Mies ojensi kätensä tarttuakseen häneen, mutta Buck iski
ensin.

Affondò i denti nella mano dell'uomo e la strinse forte.

Hän upotti hampaansa miehen käteen ja puristi sitä lujasti.

**Non mi lasciò andare finché non svenne per la seconda
volta.**

Hän ei päästänyt irti ennen kuin menetti tajuntansa toisen
kerran.

"Sì, ha degli attacchi", borbottò l'uomo al facchino.

"Jep, saa kouristuskohtauksia", mies mutisi
matkatavaramiehelle.

Il facchino aveva sentito la colluttazione e si era avvicinato.

Matkatavaramies oli kuullut kamppailun ja tullut lähemmäs.

"Lo porto a Frisco per conto del capo", spiegò l'uomo.

– Vien hänet Friscoon pomon luo, mies selitti.

"C'è un bravo dottore per cani che dice di poterli curare."

"Siellä on hyvä koiralääkäri, joka sanoo voivansa parantaa ne."

Più tardi quella notte l'uomo raccontò la sua versione completa.

Myöhemmin samana iltana mies antoi oman täyden kertomuksensa.

Parlava da un capannone dietro un saloon sul molo.

Hän puhui vajasta sataman saluunan takaa.

"Mi hanno dato solo cinquanta dollari", si lamentò con il gestore del saloon.

"Minulle annettiin vain viisikymmentä dollaria", hän valitti saluunanpitäjälle.

"Non lo rifarei, nemmeno per mille dollari in contanti."

"En tekisi sitä uudestaan, en edes tuhannesta eurosta käteisenä."

La sua mano destra era strettamente avvolta in un panno insanguinato.

Hänen oikea kätensä oli tiukasti veriseen kankaaseen kääritty.

La gamba dei suoi pantaloni era completamente strappata dal ginocchio al piede.

Hänen housunlahkeensa oli repeytynyt auki polvesta varpaaseen.

"Quanto è stato pagato l'altro tizio?" chiese il gestore del saloon.

"Paljonko se toinen muki sai palkkaa?" kysyi kapakkamies.

«Cento», rispose l'uomo, «non ne accetterebbe uno in meno».

– Sata, mies vastasi, hän ei ottaisi senttiäkään vähempää.

"Questo fa centocinquanta", disse il gestore del saloon.

– Se tekee sataviisikymmentä, sanoi kapakkamies.

"E lui li merita tutti, altrimenti non sono meglio di uno stupido."

"Ja hän on kaiken sen arvoinen, tai en ole yhtään idioottia parempi."

L'uomo aprì gli involucri per esaminarsi la mano.

Mies avasi kääreet tutkiakseen kättään.

La mano era gravemente graffiata e ricoperta di croste di sangue secco.

Käsi oli pahasti repeytynyt ja kuivuneen veren peitossa.

"Se non mi viene l'idrofobia..." cominciò a dire.

"Jos en saa hydrofobiaa..." hän aloitti sanomaan.

"Sarà perché sei nato per impiccarti", giunse una risata.

"Se johtuu siitä, että olet syntynyt hirttäytymään", kuului nauru.

"Aiutami prima di partire", gli chiesero.

"Tule auttamaan minua ennen kuin lähdet", häntä pyydettiin.

Buck era stordito dal dolore alla lingua e alla gola.

Buck oli täysin sekaisin kielen ja kurkun kivusta.

Era mezzo strangolato e riusciva a malapena a stare in piedi.

Hän oli puoliksi kuristunut, eikä pystynyt juurikaan seisomaan pystyssä.

Ciononostante, Buck cercò di affrontare gli uomini che lo avevano ferito così duramente.

Silti Buck yritti kohdata miehet, jotka olivat satuttaneet häntä niin paljon.

Ma lo gettarono a terra e lo strangolarono ancora una volta.

Mutta he heittivät hänet alas ja kuristivat hänet uudelleen.

Solo allora riuscirono a segargli il pesante collare di ottone.

Vasta sitten he saattoivat sahata irti hänen raskaan messinkikauluksensa.

Tolsero la corda e lo spinsero in una cassa.

He irrottivat köyden ja työnsivät hänet laatikkoon.

La cassa era piccola e aveva la forma di una gabbia di ferro grezza.

Laatikko oli pieni ja muodoltaan kuin karkea rautahäkki.

Buck rimase lì per tutta la notte, pieno di rabbia e di orgoglio ferito.

Buck makasi siinä koko yön, täynnä vihaa ja haavoittunutta ylpeyttä.

Non riusciva nemmeno a capire cosa gli stesse succedendo.

Hän ei voinut alkaa ymmärtää, mitä hänelle tapahtui.

Perché quegli strani uomini lo tenevano in quella piccola cassa?

Miksi nämä oudot miehet pitivät häntä tässä pienessä häkissä?
Cosa volevano da lui e perché questa crudele prigionia?
Mitä he häneltä halusivat, ja miksi hän oli näin julma vankeudessa?
Sentì una pressione oscura e la sensazione che il disastro si avvicinasse.
Hän tunsi synkän paineen; lähestyvän katastrofin tunteen.
Era una paura vaga, ma si impadronì pesantemente del suo spirito.
Se oli epämääräinen pelko, mutta se painautui voimakkaasti hänen mieleensä.
Diverse volte sobbalzò quando la porta del capanno sbatteva.
Useita kertoja hän hyppäsi ylös, kun vajan ovi helisi.
Si aspettava che il giudice o i ragazzi apparissero e lo salvassero.
Hän odotti tuomarin tai poikien ilmestyvän ja pelastavan hänet.
Ma ogni volta solo la faccia grassa del gestore del saloon faceva capolino all'interno.
Mutta joka kerta vain kapakonpitäjän paksu naama kurkisti sisään.
Il volto dell'uomo era illuminato dalla debole luce di una candela di sego.
Miehen kasvoja valaisi talikynttilän himmeä valo.
Ogni volta, il latrato gioioso di Buck si trasformava in un ringhio basso e arrabbiato.
Joka kerta Buckin iloinen haukunta muuttui matalaksi, vihaiseksi murahdukseksi.

Il gestore del saloon lo ha lasciato solo per la notte nella cassa
Kapakanpitäjä jätti hänet yksin yöksi häkkiin
Ma quando si svegliò la mattina seguente, altri uomini stavano arrivando.
Mutta kun hän aamulla heräsi, lisää miehiä oli tulossa.

Arrivarono quattro uomini e, con cautela, sollevarono la cassa senza dire una parola.

Neljä miestä tuli ja nosti varovasti laatikon sanomatta sanaakaan.

Buck capì subito in quale situazione si trovava.

Buck tajusi heti, missä tilanteessa hän oli.

Erano ulteriori tormentatori che doveva combattere e temere.

Ne olivat lisää kiusaajia, joita vastaan hänen täytyi taistella ja pelätä.

Questi uomini apparivano malvagi, trasandati e molto mal curati.

Nämä miehet näyttivät ilkeiltä, repaleisilta ja erittäin huonosti hoidetuilta.

Buck ringhiò e si lanciò contro di loro con furia attraverso le sbarre.

Buck murahti ja syöksyi raivokkaasti heidän kimppuunsa kaltereiden välistä.

Si limitarono a ridere e a colpirlo con lunghi bastoni di legno.

He vain nauroivat ja tökkivät häntä pitkillä puisilla kepeillä.

Buck morse i bastoncini, poi capì che era quello che gli piaceva.

Buck puri keppejä ja tajusi sitten, että siitä ne pitivät.

Così si sdraiò in silenzio, imbronciato e acceso da una rabbia silenziosa.

Niinpä hän makasi hiljaa maassa, synkkänä ja hiljaisesta raivosta hehkuen.

Caricarono la cassa su un carro e se ne andarono con lui.

He nostivat laatikon vankkureihin ja ajoivat hänen kanssaan pois.

La cassa, con Buck chiuso dentro, cambiò spesso proprietario.

Laatikko, jonka sisällä Buck oli lukittuna, vaihtoi usein omistajaa.

Gli impiegati dell'ufficio espresso presero in mano la situazione e si occuparono di lui per un breve periodo.

Pikatoimiston virkailijat ottivat ohjat käsiinsä ja hoitivat hänet lyhyesti.

Poi un altro carro trasportò Buck attraverso la rumorosa città.

Sitten toiset vankkurit kuljettivat Buckin meluisan kaupungin poikki.

Un camion lo portò con sé scatole e pacchi su un traghetto.

Kuorma-auto vei hänet laatikoiden ja pakettien kanssa lautalle.

Dopo l'attraversamento, il camion lo scaricò presso un deposito ferroviario.

Ylityksen jälkeen kuorma-auto purki hänet rautatievarikolla.

Alla fine Buck venne fatto salire a bordo di un vagone espresso in attesa.

Viimein Buck sijoitettiin odottavaan pikajunaan.

Per due giorni e due notti i treni trascinarono via il vagone espresso.

Kahden päivän ja yön ajan junat vetivät pikavaunua pois.

Buck non mangiò né bevve durante tutto il doloroso viaggio.

Buck ei syönyt eikä juonut koko tuskallisen matkan aikana.

Quando i messaggeri cercarono di avvicinarlo, lui ringhiò.

Kun pikaviestijät yrittivät lähestyä häntä, hän murahti.

Risposero prendendolo in giro e prendendolo in giro crudelmente.

He vastasivat pilkkaamalla ja kiusoittelemalla häntä julmasti.

Buck si gettò contro le sbarre, schiumando e tremando

Buck heittäytyi kaltereihin vaahtoaen ja täristen

risero sonoramente e lo presero in giro come i bulli della scuola.

he nauroivat äänekkäästi ja pilkkasivat häntä kuin koulukiusaajat.

Abbaiavano come cani finti e agitavano le braccia.

Ne haukkuivat kuin feikkikoirat ja räpyttelivät käsiään.

Arrivarono persino a cantare come galli, solo per farlo arrabbiare ancora di più.

Ne jopa kiekaisivat kuin kukot vain ärsyttääkseen häntä lisää.

Era un comportamento sciocco e Buck sapeva che era ridicolo.

Se oli typerää käytöstä, ja Buck tiesi sen olevan naurettavaa.

Ma questo non fece altro che accrescere il suo senso di indignazione e vergogna.

Mutta se vain syvensi hänen häpeänsä ja närkästyksensä tunnetta.

Durante il viaggio la fame non lo disturbò molto.

Nälkä ei häntä matkan aikana juurikaan vaivannut.

Ma la sete portava con sé dolori acuti e sofferenze insopportabili.

Mutta jano toi mukanaan terävää kipua ja sietämätöntä kärsimystä.

La sua gola secca e infiammata e la lingua bruciavano per il calore.

Hänen kuiva, tulehtunut kurkkunsa ja kielensä polttivat kuumuudesta.

Questo dolore alimentava la febbre che cresceva nel suo corpo orgoglioso.

Tämä kipu ruokki kuumetta, joka nousi hänen ylpeässä ruumiissaan.

Durante questa prova Buck fu grato per una sola cosa.

Buck oli kiitollinen yhdestä asiasta tämän oikeudenkäynnin aikana.

Gli avevano tolto la corda dal grosso collo.

Köysi oli poistettu hänen paksun kaulansa ympäriltä.

La corda aveva dato a quegli uomini un vantaggio ingiusto e crudele.

Köysi oli antanut noille miehille epäreilun ja julman edun.

Ora la corda non c'era più e Buck giurò che non sarebbe mai più tornata.

Nyt köysi oli poissa, ja Buck vannoi, ettei se koskaan palaisi.

Decise che nessuna corda gli sarebbe mai più passata intorno al collo.

Hän päätti, ettei hänen kaulansa ympärille enää koskaan kierrettäisi köyttä.

Per due lunghi giorni e due lunghe notti soffrì senza cibo.

Kaksi pitkää päivää ja yötä hän kärsi ilman ruokaa.

E in quelle ore, accumulò dentro di sé una rabbia enorme.

Ja noina tunteina hänessä kasvoi valtava raivo.

I suoi occhi diventarono iniettati di sangue e selvaggi per la rabbia costante.

Hänen silmänsä muuttuivat verestäväksi ja villiksi jatkuvasta vihasta.

Non era più Buck, ma un demone con le fauci che schioccavano.

Hän ei ollut enää Buck, vaan demoni napsuvine leukoineen.

Nemmeno il Giudice avrebbe potuto riconoscere questa folle creatura.

Edes tuomari ei olisi tunnistanut tätä hullua olentoa.

I messaggeri espressi tirarono un sospiro di sollievo quando giunsero a Seattle

Pikaviestimet huokaisivat helpotuksesta saapuessaan Seattleen

Quattro uomini sollevarono la cassa e la portarono in un cortile sul retro.

Neljä miestä nosti laatikon ja kantoi sen takapihalle.

Il cortile era piccolo, circondato da mura alte e solide.

Piha oli pieni, korkeiden ja jykevien muurien ympäröimä.

Un uomo corpulento uscì dalla stanza con una scollatura larga e una camicia rossa.

Iso mies astui ulos roikkuvassa punaisessa neulepaidassa.

Firmò il registro delle consegne con una calligrafia spessa e decisa.

Hän allekirjoitti toimituskirjan paksulla ja rohkealla käsialalla.

Buck intuì subito che quell'uomo era il suo prossimo aguzzino.

Buck aavisti heti, että tämä mies oli hänen seuraava kiusaajansa.

Si lanciò violentemente contro le sbarre, con gli occhi rossi di rabbia.

Hän syöksyi rajusti kaltereita kohti, silmät raivosta punaisena.

L'uomo si limitò a sorridere amaramente e andò a prendere un'ascia.

Mies vain hymyili synkästi ja meni hakemaan kirvestä.

Teneva anche una mazza nella sua grossa e forte mano destra.

Hän toi mukanaan myös mailan paksussa ja vahvassa oikeassa kädessään.

"Lo porterai fuori adesso?" chiese l'autista preoccupato.

"Aiotko viedä hänet nyt?" kuljettaja kysyi huolestuneena.

"Certo", disse l'uomo, infilando l'ascia nella cassa come se fosse una leva.

– Totta kai, mies sanoi ja iski kirveen laatikkoon vivuksi.

I quattro uomini si dileguarono all'istante, saltando sul muro del cortile.

Neljä miestä hajaantuivat välittömästi ja hyppäsivät pihan muurille.

Dai loro punti sicuri in alto, aspettavano di ammirare lo spettacolo.

Turvallisista paikoistaan ylhäältä he odottivat nähdäkseen näytelmän.

Buck si lanciò contro il legno scheggiato, mordendolo e scuotendolo violentemente.

Buck syöksyi sirpaleisen puun kimppuun purren ja täristen rajusti.

Ogni volta che l'ascia colpiva la gabbia, Buck era lì pronto ad attaccarla.

Joka kerta, kun kirves osui häkkiin, Buck oli paikalla hyökkäämässä sitä vastaan.

Ringhiò e schioccò le dita in preda a una rabbia selvaggia, desideroso di essere liberato.

Hän murahti ja tiuskaisi villin raivon vallassa, haluten päästä vapaaksi.

L'uomo all'esterno era calmo e fermo, concentrato sul suo compito.

Ulkona oleva mies oli rauhallinen ja vakaa, keskittynyt tehtäväänsä.

"Bene allora, diavolo dagli occhi rossi", disse quando il buco fu grande.

"Niinpä sitten, punasilmäinen paholainen", hän sanoi, kun reikä oli jo suuri.

Lasciò cadere l'ascia e prese la mazza nella mano destra.

Hän pudotti kirveen ja otti pailan oikeaan käteensä.

Buck sembrava davvero un diavolo: aveva gli occhi iniettati di sangue e fiammeggianti.

Buck näytti todellakin paholaiselta; silmät verestävät ja hehkuvat.

Il suo pelo si rizzò, la schiuma gli salì alla bocca e gli occhi brillarono.

Hänen takkinsa pystyi, vaahtoa nousi suussa ja silmät loistivat.

Lui tese i muscoli e si lanciò dritto verso il maglione rosso.

Hän jännitti lihaksensa ja ryntäsi suoraan punaisen villapaidan kimppuun.

Centoquaranta libbre di furia si riversarono sull'uomo calmo.

Sata neljäkymmentä kiloa raivoa sinkoutui tyyntä miestä kohti.

Un attimo prima che le sue fauci si chiudessero, un colpo terribile lo colpì.

Juuri ennen kuin hänen leukansa sulkeutuivat, häntä iski hirvittävä isku.

I suoi denti si schioccarono insieme solo sull'aria

Hänen hampaansa napsahtivat yhteen pelkästä ilmasta

una scossa di dolore gli risuonò nel corpo

tuskanjyrähdys kaikui hänen kehossaan

Si capovolse a mezz'aria e cadde sulla schiena e su un fianco.

Hän pyörähti ilmassa ja kaatui selälleen ja kyljelleen.

Non aveva mai sentito prima un colpo di mazza e non riusciva a sostenerlo.

Hän ei ollut koskaan ennen tuntenut pailan iskua eikä pystynyt tarttumaan siihen.

Con un ringhio acuto, in parte abbaio, in parte urlo, saltò di nuovo.

Kirkuvan murahduksen, osaksi haukkumisen, osaksi kirkaisun saattelemana se hyppäsi uudelleen.

Un altro colpo violento lo colpì e lo scaraventò a terra.

Toinen raju isku osui häneen ja paiskasi hänet maahan.

Questa volta Buck capì: era la pesante clava dell'uomo.

Tällä kertaa Buck ymmärsi – se oli miehen painava nuija.

Ma la rabbia lo accecò e non pensò minimamente di ritirarsi.

Mutta raivo sokaisi hänet, eikä hän ajatellutkaan
perääntymistä.

Dodici volte si lanciò e dodici volte cadde.

Kaksitoista kertaa hän syöksyi karkuun ja kaksitoista kertaa
putosi.

**La mazza di legno lo colpiva ogni volta con una forza
spietata e schiacciante.**

Puinen nuija iski häntä joka kerta armottomalla, murskaavalla
voimalla.

**Dopo un colpo violento, si rialzò barcollando, stordito e
lento.**

Yhden rajua iskua jälkeen hän horjahti jaloilleen,
hämmentyneenä ja hitaasti.

**Il sangue gli colava dalla bocca, dal naso e perfino dalle
orecchie.**

Verta valui hänen suustaan, nenästään ja jopa korvistaan.

**Il suo mantello, un tempo bellissimo, era imbrattato di
schiuma insanguinata.**

Hänen kerran niin kaunis turkkinsa oli tahriintunut verisestä
vaahdosta.

**Poi l'uomo si fece avanti e gli sferrò un violento colpo al
naso.**

Sitten mies astui esiin ja iski ilkeän iskun nenään.

**L'agonia fu più acuta di qualsiasi cosa Buck avesse mai
provato.**

Tuska oli ankarampaa kuin mikään, mitä Buck oli koskaan
tuntenut.

**Con un ruggito più da bestia che da cane, balzò di nuovo
all'attacco.**

Karjuen, joka oli enemmän petomainen kuin koiran, hän
hyppäsi jälleen hyökkäämään.

**Ma l'uomo gli afferrò la mascella inferiore e la torse
all'indietro.**

Mutta mies otti kiinni alaleuastaan ja käänsi sen taaksepäin.

Buck si girò a testa in giù e cadde di nuovo violentemente al suolo.

Buck pyörähti korviaan myöten ja kaatui jälleen rajusti.

Un'ultima volta, Buck si lanciò verso di lui, ormai a malapena in grado di reggersi in piedi.

Vielä kerran Buck hyökkäsi hänen kimppuunsa, nyt tuskin pystyen seisomaan.

L'uomo colpì con sapiente tempismo, sferrando il colpo finale.

Mies iski asiantuntevasti ajoitettuna ja antoi viimeisen iskun.

Buck crollò a terra, privo di sensi e immobile.

Buck lysähti kasaksi, tajuttomana ja liikkumattomana.

"Non è uno stupido ad addestrare i cani, ecco cosa dico io", urlò un uomo.

"Hän ei ole mikään laiska koirien rikkomisessa, sitä minä sanon", mies huusi.

"Druther può spezzare la volontà di un segugio in qualsiasi giorno della settimana."

"Druther voi murtaa ajokoiran tahdon minä tahansa viikonpäivänä."

"E due volte di domenica!" aggiunse l'autista.

"Ja kahdesti sunnuntaina!" kuljettaja lisäsi.

Salì sul carro e tirò le redini per partire.

Hän kiipesi vankkureihin ja napsautti ohjaksia lähteäkseen.

Buck riprese lentamente il controllo della sua coscienza

Buck sai hitaasti tajuntansa hallintaansa takaisin.

ma il suo corpo era ancora troppo debole e rotto per muoversi.

mutta hänen ruumiinsa oli vielä liian heikko ja rikki liikkuakseen.

Rimase lì dove era caduto, osservando l'uomo con il maglione rosso.

Hän makasi siinä, mihin oli kaatunut, ja katseli punavillaista miestä.

"Risponde al nome di Buck", disse l'uomo, leggendo ad alta voce.

– Hän vastaa nimelle Buck, mies sanoi lukiessaan ääneen.

Citò la nota inviata con la cassa di Buck e i dettagli.

Hän lainasi Buckin laatikon mukana lähetettyä viestiä ja tietoja.

"Bene, Buck, ragazzo mio", continuò l'uomo con tono amichevole,

"No niin, Buck, poikani", mies jatkoi ystävälliseen sävyyn,

"Abbiamo avuto il nostro piccolo litigio, e ora tra noi è finita."

"Meillä oli pieni riitamme, ja nyt se on ohi meidän välillämme."

"Tu hai imparato qual è il tuo posto, e io ho imparato qual è il mio", ha aggiunto.

"Sinä olet oppinut paikkasi, ja minä olen oppinut omani", hän lisäsi.

"Sii buono e tutto andrà bene e la vita sarà piacevole."

"Ole kiltti, niin kaikki menee hyvin ja elämä on ihanaa."

"Ma se sei cattivo, ti spaccherò a morte, capito?"

"Mutta ole tuhma, niin hakkaan sinut kuoliaaksi, ymmärrätkö?"

Mentre parlava, allungò la mano e accarezzò la testa dolorante di Buck.

Puhuessaan hän ojensi kätensä ja taputti Buckin kipeää päätä.

I capelli di Buck si rizzarono al tocco dell'uomo, ma lui non oppose resistenza.

Buckin hiukset nousivat pystyyn miehen kosketuksesta, mutta hän ei vastustellut.

L'uomo gli portò dell'acqua e Buck la bevve a grandi sorsi.

Mies toi hänelle vettä, jota Buck joi suurin kulauksin.

Poi arrivò la carne cruda, che Buck divorò pezzo per pezzo.

Sitten tuli raakaa lihaa, jota Buck ahmi pala palalta.

Sapeva di essere stato sconfitto, ma sapeva anche di non essere distrutto.

Hän tiesi olevansa lyöty, mutta tiesi myös, ettei ollut murtunut.

Non aveva alcuna possibilità contro un uomo armato di manganello.

Hänellä ei ollut mitään mahdollisuuksia pamppua
aseistautunutta miestä vastaan.

Aveva imparato la verità e non dimenticò mai quella lezione.

Hän oli oppinut totuuden, eikä hän koskaan unohtanut sitä
läksyä.

**Quell'arma segnò l'inizio della legge nel nuovo mondo di
Buck.**

Tuo ase oli lain alku Buckin uudessa maailmassa.

**Fu l'inizio di un ordine duro e primitivo che non poteva
negare.**

Se oli alku ankaralle, alkeelliselle järjestykselle, jota hän ei
voinut kieltää.

**Accettò la verità: i suoi istinti selvaggi erano ormai
risvegliati.**

Hän hyväksyi totuuden; hänen villit vaistonsa olivat nyt
hereillä.

**Il mondo era diventato più duro, ma Buck lo affrontò
coraggiosamente.**

Maailma oli käynyt ankarammaksi, mutta Buck kohtasi sen
rohkeasti.

**Affrontò la vita con una nuova cautela, astuzia e una forza
silenziosa.**

Hän kohtasi elämän uudella varovaisuudella, oveluudella ja
hiljaisella voimalla.

**Arrivarono altri cani, legati con corde o gabbie, come era
successo a Buck.**

Lisää koiria saapui, köysiin tai laatikoihin sidottuina, kuten
Buck oli ollut.

**Alcuni cani procedevano con calma, altri si infuriavano e
combattevano come bestie feroci.**

Jotkut koirat tulivat rauhallisesti, toiset raivosivat ja taistelivat
kuin villipedot.

**Tutti loro furono sottoposti al dominio dell'uomo con il
maglione rosso.**

Heidät kaikki saatettiin punavillaisen miehen vallan alle.

**Ogni volta Buck osservava e vedeva svolgersi la stessa
lezione.**

Joka kerta Buck katseli ja näki saman opetuksen avautuvan.

L'uomo con la clava era la legge: un padrone a cui obbedire.

Mies pamppuineen oli laki; isäntä, jota piti totella.

Non era necessario che gli piacesse, ma che gli si obbedisse.

Häntä ei tarvinnut pitää, mutta häntä piti totella.

Buck non si è mai mostrato adulatore o scodinzolante come facevano i cani più deboli.

Buck ei koskaan imarrellut tai heiluttanut itseään niin kuin heikommat koirat tekivät.

Vide dei cani che erano stati picchiati e che continuavano a leccare la mano dell'uomo.

Hän näki hakattuja koiria, jotka silti nuolivat miehen kättä.

Vide un cane che non obbediva né si sottometteva affatto.

Hän näki yhden koiran, joka ei totellut eikä alistunut lainkaan.

Quel cane ha combattuto fino alla morte nella battaglia per il controllo.

Tuo koira taisteli, kunnes se kuoli vallasta käydyssä taistelussa.

A volte degli sconosciuti venivano a trovare l'uomo con il maglione rosso.

Muukalaiset tulivat joskus katsomaan punavillaista miestä.

Parlavano con toni strani, supplicando, contrattando e ridendo.

He puhuivat oudolla äänellä, aneleen, neuvotellen ja nauraen.

Dopo aver scambiato i soldi, se ne andavano con uno o più cani.

Kun rahaa vaihdettiin, he lähtivät yhden tai useamman koiran kanssa.

Buck si chiese dove andassero questi cani, perché nessuno faceva mai ritorno.

Buck ihmetteli, minne nämä koirat olivat menneet, sillä yksikään ei koskaan palannut.

la paura dell'ignoto riempiva Buck ogni volta che un uomo sconosciuto si avvicinava

Tuntemattoman pelko täytti Buckin joka kerta, kun vieras mies tuli

era contento ogni volta che veniva preso un altro cane, al posto suo.

Hän oli iloinen joka kerta, kun otettiin joku toinen koira itsensä sijaan.

Ma alla fine arrivò il turno di Buck con l'arrivo di uno strano uomo.

Mutta lopulta Buckin vuoro koitti oudon miehen saapuessa.

Era piccolo, nervoso e parlava un inglese stentato e imprecava.

Hän oli pieni, jäntevä ja puhui murteella englannilla ja kiroili.

"Sacredam!" urlò quando vide il corpo di Buck.

"Pyhä päivä!" hän huusi nähdessään Buckin rungon.

"Che cane maledetto e prepotente! Eh? Quanto costa?" chiese ad alta voce.

"Onpa tuo yksi pirun kiusaaja! Häh? Paljonko?" hän kysyi ääneen.

"Trecento, ed è un regalo a quel prezzo",

"Kolmesataa, ja hän on lahja tuolla hinnalla,"

"Dato che sono soldi del governo, non dovresti lamentarti, Perrault."

"Koska kyse on valtion rahasta, sinun ei pitäisi valittaa, Perrault."

Perrault sorrise pensando all'accordo che aveva appena concluso con quell'uomo.

Perrault virnisti juuri miehen kanssa tekemälleen sopimukselle.

Il prezzo dei cani è salito alle stelle a causa della domanda improvvisa.

Koirien hinnat olivat nousseet pilviin äkillisen kysynnän vuoksi.

Trecento dollari non erano ingiusti per una bestia così bella.

Kolmesataa dollaria ei ollut epäreilua noin hienolle eläimelle.

Il governo canadese non perderebbe nulla dall'accordo

Kanadan hallitus ei menettäisi sopimuksessa mitään

Né i loro comunicati ufficiali avrebbero subito ritardi nel trasporto.

Eivätkä heidän viralliset lähetyksensä viivästyisi kuljetuksen aikana.

Perrault conosceva bene i cani e capì che Buck era una rarità.

Perrault tunsi koirat hyvin ja näki Buckin olevan ainutlaatuinen.

"Uno su dieci diecimila", pensò, mentre studiava la corporatura di Buck.

"Yksi kymmenestä kymmenestätuhannesta", hän ajatteli tarkastellessaan Buckin vartaloa.

Buck vide il denaro cambiare di mano, ma non mostrò alcuna sorpresa.

Buck näki rahojen vaihtavan omistajaa, mutta ei osoittanut yllätystä.

Poco dopo lui e Curly, un gentile Terranova, furono portati via.

Pian hänet ja Kihara, lempeä newfoundlandinkoira, vietiin pois.

Seguirono l'omino dal cortile della casa con il maglione rosso.

He seurasivat pientä miestä punaisen villapaidan pihalta.

Quella fu l'ultima volta che Buck vide l'uomo con la mazza di legno.

Se oli viimeinen kerta, kun Buck näki puisen kepin miehen.

Dal ponte del Narwhal guardò Seattle svanire in lontananza.

Narwhalin kannelta hän katseli Seattlen katoavan kaukaisuuteen.

Fu anche l'ultima volta che vide le calde terre del Sud.

Se oli myös viimeinen kerta, kun hän näki lämpimän Etelän.

Perrault li portò sottocoperta e li lasciò con François.

Perrault vei heidät kannen alapuolelle ja jätti heidät François'n huostaan.

François era un gigante con la faccia nera e le mani ruvide e callose.

François oli mustakasvoinen jättiläinen, jolla oli karheat, kovettuneet kädet.

Era un uomo dalla carnagione scura e dalla carnagione scura, un meticcio franco-canadese.

Hän oli tumma ja tummaihoinen; puoliverinen ranskalais-kanadalainen.

Per Buck, quegli uomini erano come non li aveva mai visti prima.

Buckille nämä miehet olivat sellaisia, joita hän ei ollut koskaan ennen nähnyt.

Nei giorni a venire avrebbe avuto modo di conoscere molti di questi uomini.

Hän tulisi tutustumaan moniin tällaisiin miehiin tulevina päivinä.

Non cominciò ad affezionarsi a loro, ma finì per rispettarli.

Hän ei kiintynyt heihin, mutta hän oppi kunnioittamaan heitä.

Erano giusti e saggi e non si lasciavano ingannare facilmente da nessun cane.

Ne olivat oikeudenmukaisia ja viisaita, eikä mikään koira voinut niitä helposti hämätä.

Giudicavano i cani con calma e punivano solo quando meritavano.

He tuomitsivat koirat rauhallisesti ja rankaisivat vain ansaitusti.

Sul ponte inferiore del Narwhal, Buck e Curly incontrarono due cani.

Narwhalin alakannella Buck ja Kihara tapasivat kaksi koiraa.

Uno era un grosso cane bianco proveniente dalle lontane e gelide isole Spitzbergen.

Yksi oli suuri valkoinen koira kaukaisesta, jäisestä Huippuvuorten alueelta.

In passato aveva navigato su una baleniera e si era unito a un gruppo di ricerca.

Hän oli kerran purjehtinut valaanpyyntialuksen kanssa ja liittynyt tutkimusryhmään.

Era amichevole, ma astuto, subdolo e subdolo.

Hän oli ystävällinen ovelalla, salakavalalla ja viekkaalla tavalla.

Al loro primo pasto, rubò un pezzo di carne dalla padella di Buck.

Ensimmäisellä ateriallaan hän varasti palan lihaa Buckin pannulta.

Buck saltò per punirlo, ma la frusta di François colpì per prima.

Buck hyppäsi rangaistakseen häntä, mutta François'n ruoska osui ensin.

Il ladro bianco urlò e Buck reclamò l'osso rubato.

Valkoinen varas kiljaisi, ja Buck sai varastetun luun takaisin.

Questa correttezza colpì Buck e François si guadagnò il suo rispetto.

Tuo oikeudenmukaisuus teki vaikutuksen Buckiin, ja François ansaitsi hänen kunnioituksensa.

L'altro cane non lo salutò e non volle nessuno in cambio.

Toinen koira ei tervehtinyt eikä halunnutkaan tervehdystä vastapalvelukseen.

Non rubava il cibo, né annusava con interesse i nuovi arrivati.

Hän ei varastanut ruokaa eikä nuuhkinut tulokkaita kiinnostuneena.

Questo cane era cupo e silenzioso, cupo e lento nei movimenti.

Tämä koira oli synkkä ja hiljainen, synkkä ja hidasliikkeinen.

Avvertì Curly di stargli lontano semplicemente lanciandole un'occhiata fulminante.

Hän varoitti Kiharaa pysymään poissa tuijottamalla tätä vihaisesti.

Il suo messaggio era chiaro: lasciatemi in pace o saranno guai.

Hänen viestinsä oli selvä: jätä minut rauhaan tai tulee ongelmia.

Si chiamava Dave e non faceva quasi caso a ciò che lo circondava.

Häntä kutsuttiin Daveksi, ja hän tuskin huomasi ympäristöään.

Dormiva spesso, mangiava tranquillamente e sbadigliava di tanto in tanto.

Hän nukkui usein, söi hiljaa ja haukotteli silloin tällöin.

La nave ronzava costantemente con il rumore dell'elica sottostante.

Laiva humisi jatkuvasti alapuolellaan hakkaavan potkurin kanssa.

I giorni passarono senza grandi cambiamenti, ma il clima si fece più freddo.

Päivät kuluivat lähes muuttumattomina, mutta sää kylmeni.

Buck se lo sentiva nelle ossa e notò che anche gli altri lo sentivano.

Buck tunsi sen luissaan ja huomasi muidenkin tekevän niin.

Poi una mattina l'elica si fermò e tutto rimase immobile.

Sitten eräänä aamuna potkuri pysähtyi ja kaikki oli tyyntä.

Un'energia percorse la nave: qualcosa era cambiato.

Energia pyyhkäisi läpi aluksen; jokin oli muuttunut.

François scese, li mise al guinzaglio e li portò su.

François tuli alas, laittoi ne hihnaan ja nosti ne ylös.

Buck uscì e trovò il terreno morbido, bianco e freddo.

Buck astui ulos ja huomasi maan olevan pehmeä, valkoinen ja kylmä.

Lui fece un balzo indietro allarmato e sbuffò in preda alla confusione più totale.

Hän hyppäsi taaksepäin säikähtäneenä ja murahti täysin hämmentyneenä.

Una strana sostanza bianca cadeva dal cielo grigio.

Harmaalta taivaalta putosi outoa valkoista ainetta.

Si scosse, ma i fiocchi bianchi continuavano a cadergli addosso.

Hän ravisteli itseään, mutta valkoiset hiutaleet laskeutuivat yhä uudelleen hänen päälleen.

Annusò attentamente la sostanza bianca e ne leccò alcuni pezzetti ghiacciati.

Hän nuuhki valkoista ainetta varovasti ja nuoli muutaman jäisen palan.

La polvere bruciò come il fuoco e poi svanì subito dalla sua lingua.

Jauhe poltti kuin tuli ja katosi sitten suoraan hänen kielellään.

Buck ci riprovò, sconcertato dallo strano freddo che svaniva.
Buck yritti uudelleen, hämmentyneenä oudon katoavan
kylmyyden vuoksi.

Gli uomini intorno a lui risero e Buck si sentì in imbarazzo.
Miehet hänen ympärillään nauroivat, ja Buck tunsi olonsa
noloksi.

Non sapeva perché, ma si vergognava della sua reazione.
Hän ei tiennyt miksi, mutta hän häpesi reaktiotaan.

Era la sua prima esperienza con la neve e la cosa lo confuse.
Se oli hänen ensimmäinen kokemuksensa lumen kanssa, ja se
hämmensi häntä.

La legge del bastone e della zanna
Keila ja kulmahammas -laki

Il primo giorno di Buck sulla spiaggia di Dyea è stato un terribile incubo.
Buckin ensimmäinen päivä Dyean rannalla tuntui kamalalta painajaiselta.

Ogni ora portava con sé nuovi shock e cambiamenti inaspettati per Buck.
Jokainen tunti toi Buckille uusia yllätyksiä ja odottamattomia muutoksia.

Era stato strappato alla civiltà e gettato nel caos più totale.
Hänet oli vedetty irti sivilisaatiosta ja heitetty villiin kaaokseen.

Questa non era una vita soleggiata e pigra, fatta di noia e riposo.
Tämä ei ollut aurinkoista, laiskaa elämää tylsistyneenä ja levollisena.

Non c'era pace, né riposo, né momento senza pericolo.
Ei ollut rauhaa, ei lepoa, eikä hetkeäkään ilman vaaraa.

La confusione regnava su tutto e il pericolo era sempre vicino.
Hämmennys hallitsi kaikkea, ja vaara oli aina lähellä.

Buck doveva stare attento perché quegli uomini e quei cani erano diversi.
Buckin täytyi pysyä valppaana, koska nämä miehet ja koirat olivat erilaisia.

Non provenivano da città; erano selvaggi e spietati.
He eivät olleet kotoisin kaupungeista; he olivat villejä ja armottomia.

Questi uomini e questi cani conoscevano solo la legge del bastone e della zanna.
Nämä miehet ja koirat tunsivat vain kepin ja hampaiden lain.

Buck non aveva mai visto dei cani combattere come questi feroci husky.
Buck ei ollut koskaan nähnyt koirien taistelevan niin kuin nämä villit huskyt.

La sua prima esperienza gli insegnò una lezione che non avrebbe mai dimenticato.

Ensimmäinen kokemus opetti hänelle läksyn, jota hän ei koskaan unohtaisi.

Fu una fortuna che non fosse lui, altrimenti sarebbe morto anche lui.

Hän oli onnekas, ettei se ollut hän, tai hänkin olisi kuollut.

Curly era quello che soffriva, mentre Buck osservava e imparava.

Kihara kärsi, kun taas Buck katseli ja oppi.

Si erano accampati vicino a un deposito costruito con tronchi.

He olivat pystyttäneet leirin hirsistä rakennetun varaston lähelle.

Curly cercò di essere amichevole con un grosso husky simile a un lupo.

Kihara yritti olla ystävällinen suurelle, suden kaltaiselle huskylle.

L'husky era più piccolo di Curly, ma aveva un aspetto selvaggio e cattivo.

Husky oli Kiharaä pienempi, mutta näytti villiltä ja ilkeältä.

Senza preavviso, lui saltò su e le tagliò il viso.

Yhtäkkiä hän hyppäsi ja viilsi naisen kasvot auki.

Con un solo movimento i suoi denti le tagliarono l'occhio fino alla mascella.

Hänen hampaansa leikkasivat yhdellä liikkeellä naisen silmästä leukaan.

Ecco come combattevano i lupi: colpivano velocemente e saltavano via.

Näin sudet taistelivat – iskivät nopeasti ja hyppäsivät karkuun.

Ma c'era molto di più da imparare da quell'unico attacco.

Mutta opittavaa oli enemmän kuin vain tuosta yhdestä hyökkäyksestä.

Decine di husky si precipitarono dentro e formarono un cerchio silenzioso.

Kymmeniä huskyja ryntäsi sisään ja teki hiljaisen piirin.

Osservavano attentamente e si leccavano le labbra per la fame.

He katselivat tarkasti ja nuolivat huuliaan nälkäisinä.

Buck non capiva il loro silenzio né i loro occhi ansiosi.

Buck ei ymmärtänyt heidän hiljaisuuttaan eikä heidän innokkaita katseitaan.

Curly si lanciò ad attaccare l'husky una seconda volta.

Kihara ryntäsi hyökkäämään huskyn kimppuun toisen kerran.

Usò il suo petto per buttarla a terra con un movimento violento.

Hän käytti rintaansa lyödäkseen hänet kumoon voimakkaalla liikkeellä.

Cadde su un fianco e non riuscì più a rialzarsi.

Hän kaatui kyljelleen eikä päässyt enää ylös.

Era proprio quello che gli altri aspettavano da tempo.

Sitähän muut olivat odottaneet koko ajan.

Gli husky le saltarono addosso, guaindo e ringhiando freneticamente.

Huskyt hyppäsivät hänen kimppuunsa raivokkaasti ulvoen ja muristen.

Lei urlò mentre la seppellivano sotto una pila di cani.

Hän huusi, kun hänet haudattiin koirakasan alle.

L'attacco fu così rapido che Buck rimase immobile per lo shock.

Hyökkäys oli niin nopea, että Buck jähmettyi paikoilleen järkytyksestä.

Vide Spitz tirare fuori la lingua in un modo che sembrava una risata.

Hän näki Spitzin työntävän kieltään ulos tavalla, joka kuulosti naurulta.

François afferrò un'ascia e corse dritto verso il gruppo di cani.

François nappasi kirveen ja juoksi suoraan koiraparven kimppuun.

Altri tre uomini hanno usato dei manganelli per allontanare gli husky.

Kolme muuta miestä käyttivät nuijia apunaan ajaakseen huskyt pois.

In soli due minuti la lotta finì e i cani se ne andarono.

Vain kahdessa minuutissa taistelu oli ohi ja koirat olivat poissa.

Curly giaceva morta nella neve rossa calpestata, con il corpo fatto a pezzi.

Kihara makasi kuolleena punaisessa, tallatussa lumessa, hänen ruumiinsa oli revitty kappaleiksi.

Un uomo dalla pelle scura era in piedi davanti a lei, maledicendo la scena brutale.

Tummaihoinen mies seisoi hänen yläpuolellaan ja kirosi julmaa näkyä.

Il ricordo rimase con Buck e ossessionò i suoi sogni notturni.

Muisto jäi Buckin mieleen ja kummitteli hänen unissaan öisin.

Ecco come funzionava: niente equità, niente seconda possibilità.

Näin se täällä oli; ei reilua, ei toista mahdollisuutta.

Una volta caduto un cane, gli altri lo uccidevano senza pietà.

Kun koira kaatui, muut tappoivat sen armotta.

Buck decise allora che non si sarebbe mai lasciato cadere.

Buck päätti silloin, ettei hän koskaan antaisi itsensä kaatua.

Spitz tirò fuori di nuovo la lingua e rise guardando il sangue.

Spitz työnsi taas kielensä ulos ja nauroi verelle.

Da quel momento in poi, Buck odiò Spitz con tutto il cuore.

Siitä hetkestä lähtien Buck vihasi Spitziä koko sydämestään.

Prima che Buck potesse riprendersi dalla morte di Curly, accadde qualcosa di nuovo.

Ennen kuin Buck ehti toipua Kiharan kuolemasta, tapahtui jotain uutta.

François si avvicinò e legò qualcosa attorno al corpo di Buck.

François tuli paikalle ja sitoi jotakin Buckin ympärille.

Era un'imbracatura simile a quelle usate per i cavalli al ranch.

Ne olivat samanlaiset valjaat kuin ne, joita käytetään hevosilla maatilalla.

Così come Buck aveva visto lavorare i cavalli, ora era costretto a lavorare anche lui.

Niin kuin Buck oli nähnyt hevosten työskentelevän, nyt hänetkin pakotettiin työskentelemään.

Dovette trascinare François su una slitta nella foresta vicina.

Hänen täytyi vetää François reellä läheiseen metsään.

Poi dovette trascinare indietro un pesante carico di legna da ardere.

Sitten hänen täytyi vetää takaisin kuorma raskasta polttopuuta.

Buck era orgoglioso e gli faceva male essere trattato come un animale da lavoro.

Buck oli ylpeä, joten häntä satutti, että häntä kohdeltiin kuin työeläintä.

Ma era saggio e non cercò di combattere la nuova situazione.

Mutta hän oli viisas eikä yrittänyt taistella uutta tilannetta vastaan.

Accettò la sua nuova vita e diede il massimo in ogni compito.

Hän hyväksyi uuden elämän ja antoi kaikkensa jokaisessa tehtävässä.

Tutto di quel lavoro gli risultava strano e sconosciuto.

Kaikki työssä oli hänelle outoa ja tuntematonta.

François era severo e pretendeva obbedienza senza indugio.

François oli tiukka ja vaati tottelevaisuutta viipymättä.

La sua frusta garantiva che ogni comando venisse eseguito immediatamente.

Hänen ruoskansa varmisti, että jokaista käskyä noudatettiin välittömästi.

Dave era il timoniere, il cane più vicino alla slitta dietro Buck.

Dave oli reenkuljettaja, koira lähimpänä rekeä Buckin takana.

Se commetteva un errore, Dave mordeva Buck sulle zampe posteriori.

Dave puri Buckia takajalkoihin, jos tämä oli tehnyt virheen.

Spitz era il cane guida, abile ed esperto nel ruolo.

Spitz oli johtava koira, taitava ja kokenut roolissaan.

Spitz non riusciva a raggiungere Buck facilmente, ma lo corresse comunque.

Spitz ei päässyt helposti Buckin luo, mutta oikaisi häntä silti.

Ringhiava aspramente o tirava la slitta in modi che insegnavano a Buck.

Hän murahti karkeasti tai veti rekeä tavoilla, jotka opettivat Buckia.

Grazie a questo addestramento, Buck imparò più velocemente di quanto tutti si aspettassero.

Tämän koulutuksen avulla Buck oppi nopeammin kuin kukaan heistä odotti.

Lavorò duramente e imparò sia da François che dagli altri cani.

Hän työskenteli ahkerasti ja oppi sekä François'lta että muilta koirilta.

Quando tornarono, Buck conosceva già i comandi chiave.

Palatessaan Buck oli jo osannut tärkeimmät komennot.

Imparò a fermarsi al suono della parola "oh" di François.

Hän oppi pysähtymään François'n kuullessa "ho".

Imparò quando era il momento di tirare la slitta e correre.

Hän oppi, kun hänen piti vetää rekeä ja juosta.

Imparò a svoltare senza problemi nelle curve del sentiero.

Hän oppi kääntymään leveälle polun mutkissa ilman vaikeuksia.

Imparò anche a evitare Dave quando la slitta scendeva velocemente.

Hän oppi myös väistelemään Davea, kun kelkka meni nopeasti alamäkeen.

"Sono cani molto buoni", disse orgoglioso François a Perrault.

– Ne ovat oikein kilttejä koiria, François sanoi ylpeänä Perraultille.

"Quel Buck tira come un dannato, glielo insegno subito."

"Tuo Buck vetää kuin hemmetti – minä opetan hänelle kuin heinänteko."

Più tardi quel giorno, Perrault tornò con altri due husky.

Myöhemmin samana päivänä Perrault palasi kahden muun huskykoiran kanssa.

Si chiamavano Billee e Joe ed erano fratelli.

Heidän nimensä olivat Billee ja Joe, ja he olivat veljeksiä.

Provenivano dalla stessa madre, ma non erano affatto simili.

He tulivat samasta äidistä, mutta eivät olleet lainkaan samanlaisia.

Billee era un tipo dolce e molto amichevole con tutti.

Billee oli suloinen ja liian ystävällinen kaikkia kohtaan.

Joe era l'opposto: silenzioso, arrabbiato e sempre ringhiante.

Joe oli päinvastainen – hiljainen, vihainen ja aina muriseva.

Buck li salutò amichevolmente e si mantenne calmo con entrambi.

Buck tervehti heitä ystävällisesti ja oli rauhallinen molempia kohtaan.

Dave non prestò loro attenzione e rimase in silenzio come al solito.

Dave ei kiinnittänyt heihin huomiota ja pysyi hiljaa kuten tavallista.

Spitz attaccò prima Billee, poi Joe, per dimostrare la sua superiorità.

Spitz hyökkäsi ensin Billeen ja sitten Joen kimppuun osoittaakseen ylivoimansa.

Billee scodinzolava e cercava di essere amichevole con Spitz.

Billee heilutti häntäänsä ja yritti olla ystävällinen Spitzille.

Quando questo non funzionò, cercò di scappare.

Kun sekään ei toiminut, hän yritti sen sijaan paeta.

Pianse tristemente quando Spitz lo morse forte sul fianco.

Hän itki surullisesti, kun Spitz puri häntä lujaa kylkeen.

Ma Joe era molto diverso e si rifiutava di farsi prendere in giro.

Mutta Joe oli hyvin erilainen eikä antanut kiusaamisen tulla hoidetuksi.

Ogni volta che Spitz si avvicinava, Joe si girava velocemente per affrontarlo.

Joka kerta kun Spitz tuli lähelle, Joe pyörähti nopeasti häntä kohti.

La sua pelliccia si drizzò, le sue labbra si arricciarono e i suoi denti schioccarono selvaggiamente.

Hänen turkkinsa nousi pystyyn, huulet käpertyivät ja hampaat napsahtivat villisti.

Gli occhi di Joe brillavano di paura e rabbia, sfidando Spitz a colpire.

Joen silmät loistivat pelosta ja raivosta, kun hän uhkasi Spitziä iskemään.

Spitz abbandonò la lotta e si voltò, umiliato e arrabbiato.

Spitz luovutti taistelun ja kääntyi poispäin, nöyryytettynä ja vihaisena.

Sfogò la sua frustrazione sul povero Billee e lo cacciò via.

Hän purkasi turhautumistaan raukaan Billeeen ja ajoi tämän pois.

Quella sera Perrault aggiunse un altro cane alla squadra.

Sinä iltana Perrault lisäsi joukkueeseen yhden koiran lisää.

Questo cane era vecchio, magro e coperto di cicatrici di battaglia.

Tämä koira oli vanha, laiha ja täynnä taisteluarpia.

Gli mancava un occhio, ma l'altro brillava di potere.

Toinen hänen silmästään puuttui, mutta toinen loisti voimakkaasti.

Il nome del nuovo cane era Solleks, che significa "l'Arrabbiato".

Uuden koiran nimi oli Solleks, joka tarkoitti Vihaista.

Come Dave, Solleks non chiedeva nulla agli altri e non dava nulla in cambio.

Daven tavoin Solleks ei pyytänyt mitään muilta eikä antanut mitään takaisin.

Quando Solleks entrò lentamente nell'accampamento, persino Spitz rimase lontano.

Kun Solleks käveli hitaasti leiriin, jopa Spitz pysyi poissa.

Aveva una strana abitudine che Buck ebbe la sfortuna di scoprire.

Hänellä oli outo tapa, jonka Buck valitettavasti löysi.

Solleks detestava essere avvicinato dal lato in cui era cieco.

Solleks vihasi sitä, että häntä lähestyttiin siltä puolelta, jolla hän oli sokea.

Buck non lo sapeva e commise quell'errore per sbaglio.

Buck ei tiennyt tätä ja teki tuon virheen vahingossa.

Solleks si voltò di scatto e colpì la spalla di Buck in modo profondo e rapido.

Solleks pyörähti ympäri ja viilsi Buckin olkapäätä syvään ja nopeasti.

Da quel momento in poi, Buck non si avvicinò mai più al lato cieco di Solleks.

Siitä hetkestä lähtien Buck ei koskaan päässyt Solleksin sokkopuolelle.

Non ebbero mai più problemi per il resto del tempo che trascorsero insieme.

Heillä ei ollut enää koskaan ongelmia loppuaikanaan yhdessä.

Solleks voleva solo essere lasciato solo, come il tranquillo Dave.

Solleks halusi vain olla rauhassa, kuten hiljainen Dave.

Ma Buck avrebbe scoperto in seguito che ognuno di loro aveva un altro obiettivo segreto.

Mutta Buck saisi myöhemmin tietää, että heillä molemmilla oli toinen salainen tavoite.

Quella notte Buck si trovò ad affrontare una nuova e preoccupante sfida: come dormire.

Sinä yönä Buck kohtasi uuden ja häiritsevän haasteen – miten nukkua.

La tenda era illuminata caldamente dalla luce delle candele nel campo innevato.

Teltta hohti lämpimästi kynttilänvalossa lumisilla niityillä.

Buck entrò, pensando che lì avrebbe potuto riposare come prima.

Buck käveli sisään ajatellen, että hän voisi levätä siellä kuten ennenkin.

Ma Perrault e François gli urlarono contro e gli tirarono delle padelle.

Mutta Perrault ja François huusivat hänelle ja heittelivät pannuja.

Sconvolto e confuso, Buck corse fuori nel freddo gelido.

Järkyttyneenä ja hämmentyneenä Buck juoksi ulos jäätävään kylmyyteen.

Un vento gelido gli pungeva la spalla ferita e gli congelava le zampe.

Karva tuuli kirpaisi hänen haavoittunutta olkapäätään ja jäädytti hänen tassunsa.

Si sdraiò sulla neve e cercò di dormire all'aperto.

Hän makasi lumessa ja yritti nukkua ulkona.

Ma il freddo lo costrinse presto a rialzarsi, tremando forte.

Mutta kylmyys pakotti hänet pian nousemaan takaisin ylös, täristen pahasti.

Vagò per l'accampamento, cercando di trovare un posto più caldo.

Hän vaelteli leirin läpi yrittäen löytää lämpimämpää paikkaa.

Ma ogni angolo era freddo come quello precedente.

Mutta jokainen nurkka oli yhtä kylmä kuin edellinen.

A volte dei cani feroci gli saltavano addosso dall'oscurità.

Joskus villikoirat hyppäsivät hänen kimppuunsa pimeydestä.

Buck drizzò il pelo, scoprì i denti e ringhiò in tono ammonitore.

Buck nosti turkkinsa pystyyn, paljasti hampaansa ja murahti varoittavasti.

Lui stava imparando in fretta e gli altri cani si sono subito tirati indietro.

Hän oppi nopeasti, ja muut koirat peräntyivät nopeasti.

Tuttavia, non aveva un posto dove dormire e non aveva idea di cosa fare.

Silti hänellä ei ollut paikkaa nukkua, eikä aavistustakaan, mitä tehdä.

Alla fine gli venne in mente un pensiero: andare a dare un'occhiata ai suoi compagni di squadra.

Viimein hänelle tuli mieleen ajatus – tarkistaa joukkuetoverinsa.

Ritornò nella loro zona e rimase sorpreso nel constatare che non c'erano più.

Hän palasi heidän alueelleen ja yllättyi huomatessaan heidän lähteneen.

Cercò di nuovo nell'accampamento, ma ancora non riuscì a trovarli.

Hän etsi leiriä uudelleen, mutta ei vieläkään löytänyt heitä.

Sapeva che loro non potevano stare nella tenda, altrimenti ci sarebbe stato anche lui.

Hän tiesi, etteivät he voisivat olla teltassa, tai hänkin olisi.

E allora, dove erano finiti tutti i cani in quell'accampamento ghiacciato?

Minne kaikki koirat olivat menneet tässä jäätyneessä leirissä?

Buck, infreddolito e infelice, girò lentamente intorno alla tenda.

Kylmänä ja kurjana Buck kiersi hitaasti teltan ympäri.

All'improvviso, le sue zampe anteriori sprofondarono nella neve soffice e lo spaventarono.

Yhtäkkiä hänen etujalkansa upposivat pehmeään lumeen ja säikäyttivät hänet.

Qualcosa si mosse sotto i suoi piedi e lui fece un salto indietro per la paura.

Jokin värähti hänen jalkojensa alla, ja hän hyppäsi peloissaan taaksepäin.

Ringhiava e ringhiava, non sapendo cosa si nascondesse sotto la neve.

Hän murahti ja ärähti tietämättä, mitä lumen alla oli.

Poi udì un piccolo abbaio amichevole che placò la sua paura.

Sitten hän kuuli ystävällisen pienen haukun, joka lievitti hänen pelkoaan.

Annusò l'aria e si avvicinò per vedere cosa fosse nascosto.

Hän nuuhki ilmaa ja tuli lähemmäs nähdäkseen, mitä piilossa oli.

Sotto la neve, rannicchiata in una calda palla, c'era la piccola Billee.

Lumen alla, lämpimäksi palloksi käpertyneenä, oli pieni Billee.

Billee scodinzolò e leccò il muso di Buck per salutarlo.

Billee heilutti häntäänsä ja nuoli Buckin kasvoja tervehtiäkseen tätä.

Buck vide come Billee si era costruito un posto per dormire nella neve.

Buck näki, kuinka Billee oli tehnyt nukkumapaikan lumeen.

Aveva scavato e sfruttato il suo calore per scaldarsi.

Hän oli kaivanut alas ja käyttänyt omaa lämpöään pysyäkseen lämpimänä.

Buck aveva imparato un'altra lezione: ecco come dormivano i cani.

Buck oli oppinut taas läksyn – näin koirat nukkuivat.

Scelse un posto e cominciò a scavare la sua buca nella neve.

Hän valitsi paikan ja alkoi kaivaa kuoppaa lumeen.

All'inizio si muoveva troppo e sprecava energie.

Aluksi hän liikkui liikaa ja tuhlasi energiaa.

Ma ben presto il suo corpo riscaldò lo spazio e si sentì al sicuro.

Mutta pian hänen kehonsa lämmitti tilan, ja hän tunsi olonsa turvalliseksi.

Si rannicchiò forte e poco dopo si addormentò profondamente.

Hän käpertyi tiukasti kasaan ja unessa pian.

La giornata era stata lunga e dura e Buck era esausto.

Päivä oli ollut pitkä ja raskas, ja Buck oli uupunut.

Dormì profondamente e comodamente, anche se fece sogni selvaggi.

Hän nukkui sikeästi ja mukavasti, vaikka hänen unensa olivatkin villejä.

Ringhiava e abbaiava nel sonno, contorcendosi mentre sognava.

Hän murisi ja haukkui unissaan, vääntäen itseään unissaan.

Buck non si svegliò finché l'accampamento non cominciò a prendere vita.

Buck ei herännyt ennen kuin leiri oli jo heräämässä eloon.

All'inizio non sapeva dove si trovasse o cosa fosse successo.

Aluksi hän ei tiennyt missä oli tai mitä oli tapahtunut.

La neve era caduta durante la notte e aveva seppellito completamente il suo corpo.

Yön aikana satoi lunta, joka hautasi hänen ruumiinsa kokonaan alleen.

La neve lo circondava, fitta su tutti i lati.

Lumi painautui tiukasti hänen ympärilleen joka puolelta.

All'improvviso un'ondata di paura percorse tutto il corpo di Buck.

Yhtäkkiä pelon aalto pyyhkäisi Buckin läpi koko kehon.

Era la paura di rimanere intrappolati, una paura che proveniva da istinti profondi.

Se oli pelko jäädä loukkuun, syvistä vaistoista kumpuava pelko.

Sebbene non avesse mai visto una trappola, la paura era viva dentro di lui.

Vaikka hän ei ollut koskaan nähnyt ansaa, pelko asui hänen sisällään.

Era un cane addomesticato, ma ora i suoi vecchi istinti selvaggi si stavano risvegliando.

Hän oli kesy koira, mutta nyt hänen vanhat villit vaistonsa olivat heräämässä.

I muscoli di Buck si irrigidirono e il pelo gli si rizzò su tutta la schiena.

Buckin lihakset jännittyivät ja hänen karvansa nousi pystyyn kaikkialle selkään.

Ringhiò furiosamente e balzò in piedi nella neve.

Hän murahti raivokkaasti ja hyppäsi suoraan ylös lumen läpi.

La neve volava in ogni direzione mentre lui irrompeva nella luce del giorno.

Lumi lensi joka suuntaan hänen syöksyessään päivänvaloon.

Ancora prima di atterrare, Buck vide l'accampamento disteso davanti a lui.

Jo ennen maihinnousua Buck näki leirin levittäytyvän edessään.

Ricordò tutto del giorno prima, tutto in una volta.

Hän muisti kaiken edelliseltä päivältä, kaikki kerralla.

Ricordava di aver passeggiato con Manuel e di essere finito in quel posto.

Hän muisti kävelyretkensä Manuelin kanssa ja päätyneensä tähän paikkaan.

Ricordava di aver scavato la buca e di essersi addormentato al freddo.

Hän muisti kaivaneensa kuopan ja nukahtaneensa kylmään.

Ora era sveglio e il mondo selvaggio intorno a lui era limpido.

Nyt hän oli hereillä, ja villi maailma hänen ympärillään oli selkeä.

Un grido di François annunciò l'improvvisa apparizione di Buck.

François'n huuto tervehti Buckin äkillistä ilmestymistä.

"Cosa ho detto?" gridò a gran voce il conducente del cane a Perrault.

"Mitä minä sanoin?" koirankuljettaja huusi äänekkäästi Perraultille.

"Quel Buck impara sicuramente in fretta", ha aggiunto François.

"Tuo Buck oppii kyllä todella nopeasti", François lisäsi.

Perrault annuì gravemente, visibilmente soddisfatto del risultato.

Perrault nyökkäsi vakavasti, selvästi tyytyväisenä lopputulokseen.

In qualità di corriere del governo canadese, trasportava dispacci.

Kanadan hallituksen kuriirina hän kuljetti lähetyksiä.

Era ansioso di trovare i cani migliori per la sua importante missione.

Hän halusi kovasti löytää parhaat koirat tärkeään tehtäväänsä varten.

Ora si sentiva particolarmente contento che Buck facesse parte della squadra.

Hän oli nyt erityisen iloinen siitä, että Buck oli osa joukkuetta.

Nel giro di un'ora, alla squadra furono aggiunti altri tre husky.

Tunnin sisällä joukkueeseen lisättiin kolme huskya lisää.

Ciò ha portato il numero totale dei cani della squadra a nove.

Tämä nosti joukkueen koirien kokonaismäärän yhdeksään.

Nel giro di quindici minuti tutti i cani erano imbracati.

Viidentoista minuutin kuluessa kaikki koirat olivat valjaissaan.

La squadra di slitte stava risalendo il sentiero verso Dyea Cañon.

Rekikunta keinui polkua pitkin kohti Dyea Cañonia.

Buck era contento di andarsene, anche se il lavoro che lo attendeva era duro.

Buck oli iloinen päästessään lähtemään, vaikka edessä oleva työ olikin raskasta.

Scoprì di non disprezzare particolarmente né il lavoro né il freddo.

Hän huomasi, ettei erityisesti halveksinut työtä tai kylmyyttä.

Fu sorpreso dall'entusiasmo che pervadeva tutta la squadra.

Hän yllättyi innosta, joka täytti koko joukkueen.

Ancora più sorprendente fu il cambiamento avvenuto in Dave e Solleks.

Vielä yllättävämpää oli muutos, joka oli tapahtunut Davelle ja Solleksille.

Questi due cani erano completamente diversi quando venivano imbrigliati.

Nämä kaksi koiraa olivat täysin erilaisia valjaina.

La loro passività e la loro disattenzione erano completamente scomparse.

Heidän passiivisuutensa ja välinpitämättömyytensä olivat täysin kadonneet.

Erano attenti e attivi, desiderosi di svolgere bene il loro lavoro.

He olivat valppaita ja aktiivisia ja innokkaita tekemään työnsä hyvin.

Si irritavano ferocemente per qualsiasi cosa provocasse ritardi o confusione.

He ärtyivät rajusti kaikesta, mikä aiheutti viivästystä tai hämmennystä.

Il duro lavoro sulle redini era il centro del loro intero essere.

Ohjien parissa tehty kova työ oli niiden koko olemuksen keskipiste.

Sembrava che l'unica cosa che gli piacesse davvero fosse tirare la slitta.

Pulkanveto tuntui olevan ainoa asia, josta he todella nauttivat.

Dave era in fondo al gruppo, il più vicino alla slitta.

Dave oli ryhmän takana, lähimpänä itse rekeä.

Buck fu messo davanti a Dave e Solleks superò Buck.

Buck asetettiin Daven eteen, ja Solleks veti Buckin edelle.

Il resto dei cani era disposto in fila indiana davanti a loro.

Loput koirat ajettiin eteenpäin yhtenä jonona.

La posizione di testa in prima linea era occupata da Spitz.

Johtoaseman eturintamassa täytti Spitz.

Buck era stato messo tra Dave e Solleks per essere istruito.

Buck oli asetettu Daven ja Solleksin väliin opetusta varten.

Lui imparava in fretta e gli insegnanti erano risoluti e capaci.

Hän oppi nopeasti, ja he olivat lujia ja kyvykkäitä opettajia.

Non permisero mai a Buck di restare a lungo nell'errore.

He eivät koskaan antaneet Buckin pysyä harhakuvitelmissa pitkään.

Quando necessario, impartivano le lezioni con denti affilati.

He opettivat läksyjään terävillä hampailla tarvittaessa.

Dave era giusto e dimostrava una saggezza pacata e seria.

Dave oli oikeudenmukainen ja osoitti hiljaista, vakavaa viisautta.

Non mordeva mai Buck senza una buona ragione.

Hän ei koskaan purrut Buckia ilman hyvää syytä.

Ma non mancava mai di mordere quando Buck aveva bisogno di essere corretto.

Mutta hän puri aina, kun Buck tarvitsi ojennusta.

La frusta di François era sempre pronta e sosteneva la loro autorità.

François'n ruoska oli aina valmiina ja tuki heidän auktoriteettiaan.

Buck scoprì presto che era meglio obbedire che reagire.

Buck huomasi pian, että oli parempi totella kuin taistella vastaan.

Una volta, durante un breve riposo, Buck rimase impigliato nelle redini.

Kerran lyhyen lepotauon aikana Buck sotkeutui ohjaksiin.

Ritardò la partenza e confuse i movimenti della squadra.

Hän viivästytti lähtöä ja sekoitti joukkueen liikkeen.

Dave e Solleks si avventarono su di lui e lo picchiarono duramente.

Dave ja Solleks hyökkäsivät hänen kimppuunsa ja antoivat hänelle rajuja selkäsaunoja.

La situazione peggiorò ulteriormente, ma Buck imparò bene la lezione.

Tilanne vain paheni, mutta Buck oppi.läksynsä hyvin.

Da quel momento in poi tenne le redini tese e lavorò con attenzione.

Siitä lähtien hän piti ohjat kireinä ja työskenteli huolellisesti.

Prima che la giornata finisse, Buck aveva portato a termine gran parte del suo compito.

Ennen päivän päättymistä Buck oli jo hallinnut suuren osan tehtävästään.

I suoi compagni di squadra quasi smisero di correggerlo o di morderlo.

Hänen joukkuetoverinsa melkein lakkasivat korjaamasta tai puremasta häntä.

La frusta di François schioccava nell'aria sempre meno spesso.

François'n ruoska rätisi ilmassa yhä harvemmin.

Perrault sollevò addirittura i piedi di Buck ed esaminò attentamente ogni zampa.

Perrault jopa nosti Buckin jalat ja tutki huolellisesti jokaista käpälää.

Era stata una giornata di corsa dura, lunga ed estenuante per tutti loro.

Se oli ollut rankka juoksupäivä, pitkä ja uuvuttava heille kaikille.

Risalirono il Cañon, attraversarono Sheep Camp e superarono le Scales.

He kulkivat Cañonia ylös, Sheep Campin läpi ja Scalesin ohi.

Superarono il limite della vegetazione arborea, poi ghiacciai e cumuli di neve alti diversi metri.

He ylittivät metsänrajan, sitten jäätiköt ja monien metrien syvyiset kinokset.

Scalarono il grande e freddo Chilkoot Divide.

He kiipesivät suuren kylmän ja luotaantyöntävän Chilkootin kuilun yli.

Quella cresta elevata si ergeva tra l'acqua salata e l'interno ghiacciato.

Tuo korkea harjanne seisoi suolaisen veden ja jäätyneen sisämaan välissä.

Le montagne custodivano il triste e solitario Nord con ghiaccio e ripide salite.

Vuoret vartioivat surullista ja yksinäistä pohjoista jään ja jyrkkien nousujen avulla.

Scesero rapidamente lungo una lunga catena di laghi sotto la dorsale.

He etenivät hyvää vauhtia pitkää järviketjua pitkin vedenjakajan alapuolella.

Questi laghi riempivano gli antichi crateri di vulcani spenti.

Nuo järvet täyttivät sammuneiden tulivuorten muinaiset kraatterit.

Quella notte tardi raggiunsero un grande accampamento presso il lago Bennett.

Myöhään sinä iltana he saapuivat suureen leiriin Bennett-järvellä.

Migliaia di cercatori d'oro erano lì, intenti a costruire barche per la primavera.

Tuhansia kullankaivajia oli siellä rakentamassa veneitä kevääksi.

Il ghiaccio si sarebbe presto rotto e dovevano essere pronti.

Jäät lähtisivät pian, ja heidän oli oltava valmiita.

Buck scavò la sua buca nella neve e cadde in un sonno profondo.

Buck kaivoi kuoppansa lumeen ja vaipui syvään uneen.

Dormiva come un lavoratore, esausto dopo una dura giornata di lavoro.

Hän nukkui kuin työmies, uupunut raskaan työpäivän jälkeen.

Ma venne strappato al sonno troppo presto, nell'oscurità.

Mutta liian aikaisin pimeydessä hänet revittiin unesta.

Fu nuovamente imbrigliato insieme ai suoi compagni e attaccato alla slitta.

Hänet valjastettiin jälleen tovereidensa kanssa ja kiinnitettiin rekeen.

Quel giorno percorsero quaranta miglia, perché la neve era ben calpestata.

Sinä päivänä he kulkivat neljäkymmentä mailia, koska lumi oli hyvin tallattua.

Il giorno dopo, e per molti giorni a seguire, la neve era soffice.

Seuraavana päivänä ja monta päivää sen jälkeen lumi oli pehmeää.

Dovettero farsi strada da soli, lavorando di più e muovendosi più lentamente.

Heidän täytyi itse kulkea polku, työskennellä kovemmin ja liikkua hitaammin.

Di solito, Perrault camminava davanti alla squadra con le ciaspole palmate.

Yleensä Perrault käveli joukkueen edellä räpylöillä varustetuissa lumikengissä.

I suoi passi compattavano la neve, facilitando lo spostamento della slitta.

Hänen askeleensa pakkasivat lumen, mikä helpotti kelkan liikkumista.

François, che era al timone della barca a vela, a volte prendeva il comando.

François, joka ohjasi ohjaustangosta, otti joskus ohjat käsiinsä.

Ma era raro che François prendesse l'iniziativa

Mutta oli harvinaista, että François otti johdon

perché Perrault aveva fretta di consegnare le lettere e i pacchi.

koska Perraultilla oli kiire toimittaa kirjeet ja paketit.

Perrault era orgoglioso della sua conoscenza della neve, e in particolare del ghiaccio.

Perrault oli ylpeä lumen ja erityisesti jään tuntemuksestaan.

Questa conoscenza era essenziale perché il ghiaccio autunnale era pericolosamente sottile.

Tuo tieto oli välttämätöntä, koska syksyn jää oli vaarallisen ohutta.

Dove l'acqua scorreva rapidamente sotto la superficie non c'era affatto ghiaccio.

Siellä missä vesi virtasi nopeasti pinnan alla, ei ollut lainkaan jäätä.

Giorno dopo giorno, la stessa routine si ripeteva senza fine.

Päivästä toiseen sama rutiini toistui loputtomasti.

Buck lavorava senza sosta con le redini, dall'alba alla sera.

Buck uurasti loputtomasti ohjaksissa aamusta iltaan.

Lasciarono l'accampamento al buio, molto prima che sorgesse il sole.

He lähtivät leiristä pimeässä, kauan ennen auringonnousua.

Quando spuntò l'alba, avevano già percorso molti chilometri.

Päivän koittaessa oli jo monta kilometriä takana päin.

Si accamparono dopo il tramonto, mangiando pesce e scavando buche nella neve.

He pystyttivät leirin pimeän tultua, söivät kalaa ja kaivautuivat lumeen.

Buck era sempre affamato e non era mai veramente soddisfatto della sua razione.

Buck oli aina nälkäinen eikä koskaan täysin tyytyväinen annokseensa.

Riceveva ogni giorno mezzo chilo di salmone essiccato.

Hän sai puolitoista paunaa kuivattua lohta joka päivä.

Ma il cibo sembrò svanire dentro di lui, lasciandogli solo la fame.

Mutta ruoka tuntui haihtuvan hänen sisältä, jättäen jälkeensä nälän.

Soffriva di continui morsi della fame e sognava di avere più cibo.

Hän kärsi jatkuvasta nälän tunteesta ja haaveili lisää ruoasta.

Gli altri cani hanno ricevuto solo mezzo chilo di cibo, ma sono rimasti forti.

Muut koirat saivat vain puoli kiloa ruokaa, mutta ne pysyivät vahvoina.

Erano più piccoli ed erano nati in una società nordica.

He olivat pienempiä ja syntyneet pohjoiseen elämään.

Perse rapidamente la pignoleria che aveva caratterizzato la sua vecchia vita.

Hän menetti nopeasti sen pikkumaisuuden, joka oli leimannut hänen vanhaa elämäänsä.

Fino a quel momento era stato un mangiatore prelibato, ma ora non gli era più possibile.

Hän oli ollut herkkusuu, mutta nyt se ei ollut enää mahdollista.

I suoi compagni arrivarono primi e gli rubarono la razione rimasta.

Hänen toverinsa söivät ensin ja ryöstivät häneltä hänen keskeneräisen annoksensa.

Una volta cominciati, non c'era più modo di difendere il cibo da loro.

Kun he olivat alkaneet, ei ollut mitään keinoa puolustaa hänen ruokaansa heiltä.

Mentre lui lottava contro due o tre cani, gli altri rubarono il resto.

Hänen torjuessaan kaksi tai kolme koiraa, muut varastivat loput.

Per risolvere il problema, cominciò a mangiare velocemente come mangiavano gli altri.

Korjatakseen tämän hän alkoi syödä yhtä nopeasti kuin muutkin.

La fame lo spingeva così forte che arrivò persino a prendere del cibo non suo.

Nälkä ajoi häntä niin kovasti, että hän otti jopa ruokaa, joka ei ollut hänen omaansa.

Osservò gli altri e imparò rapidamente dalle loro azioni.

Hän tarkkaili muita ja oppi nopeasti heidän teoistaan.

Vide Pike, un nuovo cane, rubare una fetta di pancetta a Perrault.

Hän näki Piken, uuden koiran, varastavan pekonisiivun Perraultilta.

Pike aveva aspettato che Perrault gli voltasse le spalle per rubare la pagnotta.

Pike oli odottanut, kunnes Perrault olisi kääntänyt selkänsä, ennen kuin varasti pekonin.

Il giorno dopo, Buck copiò Pike e rubò l'intero pezzo.

Seuraavana päivänä Buck matki Piken ja varasti koko möykyn.

Seguì un gran tumulto, ma Buck non fu sospettato.

Seurasi suuri meteli, mutta Buckia ei epäilty.

Al suo posto venne punito Dub, un cane goffo che veniva sempre beccato.

Dub, kömpelö koira, joka aina jäi kiinni, rangaistiin sen sijaan.

Quel primo furto fece di Buck un cane adatto a sopravvivere al Nord.

Tuo ensimmäinen varkaus teki Buckin koiraksi, joka selviää Pohjoisessa.

Ha dimostrato di sapersi adattare alle nuove condizioni e di saper imparare rapidamente.

Hän osoitti kykynsä sopeutua uusiin olosuhteisiin ja oppia nopeasti.

Senza tale adattabilità, sarebbe morto rapidamente e gravemente.

Ilman tällaista sopeutumiskykyä hän olisi kuollut nopeasti ja pahasti.

Segnò anche il crollo della sua natura morale e dei suoi valori passati.

Se merkitsi myös hänen moraalisen luonteensa ja aiempien arvojensa romahtamista.

Nel Southland aveva vissuto secondo la legge dell'amore e della gentilezza.

Etelämaissa hän oli elänyt rakkauden ja ystävällisyyden lain alaisena.

Lì aveva senso rispettare la proprietà e i sentimenti degli altri cani.

Siellä oli järkevää kunnioittaa omaisuutta ja muiden koirien tunteita.

Ma i Northland seguivano la legge del bastone e la legge della zanna.

Mutta Pohjola noudatti nuijan ja hampaiden lakia.

Chiunque rispettasse i vecchi valori era uno sciocco e avrebbe fallito.

Se, joka täällä kunnioitti vanhoja arvoja, oli tyhmä ja epäonnistuisi.

Buck non rifletté su tutto questo nella sua mente.

Buck ei ollut miettinyt kaikkea tätä mielessään.

Era in forma e quindi si adattò senza pensarci due volte.

Hän oli hyvässä kunnossa, joten hän sopeutui ajattelematta.

In tutta la sua vita non era mai fuggito da una rissa.

Koko elämänsä aikana hän ei ollut koskaan paennut taistelua.

Ma la mazza di legno dell'uomo con il maglione rosso cambiò la regola.

Mutta punapaitaisen miehen puinen nuija muutti tuon säännön.

Ora seguiva un codice più profondo e antico, inscritto nel suo essere.

Nyt hän noudatti syvempää, vanhempaa olemukseensa kirjoitettua koodia.

Non rubava per piacere, ma per il dolore della fame.

Hän ei varastanut nautinnosta, vaan nälän tuskasta.

Non rubava mai apertamente, ma rubava con astuzia e attenzione.

Hän ei koskaan ryöstänyt avoimesti, vaan varasti ovelasti ja varovasti.

Agì per rispetto verso la clava di legno e per paura delle zanne.

Hän toimi kunnioituksesta puista nuijaa kohtaan ja pelosta hampaita kohtaan.

In breve, ha fatto ciò che era più facile e sicuro che non farlo.

Lyhyesti sanottuna hän teki sen, mikä oli helpompaa ja turvallisempaa kuin tekemättä jättäminen.

Il suo sviluppo, o forse il suo ritorno ai vecchi istinti, fu rapido.

Hänen kehityksensä – tai kenties paluunsa vanhoihin vaistoihinsa – oli nopeaa.

I suoi muscoli si indurirono fino a diventare forti come il ferro.

Hänen lihaksensa kovettuivat, kunnes ne tuntuivat raudan vahvoilta.

Non gli importava più del dolore, a meno che non fosse grave.

Hän ei enää välittänyt kivusta, ellei se ollut vakavaa.

Divenne efficiente dentro e fuori, senza sprecare nulla.

Hänestä tuli tehokas sekä sisäisesti että ulkoisesti, eikä hän tuhlannut mitään.

Poteva mangiare cose disgustose, marce o difficili da digerire.

Hän saattoi syödä pahaa, mätää tai vaikeasti sulavaa ruokaa.

Qualunque cosa mangiasse, il suo stomaco ne sfruttava ogni singolo pezzetto di valore.

Mitä tahansa hän söi, hänen vatsansa käytti loppuun viimeisenkin arvokkaan palan.

Il suo sangue trasportava i nutrienti in tutto il suo potente corpo.

Hänen verensä kuljetti ravinteet pitkälle hänen voimakkaassa kehossaan.

Ciò gli ha permesso di sviluppare tessuti forti che gli hanno conferito un'incredibile resistenza.

Tämä rakensi vahvoja kudoksia, jotka antoivat hänelle uskomattoman kestävyyden.

La sua vista e il suo olfatto diventarono molto più sensibili di prima.

Hänen näkönsä ja hajuaistinsa herkistyivät huomattavasti.

Il suo udito diventò così acuto che riusciva a percepire anche i suoni più deboli durante il sonno.

Hänen kuulonsa terävöityi niin paljon, että hän pystyi kuulemaan heikkoja ääniä unissaan.

Nei sogni sapeva se quei suoni significavano sicurezza o pericolo.

Hän tiesi unissaan, merkitsivätkö äänet turvallisuutta vai vaaraa.

Imparò a mordere con i denti il ghiaccio tra le dita dei piedi.

Hän oppi puremaan hampaillaan jäätä varpaidensa välissä.

Se una pozza d'acqua si ghiacciava, lui rompeva il ghiaccio con le gambe.

Jos vesikuoppa jäätyi umpeen, hän rikkoi jään jaloillaan.

Si impennò e colpì duramente il ghiaccio con gli arti anteriori rigidi.

Hän nousi selkäänsä ja iski jäykillä etujaloillaan lujaa jäätä vasten.

La sua abilità più sorprendente era quella di prevedere i cambiamenti del vento durante la notte.

Hänen huomattavin kykynsä oli ennustaa tuulen muutoksia yön aikana.

Anche quando l'aria era immobile, sceglieva luoghi riparati dal vento.

Vaikka ilma oli tyyni, hän valitsi tuulelta suojaisia paikkoja.

Ovunque scavasse il nido, il vento del giorno dopo lo superava.

Minne ikinä hän pesänsä kaivoikin, seuraavan päivän tuuli puhalsi hänen ohitseen.

Alla fine si ritrovava sempre al sicuro e protetto, al riparo dal vento.

Hän päätyi aina mukavaan ja suojaiseen paikkaan, tuulensuojaan.

Buck non solo imparò dall'esperienza: anche il suo istinto tornò.

Buck ei oppinut ainoastaan kokemuksen kautta – myös hänen vaistonsa palasivat.

Le abitudini delle generazioni addomesticate cominciarono a scomparire.

Kesytettyjen sukupolvien tavat alkoivat hiipua.

Ricordava vagamente i tempi antichi della sua razza.

Hän muisti hämärästi rotunsa menneet ajat.

Ripensò a quando i cani selvatici correvano in branco nelle foreste.

Hän muisteli aikaa, jolloin villikoirat juoksivat laumoina metsien halki.

Avevano inseguito e ucciso la loro preda mentre la inseguivano.

Ne olivat jahdanneet ja tappaneet saaliinsa juostessaan sitä pitkin.

Per Buck fu facile imparare a combattere con forza e velocità.

Buckin oli helppo oppia taistelemaan hampaiden ja nopeuden voimin.

Come i suoi antenati, usava tagli, squarci e schiocchi rapidi.

Hän käytti viiltoja, viiltoja ja nopeita iskuja aivan kuten esi-isänsä.

Quegli antenati si risvegliarono in lui e risvegliarono la sua natura selvaggia.

Nuo esi-isät liikkuivat hänen sisällään ja herättivät hänen villin luontonsa.

Le loro vecchie abilità gli erano state trasmesse attraverso la linea di sangue.

Heidän vanhat taitonsa olivat siirtyneet häneen suvun kautta.

Ora i loro trucchi erano suoi, senza bisogno di pratica o sforzo.

Heidän temppunsa olivat nyt hänen, ilman harjoittelua tai vaivannäköä.

Nelle notti fredde e tranquille, Buck sollevava il naso e ululò.

Tyyninä, kylminä öinä Buck nosti kuonoaan ja ulvoi.

Ululò a lungo e profondamente, come facevano i lupi tanto tempo fa.

Hän ulvoi pitkään ja syvään, aivan kuten sudet olivat tehneet kauan sitten.

Attraverso di lui, i suoi antenati defunti puntarono il naso e ululararono.

Hänen kauttaan hänen kuolleet esi-isänsä osoittivat nenäänsä ja ulvoivat.

Hanno ululato attraverso i secoli con la sua voce e la sua forma.

Ne ulvoivat läpi vuosisatojen hänen äänellään ja hahmollaan.

Le sue cadenze erano le loro, vecchi gridi che parlavano di dolore e di freddo.

Hänen rytminsä oli heidän, vanhoja huutoja, jotka kertoivat surusta ja kylmyydestä.

Cantavano dell'oscurità, della fame e del significato dell'inverno.

He lauloivat pimeydestä, nälästä ja talven merkityksestä.

Buck ha dimostrato come la vita sia plasmata da forze che vanno oltre noi stessi,

Buck todisti, kuinka elämää muokkaavat ihmisen itsensä ulkopuolella olevat voimat,

l'antico canto risuonò nelle vene di Buck e si impadronì della sua anima.

Muinainen laulu kohosi Buckin läpi ja valtasi hänen sielunsa.

Ritrovò se stesso perché gli uomini avevano trovato l'oro nel Nord.

Hän löysi itsensä, koska miehet olivat löytäneet kultaa pohjoisesta.

E lo trovò perché Manuel, l'aiutante giardiniere, aveva bisogno di soldi.

Ja hän huomasi olevansa tässä tilanteessa, koska puutarhurin apulainen Manuel tarvitsi rahaa.

La Bestia Primordiale Dominante
Hallitseva alkukantainen peto

La bestia primordiale dominante era più forte che mai in Buck.

Hallitseva alkukantainen peto oli Buckissa yhtä vahva kuin aina ennenkin.

Ma la bestia primordiale dominante era rimasta dormiente in lui.

Mutta hallitseva alkukantainen peto oli uinunut hänessä.

La vita sui sentieri era dura, ma rafforzava la bestia che era in Buck.

Polkuelämä oli ankaraa, mutta se vahvisti Buckin sisällä olevaa petoa.

Segretamente la bestia diventava sempre più forte ogni giorno.

Salaa peto vahvistui päivä päivältä vahvemmaksi ja vahvemmaksi.

Ma quella crescita interiore è rimasta nascosta al mondo esterno.

Mutta tuo sisäinen kasvu pysyi piilossa ulkomaailmalta.

Una forza primordiale calma e silenziosa si stava formando dentro Buck.

Hiljainen ja tyyni alkukantainen voima rakentui Buckin sisällä.

Una nuova astuzia diede a Buck equilibrio, calma e compostezza.

Uusi viekkaus antoi Buckille tasapainoa, tyyneyttä ja itsevarmuutta.

Buck si concentrò molto sull'adattamento, senza mai sentirsi completamente rilassato.

Buck keskittyi kovasti sopeutumiseen, eikä koskaan tuntenut oloaan täysin rentoutuneeksi.

Evitava i conflitti, non iniziava mai litigi e non cercava mai guai.

Hän vältti konflikteja, ei koskaan aloittanut tappeluita eikä etsinyt ongelmia.

Ogni mossa di Buck era scandita da una riflessione lenta e costante.

Hidas, tasainen harkitsevaisuus muovasi Buckin jokaista liikettä.

Evitava scelte avventate e decisioni improvvise e sconsiderate.

Hän vältti harkitsemattomia valintoja ja äkkipikaisia, harkitsemattomia päätöksiä.

Sebbene Buck odiasse profondamente Spitz, non gli mostrò alcuna aggressività.

Vaikka Buck vihasi Spitziä syvästi, hän ei osoittanut hänelle aggressiivisuutta.

Buck non provocò mai Spitz e mantenne le sue azioni moderate.

Buck ei koskaan provosoinut Spitziä ja piti toimintansa hillittyä.

Spitz, d'altro canto, percepì il pericolo crescente in Buck.

Spitz puolestaan aisti Buckissa kasvavan vaaran.

Vedeva Buck come una minaccia e una seria sfida al suo potere.

Hän näki Buckin uhkana ja vakavana haasteena vallalleen.

Coglieva ogni occasione per ringhiare e mostrare i suoi denti aguzzi.

Hän käytti jokaisen tilaisuuden murahtaakseen ja näyttääkseen terävät hampaansa.

Stava cercando di dare inizio allo scontro mortale che sarebbe dovuto avvenire.

Hän yritti aloittaa kuolettavan taistelun, jonka oli määrä tulla.

All'inizio del viaggio, tra loro scoppiò quasi una lite.

Matkan alussa heidän välilleen melkein puhkesi tappelu.

Ma un incidente inaspettato impedì che il combattimento avesse luogo.

Mutta odottamaton onnettomuus esti taistelun.

Quella sera si accamparono sul gelido lago Le Barge.

Sinä iltana he pystyttivät leirin purevan kylmälle Le Barge - järvelle.

La neve cadeva fitta e il vento era tagliente come una lama.

Lunta satoi kovaa ja tuuli viilsi kuin veitsi.

La notte era scesa troppo in fretta e l'oscurità li aveva avvolti.

Yö oli tullut liian nopeasti, ja pimeys ympäröi heidät.

Difficilmente avrebbero potuto scegliere un posto peggiore per riposare.

He tuskin olisivat voineet valita huonompaa lepopaikkaa.

I cani cercavano disperatamente un posto dove sdraiarsi.

Koirat etsivät epätoivoisesti paikkaa, johon voisivat levätä.

Dietro il piccolo gruppo si ergeva un'alta parete rocciosa.

Korkea kallioseinämä kohosi jyrkästi pienen ryhmän takana.

Per alleggerire il carico, la tenda era stata lasciata a Dyea.

Teltta oli jätetty Dyeaan kuorman keventämiseksi.

Non avevano altra scelta che accendere il fuoco direttamente sul ghiaccio.

Heillä ei ollut muuta vaihtoehtoa kuin tehdä tuli itse jäälle.

Stendevano i loro accappatoi direttamente sul lago ghiacciato.

He levittivät makuuvaatteensa suoraan jäätyneelle järvelle.

Qualche pezzo di legno galleggiante dava loro un po' di fuoco.

Muutama ajopuun oksa antoi heille hieman tulta.

Ma il fuoco è stato acceso sul ghiaccio e attraverso di esso si è scongelato.

Mutta tuli tehtiin jään päälle ja sulatettiin sen läpi.

Alla fine cenarono al buio.

Lopulta he söivät illallistaan pimeässä.

Buck si rannicchiò accanto alla roccia, al riparo dal vento freddo.

Buck käpertyi kallion viereen suojaan kylmältä tuulelta.

Il posto era così caldo e sicuro che Buck non voleva andarsene.

Paikka oli niin lämmin ja turvallinen, että Buck vihasi muuttaa pois.

Ma François aveva scaldato il pesce e stava distribuendo le razioni.

Mutta François oli lämmittänyt kalat ja jakoi annoksia.

Buck finì di mangiare in fretta e tornò a letto.

Buck söi nopeasti loppuun ja palasi sänkyynsä.

Ma Spitz ora giaceva dove Buck aveva preparato il suo letto.

Mutta Spitz makasi nyt siinä paikassa, johon Buck oli tehnyt vuoteensa.

Un ringhio basso avvertì Buck che Spitz si rifiutava di muoversi.

Matala murahdus varoitti Buckia, että Spitz kieltäytyi liikkumasta.

Finora Buck aveva evitato lo scontro con Spitz.

Tähän asti Buck oli vältellyt tätä taistelua Spitzin kanssa.

Ma nel profondo di Buck la bestia alla fine si liberò.

Mutta syvällä Buckin sisällä peto lopulta pääsi valloilleen.

Il furto del suo posto letto era troppo da tollerare.

Hänen nukkumapaikkansa varastaminen oli liikaa siedettäväksi.

Buck si lanciò contro Spitz, pieno di rabbia e furore.

Buck syöksyi Spitziä kohti täynnä vihaa ja raivoa.

Fino a quel momento Spitz aveva pensato che Buck fosse solo un grosso cane.

Siihen asti Spitz oli pitänyt Buckia vain isona koirana.

Non pensava che Buck fosse sopravvissuto grazie al suo spirito.

Hän ei uskonut Buckin selvinneen hengissä.

Si aspettava paura e codardia, non furia e vendetta.

Hän odotti pelkoa ja pelkuruutta, ei raivoa ja kostoa.

François rimase a guardare mentre entrambi i cani schizzavano fuori dal nido in rovina.

François tuijotti, kun molemmat koirat syöksyivät ulos raunioituneesta pesästä.

Capì subito cosa aveva scatenato quella violenta lotta.

Hän ymmärsi heti, mikä oli aloittanut villin taistelun.

"Aa-ah!" gridò François in sostegno del cane marrone.

"Aa-ah!" François huudahti ruskean koiran tueksi.

"Dategli una bella lezione! Per Dio, punite quel ladro furbo!"

"Antakaa hänelle selkäsauna! Jumalan nimeen, rankaiskaa tuota salakavalaa varasta!"

Spitz dimostrò altrettanta prontezza e fervore nel combattere.

Spitz osoitti yhtäläistä taisteluvalmiutta ja villiä taisteluintoa.

Gridò di rabbia mentre girava velocemente in tondo, cercando un varco.

Hän huusi raivoissaan kiertäen nopeasti ympäri etsien aukkoa.

Buck mostrò la stessa fame di combattere e la stessa cautela.

Buck osoitti samaa taistelunhalua ja samaa varovaisuutta.

Anche lui girò intorno al suo avversario, cercando di avere la meglio nella battaglia.

Hän kiersi myös vastustajansa ympäri yrittäen saada yliotteen taistelussa.

Poi accadde qualcosa di inaspettato e cambiò tutto.

Sitten tapahtui jotain odottamatonta ja muutti kaiken.

Quel momento ritardò l'eventuale lotta per la leadership.

Tuo hetki viivästytti lopullista taistelua johtajuudesta.

Ci sarebbero ancora molti chilometri di sentiero e di lotta da percorrere prima della fine.

Monta kilometriä polkua ja kamppailua odotti vielä ennen loppua.

Perrault urlò un'imprecazione mentre una mazza colpiva l'osso.

Perrault kirosi, kun nuija osui luuhun.

Seguì un acuto grido di dolore, poi il caos esplose tutt'intorno.

Seurasi terävä tuskan kiljahdus, minkä jälkeen ympärillä räjähti kaaos.

Forme scure si muovevano nell'accampamento: husky selvatici, affamati e feroci.

Tummia hahmoja liikkui leirissä; villejä huskyjä, nälkäisiä ja raivokkaita.

Quattro o cinque dozzine di husky avevano fiutato l'accampamento da molto lontano.

Neljä tai viisi tusinaa huskya oli nuuhkinut leirin kaukaa.

Si erano introdotti furtivamente mentre i due cani litigavano lì vicino.

Ne olivat hiipineet sisään hiljaa kahden koiran tapellessa lähistöllä.

François e Perrault si lanciarono all'attacco, colpendo con i manganelli gli invasori.

François ja Perrault hyökkäsivät hyökkääjiä kohti heilutellen nuijia.

Gli husky affamati mostrarono i denti e si dibatterono freneticamente.

Nälkäiset huskyt näyttivät hampaitaan ja taistelivat raivokkaasti takaisin.

L'odore della carne e del pane li aveva fatti superare ogni paura.

Lihan ja leivän tuoksu oli ajanut heidät pois kaikesta pelosta.

Perrault picchiò un cane che aveva nascosto la testa nella buca delle vivande.

Perrault hakkasi koiran, joka oli hautannut päänsä eväslaatikkoon.

Il colpo fu violento e la scatola si ribaltò, facendo fuoriuscire il cibo.

Isku oli kova, ja laatikko pyörähti ympäri ja ruoka läikkyi ulos.

Nel giro di pochi secondi, una ventina di bestie feroci si avventarono sul pane e sulla carne.

Sekunneissa kymmenkunta villieläintä repi leipää ja lihaa.

I bastoni degli uomini sferrarono un colpo dopo l'altro, ma nessun cane si allontanò.

Miesten mailat laskeutuivat isku iskun perään, mutta yksikään koira ei kääntynyt pois.

Urlavano di dolore, ma continuarono a lottare finché non rimase più cibo.

Ne ulvoivat tuskissaan, mutta taistelivat, kunnes ruoka loppui.

Nel frattempo i cani da slitta erano saltati giù dalle loro culle innevate.

Sillä välin rekikoirat olivat hypänneet lumipeitteisiltä vuoteiltaan.

Furono immediatamente attaccati dai feroci e affamati husky.

Ilkeät, nälkäiset huskyt hyökkäsivät heidän kimppuunsa välittömästi.

Buck non aveva mai visto prima creature così selvagge e affamate.

Buck ei ollut koskaan ennen nähnyt niin villejä ja nälkäisiä olentoja.

La loro pelle pendeva flaccida, nascondendo a malapena lo scheletro.

Heidän ihonsa roikkui löysänä, peittäen tuskin heidän luurankojaan.

C'era un fuoco nei loro occhi, per fame e follia

Heidän silmissään oli tuli, nälästä ja hulluudesta

Non c'era modo di fermarli, di resistere al loro assalto selvaggio.

Heitä ei voinut pysäyttää; heidän rajua rynnäkkyttäänsä ei voinut vastustaa.

I cani da slitta vennero spinti indietro e premuti contro la parete della scogliera.

Rekikoirat työnnettiin taaksepäin ja painautuivat kallioseinämää vasten.

Tre husky attaccarono Buck contemporaneamente, lacerandogli la carne.

Kolme huskyä hyökkäsi Buckin kimppuun kerralla repimällä hänen lihaansa.

Il sangue gli colava dalla testa e dalle spalle, dove era stato tagliato.

Verta valui hänen päästään ja hartioistaan, joihin hän oli haavoittunut.

Il rumore riempì l'accampamento: ringhi, guaiti e grida di dolore.

Melu täytti leirin; murinaa, kiljahduksia ja tuskanhuutoja.

Billee pianse forte, come al solito, presa dal panico e dalla mischia.

Billee itki kovaan ääneen, kuten tavallista, hämmennyksen ja paniikin keskellä.

Dave e Solleks rimasero fianco a fianco, sanguinanti ma con aria di sfida.

Dave ja Solleks seisoivat vierekkäin verta vuotaen mutta uhmakkaasti.

Joe lottava come un demonio, mordendo tutto ciò che gli si avvicinava.

Joe taisteli kuin demoni ja puri kaikkea lähelle tulevaa.

Con un violento schiocco di mascelle schiacciò la zampa di un husky.

Hän murskasi huskyn jalan yhdellä raa'alla leukojen napsautuksella.

Pike saltò sull'husky ferito e gli ruppe il collo all'istante.

Pike hyppäsi haavoittuneen huskyn selkään ja taitti sen niskansa välittömästi.

Buck afferrò un husky per la gola e gli strappò la vena.

Buck otti koiran kurkusta kiinni ja repi sen suonen poikki.

Il sangue schizzò e il sapore caldo mandò Buck in delirio.

Verta suihkusi, ja lämmin maku sai Buckin raivon valtaan.

Si lanciò contro un altro aggressore senza esitazione.

Hän hyökkäsi epäröimättä toisen hyökkääjän kimppuun.

Nello stesso momento, denti aguzzi si conficcarono nella gola di Buck.

Samalla hetkellä terävät hampaat iskeytyivät Buckin omaan kurkkuun.

Spitz aveva colpito di lato, attaccando senza preavviso.

Spitz oli iskenyt sivulta hyökännyt varoittamatta.

Perrault e François avevano sconfitto i cani rubando il cibo.

Perrault ja François olivat kukistaneet ruokaa varastaneet koirat.

Ora si precipitarono ad aiutare i loro cani a respingere gli aggressori.

Nyt he kiiruhtivat auttamaan koiriaan torjumaan hyökkääjät.

I cani affamati si ritirarono mentre gli uomini roteavano i loro manganelli.

Nälkäiset koirat perääntyivät miesten heiluttaessa nuijiaan.

Buck riuscì a liberarsi dall'attacco, ma la fuga fu breve.

Buck vapautui hyökkäyksestä, mutta pako oli lyhyt.

Gli uomini corsero a salvare i loro cani e gli husky tornarono ad attaccarli.

Miehet juoksivat pelastamaan koiriaan, ja huskyt parveilivat taas.

Billee, spaventato e coraggioso, si lanciò nel branco di cani.

Pelästyneenä ja rohkeaksi muuttunut Billee hyppäsi koiralaumaan.

Ma poi fuggì attraverso il ghiaccio, in preda al terrore e al panico.

Mutta sitten hän pakeni jään yli, raa'an kauhun ja paniikin vallassa.

Pike e Dub li seguirono da vicino, correndo per salvarsi la vita.

Pike ja Dub seurasivat aivan perässä juosten henkensä edestä.

Il resto della squadra si disperse e li inseguì.

Loput joukkueesta hajosivat ja seurasivat heitä.

Buck raccolse le forze per correre, ma poi vide un lampo.

Buck keräsi voimansa juostakseen, mutta näki sitten välähdyksen.

Spitz si lanciò verso Buck, cercando di buttarlo a terra.

Spitz syöksyi Buckin viereen ja yritti kaataa hänet maahan.

Sotto quella banda di husky, Buck non avrebbe avuto scampo.

Tuon huskylauman alta Buckilla ei olisi ollut pakomatkaa.

Ma Buck rimase fermo e si preparò al colpo di Spitz.

Mutta Buck seisoi lujana ja valmistautui Spitzin iskuun.

Poi si voltò e corse sul ghiaccio con la squadra in fuga.

Sitten hän kääntyi ja juoksi jäälle pakenevan joukkueen kanssa.

Più tardi i nove cani da slitta si radunarono al riparo del bosco.

Myöhemmin yhdeksän rekikoiraa kokoontui metsän suojaan.

Nessuno li inseguiva più, ma erano malconci e feriti.

Kukaan ei enää ajanut heitä takaa, mutta he olivat ruhjoutuneita ja haavoittuneita.

Ogni cane presentava delle ferite: quattro o cinque tagli profondi su ogni corpo.

Jokaisella koiralla oli haavoja; neljä tai viisi syvää haavaa jokaisen ruumiissa.

Dub aveva una zampa posteriore ferita e ora faceva fatica a camminare.

Dubilla oli takajalan vamma, ja hän pystyi nyt vaikeasti kävelemään.

Dolly, l'ultimo cane arrivato da Dyea, aveva la gola tagliata.

Dollylla, Dyean uusimmalla koiralla, oli viilto kurkku auki.

Joe aveva perso un occhio e l'orecchio di Billee era stato tagliato a pezzi

Joe oli menettänyt silmänsä ja Billeen korva oli palasina

Tutti i cani piansero per il dolore e la sconfitta durante la notte.

Kaikki koirat itkivät tuskissaan ja tappiostaan läpi yön.

All'alba tornarono lentamente all'accampamento, doloranti e distrutti.

Aamun koittaessa he hiipivät takaisin leiriin kipeinä ja rikkinäisinä.

Gli husky erano scomparsi, ma il danno era fatto.

Huskyt olivat kadonneet, mutta vahinko oli jo tapahtunut.

Perrault e François erano di pessimo umore e osservavano le rovine.

Perrault ja François seisoivat pahalla tuulella raunioiden äärellä.

Metà del cibo era sparito, rubato dai ladri affamati.

Puolet ruoasta oli mennyt, nälkäiset varkaat olivat ryöstäneet sen.

Gli husky avevano strappato le corde e la tela della slitta.

Huskyt olivat repineet auki reen siteet ja purjekankaan.

Tutto ciò che aveva odore di cibo era stato divorato completamente.

Kaikki, missä oli ruoan tuoksua, oli ahmittu täysin.

Mangiarono un paio di stivali da viaggio in pelle di alce di Perrault.

He söivät parin Perraultin hirvennahkaiset matkasaappaat.

Hanno masticato le pelli e rovinato i cinturini rendendoli inutilizzabili.

He pureskelivat nahkareikkejä ja pilasivat hihnat käyttökelvottomiksi.

François smise di fissare la frusta strappata per controllare i cani.

François lakkasi tuijottamasta revittyä raipannarua tarkistaakseen koirat.

«Ah, amici miei», disse con voce bassa e preoccupata.

– Voi, ystäväni, hän sanoi matalalla ja huolestuneella äänellä.

"Forse tutti questi morsi vi trasformeranno in bestie pazze."

"Ehkä kaikki nämä puremat tekevät teistä hulluja petoja."

"Forse tutti cani rabbiosi, sacredam! Che ne pensi, Perrault?"

"Ehkä kaikki hullut koirat, pyhä Jumala! Mitä mieltä sinä olet, Perrault?"

Perrault scosse la testa, con gli occhi scuri per la preoccupazione e la paura.

Perrault pudisti päätään, silmät synkkinä huolesta ja pelosta.

C'erano ancora quattrocento miglia tra loro e Dawson.

Heidän ja Dawsonin välillä oli vielä neljäsataa mailia.

La follia dei cani potrebbe ormai distruggere ogni possibilità di sopravvivenza.

Koirahulluus voi nyt tuhota kaikki selviytymismahdollisuudet.

Hanno passato due ore a imprecare e a cercare di riparare l'attrezzatura.

He kiroilivat ja yrittivät korjata varusteita kaksi tuntia.

La squadra ferita alla fine lasciò l'accampamento, distrutta e sconfitta.

Haavoittunut joukkue lähti lopulta leiristä murtuneena ja lyötynä.

Questo è stato il sentiero più duro finora e ogni passo è stato doloroso.

Tämä oli tähän mennessä vaikein polku, ja jokainen askel oli tuskallinen.

Il fiume Thirty Mile non era ghiacciato e scorreva impetuoso.

Kolmenkymmenen mailin joki ei ollut jäätynyt ja virtasi villisti.

Soltanto nei punti calmi e nei vortici il ghiaccio riusciva a resistere.

Jää pysyi pystyssä vain tyynissä paikoissa ja pyörteissä.

Trascorsero sei giorni di duro lavoro per percorrere le trenta miglia.

Kuusi päivää kovaa työtä kului, kunnes kolmekymmentä mailia oli ajettu.

Ogni miglio del sentiero porta con sé pericoli e minacce di morte.

Jokainen kilometri polulla toi mukanaan vaaran ja kuoleman uhan.

Uomini e cani rischiavano la vita a ogni passo doloroso.

Miehet ja koirat vaaransivat henkensä jokaisella tuskallisella askeleella.

Perrault riuscì a superare i sottili ponti di ghiaccio una dozzina di volte.

Perrault murtautui ohuiden jääsiltojen läpi kymmenkunta eri kertaa.

Prese un palo e lo lasciò cadere nel buco creato dal suo corpo.

Hän kantoi seipäätä ja pudotti sen ruumiinsa tekemän reiän yli.

Quel palo salvò Perrault più di una volta dall'annegamento.

Useammin kuin kerran tuo seiväs pelasti Perraultin hukkumiselta.

L'ondata di freddo persisteva, la temperatura era di cinquanta gradi sotto zero.

Kylmä jakso pysyi voimissaan, ilma oli viisikymmentä astetta pakkasta.

Ogni volta che cadeva, Perrault era costretto ad accendere un fuoco per sopravvivere.

Joka kerta kun Perrault putosi veteen, hänen täytyi sytyttää tuli selviytyäkseen.

Gli abiti bagnati si congelavano rapidamente, perciò li faceva asciugare vicino al calore cocente.

Märät vaatteet jäätyivät nopeasti, joten hän kuivasi ne paahtavan kuumassa paikassa.

Perrault non provava mai paura, e questo faceva di lui un corriere.

Pelko ei koskaan koskettanut Perraultia, ja se teki hänestä lähetin.

Fu scelto per affrontare il pericolo e lo affrontò con silenziosa determinazione.

Hänet valittiin vaaraan, ja hän kohtasi sen hiljaisella päättäväisyydellä.

Si spinse in avanti controvento, con il viso raggrinzito e congelato.

Hän painautui eteenpäin tuuleen, hänen kurttuiset kasvonsa paleltuneita.

Perrault li guidò in avanti dall'alba al tramonto.

Heikkosta aamunkoitosta iltaan Perrault johdatti heitä eteenpäin.

Camminava sul ghiaccio sottile che scricchiolava a ogni passo.

Hän käveli kapealla jäänreunalla, joka halkeili joka askeleella.

Non osavano fermarsi: ogni pausa rischiava di provocare un crollo mortale.

He eivät uskaltaneet pysähtyä – jokainen tauko uhkasi kuolettavaa romahdusta.

Una volta la slitta si ruppe, trascinando dentro Dave e Buck.

Kerran reki murtui läpi ja veti Daven ja Buckin sisään.

Quando furono liberati, entrambi erano quasi congelati.

Siihen mennessä, kun heidät saatiin irti, molemmat olivat lähes jäässä.

Gli uomini accesero rapidamente un fuoco per salvare Buck e Dave.

Miehet tekivät nopeasti tulen pitääkseen Buckin ja Daven hengissä.

I cani erano ricoperti di ghiaccio dal naso alla coda, rigidi come legno intagliato.

Koirat olivat kuonosta hännänpäähän jään peitossa, jäykkinä kuin veistetty puu.

Gli uomini li fecero correre in cerchio vicino al fuoco per scongelarne i corpi.

Miehet pyörittivät niitä ympyrää tulen lähellä sulattaakseen niiden ruumiit.

Si avvicinarono così tanto alle fiamme che la loro pelliccia rimase bruciacchiata.

Ne tulivat niin lähelle liekkejä, että niiden turkki kärventyi.

Spitz ruppe poi il ghiaccio, trascinando dietro di sé la squadra.

Seuraavaksi Spitz murtautui jään läpi vetäen joukkueen perässään.

La frenata arrivava fino al punto in cui Buck stava tirando.

Tauko ulottui aina siihen kohtaan, missä Buck veti.

Buck si appoggiò bruscamente allo schienale, con le zampe che scivolavano e tremavano sul bordo.

Buck nojasi lujaa taaksepäin, tassut lipsuivat ja tärisivät reunalla.

Anche Dave si sforzò all'indietro, proprio dietro Buck sulla linea.

Dave ponnisteli myös taaksepäin, aivan Buckin taakse linjalla.

François tirava la slitta e i suoi muscoli scricchiolavano per lo sforzo.

François veti rekeä perässään, hänen lihaksensa naksuivat ponnisteluista.

Un'altra volta, il ghiaccio del bordo si è crepato davanti e dietro la slitta.

Toisella kerralla reunajää halkeili kelkan edessä ja takana.

Non avevano altra via d'uscita se non quella di arrampicarsi su una parete ghiacciata.

Heillä ei ollut muuta pakotietä kuin kiivetä jäätynyttä kallioseinämää pitkin.

In qualche modo Perrault riuscì a scalare il muro: un miracolo lo tenne in vita.

Perrault jotenkin kiipesi muurin yli; ihme piti hänet hengissä.

François rimase sottocoperta, pregando che gli capitasse la stessa fortuna.

François pysyi alhaalla ja rukoili samanlaista onnea.

Legarono ogni cinghia, legatura e tirante in un'unica lunga corda.

He sitoivat jokaisen hihnan, kiinnityslenkin ja narun yhdeksi pitkäksi köydeksi.

Gli uomini trascinarono i cani uno alla volta fino in cima.

Miehet raahasivat koirat yksi kerrallaan ylös.

François salì per ultimo, dopo la slitta e tutto il carico.

François kiipesi viimeisenä, reen ja koko kuorman jälkeen.

Poi iniziò una lunga ricerca di un sentiero che scendesse dalle scogliere.

Sitten alkoi pitkä etsintä polulle alas kallioilta.

Alla fine scesero utilizzando la stessa corda che avevano costruito.

Lopulta he laskeutuivat käyttäen samaa köyttä, jonka olivat tehneet.

Scese la notte mentre tornavano al letto del fiume, esausti e doloranti.

Yön laskeutuessa he palasivat joenuomaan uupuneina ja kipeinä.

Avevano impiegato un giorno intero per percorrere solo un quarto di miglio.

He olivat käyttäneet kokonaisen päivän vain neljännesmailin taittamiseen.

Quando giunsero all'Hootalinqua, Buck era sfinito.

Siihen mennessä kun he saapuivat Hootalinquaan, Buck oli uupunut.

Anche gli altri cani soffrivano le stesse condizioni del sentiero.

Muut koirat kärsivät aivan yhtä pahasti polun olosuhteista.

Ma Perrault aveva bisogno di recuperare tempo e li spingeva avanti giorno dopo giorno.

Mutta Perraultin piti saada lisää aikaa, ja hän painosti heitä eteenpäin joka päivä.

Il primo giorno percorsero trenta miglia fino a Big Salmon.

Ensimmäisenä päivänä he matkustivat viisikymmentä mailia Big Salmoniin.

Il giorno dopo percorsero trentacinque miglia fino a Little Salmon.

Seuraavana päivänä he matkustivat viisikymmentäviisi mailia
Little Salmoniin.

Il terzo giorno percorsero quaranta miglia ghiacciate.
Kolmantena päivänä he puskivat läpi neljäkymmentä pitkää,
jäistä mailia.

**A quel punto si stavano avvicinando all'insediamento di
Five Fingers.**
Siihen mennessä he olivat lähestymässä Viiden Sormen
asutusta.

**I piedi di Buck erano più morbidi di quelli duri degli husky
autoctoni.**
Buckin jalat olivat pehmeämmät kuin paikallisten huskyjen
kovat jalat.

**Le sue zampe erano diventate tenere nel corso di molte
generazioni civilizzate.**
Hänen käpälänsä olivat käyneet herkiksi monien sivistyneiden
sukupolvien aikana.

**Molto tempo fa, i suoi antenati erano stati addomesticati
dagli uomini del fiume o dai cacciatori.**
Kauan sitten jokimiehet tai metsästäjät olivat kesyttäneet
hänen esi-isänsä.

**Ogni giorno Buck zoppicava per il dolore, camminando con
le zampe screpolate e doloranti.**
Joka päivä Buck ontui tuskissa kävellen raaoilla, kipeillä
tassuilla.

**Giunto all'accampamento, Buck cadde come un corpo senza
vita sulla neve.**
Leiripaikalla Buck kaatui kuin eloton hahmo lumeen.

**Sebbene fosse affamato, Buck non si alzò per consumare il
pasto serale.**
Vaikka Buck oli nälkäinen, hän ei noussut syömään
iltapalaansa.

**François portò la sua razione a Buck, mettendogli del pesce
vicino al muso.**
François toi Buckille annoksensa ja asetti kaloja tämän kuonon
kohdalta.

Ogni notte l'autista massaggiava i piedi di Buck per mezz'ora.

Joka ilta kuljettaja hieroi Buckin jalkoja puoli tuntia.

François arrivò persino a tagliare i suoi mocassini per farne delle calzature per cani.

François jopa leikkasi omat mokkasiininsa koiran kenkien valmistamiseksi.

Quattro scarpe calde diedero a Buck un grande e gradito sollievo.

Neljä lämmintä kenkää toivat Buckille suuren ja tervetulleen helpotuksen.

Una mattina François dimenticò le scarpe e Buck si rifiutò di alzarsi.

Eräänä aamuna François unohti kengät, eikä Buck suostunut nousemaan.

Buck giaceva sulla schiena, con i piedi in aria, e li agitava in modo pietoso.

Buck makasi selällään, jalat ilmassa, ja heilutti niitä säälittävästi.

Persino Perrault sorrise alla vista dell'appello drammatico di Buck.

Perraultkin virnisti nähdessään Buckin dramaattisen pyynnön.

Ben presto i piedi di Buck diventarono duri e le scarpe poterono essere tolte.

Pian Buckin jalat kovettuivat, ja kengät voitiin heittää pois.

A Pelly, durante il periodo in cui veniva imbrigliata, Dolly emise un ululato terribile.

Pellyn luona, valjaiden käyttöaikana, Dolly päästi hirvittävän ulvonnan.

Il grido era lungo e pieno di follia, e fece tremare tutti i cani.

Huuto oli pitkä ja täynnä hulluutta, vapisten jokaista koiraa.

Ogni cane si rizzava per la paura, senza capirne il motivo.

Jokainen koira irvisti pelosta tietämättä syytä.

Dolly era impazzita e si era scagliata contro Buck.

Dolly oli tullut hulluksi ja heittäytynyt suoraan Buckin kimppuun.

Buck non aveva mai visto la follia, ma l'orrore gli riempì il cuore.

Buck ei ollut koskaan nähnyt hulluutta, mutta kauhu täytti hänen sydämensä.

Senza pensarci due volte, si voltò e fuggì in preda al panico più assoluto.

Ajattelematta mitään hän kääntyi ja pakeni täydellisessä paniikissa.

Dolly lo inseguì, con gli occhi selvaggi e la saliva che le colava dalle fauci.

Dolly ajoi häntä takaa villit silmät, sylki valuen leuoista.

Si tenne sempre dietro a Buck, senza mai guadagnare terreno e senza mai indietreggiare.

Hän pysytteli aivan Buckin takana, ei koskaan saavuttanut eikä perääntynyt.

Buck corse attraverso i boschi, giù per l'isola, sul ghiaccio frastagliato.

Buck juoksi metsien läpi, alas saarta, yli rosoisen jään.

Attraversò un'isola, poi un'altra, per poi tornare indietro verso il fiume.

Hän ylitti joen ensin saarelle, sitten toiselle ja kiersi takaisin joelle.

Dolly continuava a inseguirlo, ringhiando sempre più forte a ogni passo.

Dolly ajoi häntä yhä takaa, murina tiukasti kannoilla joka askeleella.

Buck poteva sentire il suo respiro e la sua rabbia, anche se non osava voltarsi indietro.

Buck kuuli hänen hengityksensä ja raivonsa, vaikka hän ei uskaltanut katsoa taakseen.

François gridò da lontano e Buck si voltò verso la voce.

François huusi kaukaa, ja Buck kääntyi ääntä kohti.

Ancora senza fiato, Buck corse oltre, riponendo ogni speranza in François.

Yhä henkeä haukkoen Buck juoksi ohi pannen kaiken toivonsa Françoisiin.

Il conducente del cane sollevò un'ascia e aspettò che Buck gli passasse accanto.

Koira-ajaja nosti kirveen ja odotti Buckin lentävän ohi.

L'ascia calò rapidamente e colpì la testa di Dolly con forza mortale.

Kirves iski nopeasti ja osui Dollyn päähän tappavalla voimalla.

Buck crollò vicino alla slitta, ansimando e incapace di muoversi.

Buck lyyhistyi reen lähelle, hengitti hengästyneenä ja kykenemättömänä liikkumaan.

Quel momento diede a Spitz la possibilità di colpire un nemico esausto.

Tuo hetki antoi Spitzille tilaisuuden iskeä uupuneeseen viholliseen.

Morse Buck due volte, strappandogli la carne fino all'osso bianco.

Hän puri Buckia kahdesti repien lihaa valkoista luuta myöten.

La frusta di François schioccò, colpendo Spitz con tutta la sua forza, con furia.

François'n ruoska paukahti ja iski Spitziä täydellä, raivokkaalla voimalla.

Buck guardò con gioia Spitz mentre riceveva il pestaggio più duro fino a quel momento.

Buck katseli ilolla, kun Spitz sai ankarimman selkäsaunan tähän mennessä.

«È un diavolo, quello Spitz», borbottò Perrault tra sé e sé.

"Hän on pirulainen tuo Spitz", mutisi Perrault synkästi itsekseen.

"Un giorno o l'altro, quel cane maledetto ucciderà Buck, lo giuro."

"Jonain päivänä pian tuo kirottu koira tappaa Buckin – vannon sen."

«Quel Buck ha due diavoli dentro di sé», rispose François annuendo.

– Tuossa Buckissa on kaksi paholaista, François vastasi nyökäten.

"Quando osservo Buck, so che dentro di lui si cela qualcosa di feroce."

"Kun katson Buckia, tiedän, että hänessä odottaa jotain hurjaa."

"Un giorno, si infurierà come il fuoco e farà a pezzi Spitz."

"Jonain päivänä hän suuttuu kuin tuli ja repii Spitzin kappaleiksi."

"Masticherà quel cane e lo sputerà sulla neve ghiacciata."

"Hän pureskelee koiran ja sylkee sen jäätyneelle lumelle."

"Certo, lo so fin nel profondo."

"Tiedän tämän kyllä syvällä sisimmässäni, aivan varmasti."

Da quel momento in poi, i due cani furono in guerra tra loro.

Siitä hetkestä lähtien koirat olivat sodassa keskenään.

Spitz guidava la squadra e deteneva il potere, ma Buck lo sfidava.

Spitz johti joukkuetta ja piti valtaa hallussaan, mutta Buck haastoi sen.

Spitz si rese conto che il suo rango era minacciato da questo strano straniero del Sud.

Spitz näki arvovaltansa uhattuna tämän oudon etelämaalaisen muukalaisen vuoksi.

Buck era diverso da tutti i cani del sud che Spitz aveva conosciuto fino ad allora.

Buck oli erilainen kuin mikään etelän koira, jonka Spitz oli aiemmin tuntenut.

La maggior parte di loro fallì: troppo deboli per sopravvivere al freddo e alla fame.

Useimmat heistä epäonnistuivat – liian heikkoja selviytyäkseen kylmästä ja nälästä.

Morirono rapidamente a causa del lavoro, del gelo e del lento bruciare della carestia.

He kuolivat nopeasti työn, pakkasen ja nälänhädän hitaan polttamisen alle.

Buck si distingueva: ogni giorno più forte, più intelligente e più selvaggio.

Buck erottui muista – päivä päivältä vahvempana, älykkäämpänä ja villimpänä.

Ha prosperato nonostante le difficoltà, crescendo al pari degli husky del nord.

Hän viihtyi vaikeuksissa ja kasvoi pohjoisen huskyjen tasolle.

Buck era dotato di forza, abilità straordinaria e un istinto paziente e letale.

Buckilla oli voimaa, hurjaa taitoa ja kärsivällinen, tappava vaisto.

L'uomo con la mazza aveva annientato Buck per fargli perdere la temerarietà.

Mies pamppu kädessään oli lyönyt Buckin ulos harkitsemattomuudellaan.

La furia cieca se n'era andata, sostituita da un'astuzia silenziosa e dal controllo.

Sokea raivo oli poissa, tilalle tuli hiljainen oveluus ja itsehillintä.

Attese, calmo e primordiale, in attesa del momento giusto.

Hän odotti, tyynenä ja alkukantaisena, tähyillen oikeaa hetkeä.

La loro lotta per il comando divenne inevitabile e chiara.

Heidän taistelunsa komennosta kävi väistämättömäksi ja selväksi.

Buck desiderava la leadership perché il suo spirito la richiedeva.

Buck halusi johtajuutta, koska hänen henkensä sitä vaati.

Era spinto da quello strano orgoglio che nasceva dal sentiero e dall'imbracatura.

Häntä ajoi eteenpäin omituinen ylpeys, joka syntyi polun ja valjaiden synnyttämästä vaelluksesta.

Quell'orgoglio faceva sì che i cani tirassero fino a crollare sulla neve.

Tuo ylpeys sai koirat vetämään, kunnes ne lysähtivät lumeen.

L'orgoglio li spinse a dare tutta la forza che avevano.

Ylpeys houkutteli heidät antamaan kaiken voimansa.

L'orgoglio può trascinare un cane da slitta fino al punto di ucciderlo.

Ylpeys voi houkutella rekikoiran jopa kuolemaan päin.

Perdere l'imbracatura rendeva i cani deboli e senza scopo.

Valjaiden menettäminen jätti koirat rikkinäisiksi ja tarkoituksettomiksi.

Il cuore di un cane da slitta può essere spezzato dalla vergogna quando va in pensione.

Rekikoiran sydän voi murskata häpeästä, kun se jää eläkkeelle.

Dave viveva con questo orgoglio mentre trascinava la slitta da dietro.

Dave eli tuon ylpeyden vallassa vetäessään rekeä perässä.

Anche Solleks diede il massimo con cupa forza e lealtà.

Myös Solleks antoi kaikkensa synkän voimalla ja uskollisuudella.

Ogni mattina l'orgoglio li trasformava da amareggiati a determinati.

Joka aamu ylpeys muutti heidät katkeruudesta päättäväisiksi.

Spinsero per tutto il giorno, poi tacquero una volta giunti alla fine dell'accampamento.

He ponnistavat koko päivän ja hiljenivät sitten leirin päässä.

Quell'orgoglio diede a Spitz la forza di mettere in riga i fannulloni.

Tuo ylpeys antoi Spitzille voimaa pakottaa laiskottelijat ehtimään riviin.

Spitz temeva Buck perché Buck nutriva lo stesso profondo orgoglio.

Spitz pelkäsi Buckia, koska Buckilla oli sama syvä ylpeys.

L'orgoglio di Buck ora si agitò contro Spitz, ma lui non si fermò.

Buckin ylpeys nousi nyt Spitziä vastaan, eikä hän pysähtynyt.

Buck sfidò il potere di Spitz e gli impedì di punire i cani.

Buck uhmasi Spitzin valtaa ja esti häntä rankaisemasta koiria.

Quando gli altri fallivano, Buck si frapponeva tra loro e il loro capo.

Kun toiset epäonnistuivat, Buck astui heidän ja heidän johtajansa väliin.

Lo fece con intenzione, rendendo la sua sfida aperta e chiara.

Hän teki tämän harkitusti, tehden haasteestaan avoimen ja selkeän.

Una notte una forte nevicata coprì il mondo in un profondo silenzio.

Yhtenä yönä rankka lumi peitti maailman syvään hiljaisuuteen.

La mattina dopo, Pike, pigro come sempre, non si alzò per andare al lavoro.

Seuraavana aamuna Pike, laiska kuten aina, ei noussut töihin.

Rimase nascosto nel suo nido sotto uno spesso strato di neve.

Hän pysytteli piilossa pesässään paksun lumikerroksen alla.

François gridò e cercò, ma non riuscì a trovare il cane.

François huusi ja etsi, mutta ei löytänyt koiraa.

Spitz si infuriò e si scagliò contro l'accampamento coperto di neve.

Spitz raivostui ja ryntäsi läpi lumipeitteisen leirin.

Ringhiò e annusò, scavando freneticamente con gli occhi fiammeggianti.

Hän murahti ja nuuhki, kaivaen raivokkaasti liekehtivin silmin.

La sua rabbia era così violenta che Pike tremava sotto la neve per la paura.

Hänen raivonsa oli niin ankara, että Pike vapisi lumen alla pelosta.

Quando finalmente Pike fu trovato, Spitz si lanciò per punire il cane nascosto.

Kun Pike viimein löydettiin, Spitz hyökkäsi rankaisemaan piileskelevää koiraa.

Ma Buck si scagliò tra loro con una furia pari a quella di Spitz.

Mutta Buck hyökkäsi heidän väliinsä yhtä raivokkaasti kuin Spitz.

L'attacco fu così improvviso e astuto che Spitz cadde a terra.

Hyökkäys oli niin äkillinen ja ovela, että Spitz putosi jaloiltaan.

Pike, che tremava, trasse coraggio da questa sfida.

Pike, joka oli vapissut, sai rohkeutta tästä uhmakkuudesta.

Seguendo l'audace esempio di Buck, saltò sullo Spitz caduto.

Hän hyppäsi kaatuneen Spitzin selkään seuraten Buckin rohkeaa esimerkkiä.

Buck, non più vincolato dall'equità, si unì allo sciopero di Spitz.

Buck, jota oikeudenmukaisuus ei enää sido, liittyi lakkoon Spitziä vastaan.

François, divertito ma fermo nella disciplina, agitò la sua pesante frusta.

François, huvittuneena mutta kurinalaisesti lujana, heilautti raskasta ruoskaansa.

Colpì Buck con tutta la sua forza per interrompere la rissa.

Hän löi Buckia kaikella voimallaan keskeyttääkseen taistelun.

Buck si rifiutò di muoversi e rimase in groppa al capo caduto.

Buck kieltäytyi liikkumasta ja pysyi kaatuneen johtajan päällä.

François allora usò il manico della frusta e colpì Buck con violenza.

Sitten François käytti ruoskan kahvaa ja löi Buckia lujaa.

Barcollando per il colpo, Buck cadde all'indietro sotto l'assalto.

Horjahtaen iskusta Buck kaatui takaisin hyökkäyksen alle.

François colpì più volte mentre Spitz puniva Pike.

François iski yhä uudelleen, kun taas Spitz rankaisi Pikea.

Passarono i giorni e Dawson City si avvicinava sempre di più.

Päivät kuluivat, ja Dawson City lähestyi yhä lähemmäksi.

Buck continuava a intromettersi, infilandosi tra Spitz e gli altri cani.

Buck puuttui jatkuvasti asiaan ja livahti Spitzin ja muiden koirien väliin.

Sceglieva bene i suoi momenti, aspettando sempre che François se ne andasse.

Hän valitsi hetkensä hyvin ja odotti aina François'n lähtöä.

La ribellione silenziosa di Buck si diffuse e il disordine prese piede nella squadra.

Buckin hiljainen kapina levisi, ja epäjärjestys juurtui joukkueeseen.

Dave e Solleks rimasero leali, ma altri diventarono indisciplinati.

Dave ja Solleks pysyivät uskollisina, mutta toiset kävivät kurittomiksi.

La squadra peggiorò: divenne irrequieta, litigiosa e fuori luogo.

Joukkue paheni – levoton, riitaisa ja riveistään poikkeava.

Ormai niente filava liscio e le liti diventavano all'ordine del giorno.

Mikään ei enää toiminut ongelmitta, ja tappeluista tuli yleisiä.

Buck rimase sempre al centro dei guai, provocando disordini.

Buck pysyi levottomuuksien keskipisteenä ja lietsoi aina levottomuuksia.

François rimase vigile, temendo la lotta tra Buck e Spitz.

François pysyi valppaana peläten Buckin ja Spitzin välistä tappelua.

Ogni notte veniva svegliato da zuffe e temeva che finalmente fosse arrivato l'inizio.

Joka yö kahakat herättivät hänet pelätessään alun koittavan.

Balzò fuori dalla veste, pronto a interrompere la rissa.

Hän hyppäsi viitastaan valmiina lopettamaan taistelun.

Ma il momento non arrivò mai e alla fine raggiunsero Dawson.

Mutta hetki ei koskaan koittanut, ja he saapuivat viimein Dawsoniin.

La squadra entrò in città in un pomeriggio cupo, teso e silenzioso.

Joukkue saapui kaupunkiin eräänä synkkänä iltapäivänä, jännittyneenä ja hiljaisena.

La grande battaglia per la leadership era ancora sospesa nell'aria gelida.

Suuri taistelu johtajuudesta leijui yhä jäätyneessä ilmassa.

Dawson era piena di uomini e cani da slitta, tutti impegnati nel lavoro.

Dawson oli täynnä miehiä ja rekikoiria, kaikki kiireisiä työssään.

Buck osservava i cani trainare i carichi dalla mattina alla sera.

Buck katseli koirien vetävän kuormia aamusta iltaan.

Trasportavano tronchi e legna da ardere e spedivano rifornimenti alle miniere.

He kuljettivat tukkeja ja polttopuita, rahtasivat tarvikkeita kaivoksiin.

Nel Southland, dove un tempo lavoravano i cavalli, ora lavoravano i cani.

Siellä, missä hevoset ennen työskentelivät Etelämaassa, koirat tekivät nyt töitä.

Buck vide alcuni cani provenienti dal Sud, ma la maggior parte erano husky simili a lupi.

Buck näki joitakin etelän koiria, mutta useimmat olivat suden kaltaisia huskyjä.

Di notte, puntuali come un orologio, i cani alzavano la voce e cantavano.

Yöllä, kuin kellontarkasti, koirat korottivat äänensä lauluun.

Alle nove, a mezzanotte e di nuovo alle tre, il canto cominciò.

Yhdeksältä, keskiyöllä ja uudelleen kolmelta alkoi laulu.

Buck amava unirsi al loro canto inquietante, selvaggio e antico nel suono.

Buck rakasti liittyä heidän aavemaiseen, villiin ja ikivanhaan ääneensä.

L'aurora fiammeggiava, le stelle danzavano e la neve ricopriva la terra.

Revontulet leimahtivat, tähdet tanssivat ja lumi peitti maan.

Il canto dei cani si elevava come un grido contro il silenzio e il freddo pungente.

Koirien laulu kohosi kuin huuto hiljaisuutta ja purevaa kylmyyttä vastaan.

Ma il loro urlo esprimeva tristezza, non sfida, in ogni lunga nota.

Mutta heidän ulvontansa jokaisessa pitkässä sävelessä oli surua, ei uhmaa.

Ogni lamento era pieno di supplica: il peso stesso della vita.

Jokainen valitushuuto oli täynnä anelemista; itse elämän taakkaa.

Quella canzone era vecchia, più vecchia delle città e più vecchia degli incendi

Tuo laulu oli vanha – vanhempi kuin kaupungit ja vanhempi kuin tulipalot

Quel canto era più antico perfino delle voci degli uomini.

Tuo laulu oli jopa vanhempi kuin ihmisten äänet.

Era una canzone del mondo dei giovani, quando tutte le canzoni erano tristi.

Se oli laulu nuoresta maailmasta, ajasta jolloin kaikki laulut olivat surullisia.

La canzone porta con sé il dolore di innumerevoli generazioni di cani.

Laulu kantoi mukanaan lukemattomien koirasukupolvien surua.

Buck percepì profondamente la melodia, gemendo per un dolore radicato nei secoli.

Buck tunsi melodian syvästi, voihkien ikiajoista tuskasta.

Singhiozzava per un dolore antico quanto il sangue selvaggio nelle sue vene.

Hän nyyhkytti surusta, joka oli yhtä vanha kuin hänen suonissaan virtaava villi veri.

Il freddo, l'oscurità e il mistero toccarono l'anima di Buck.

Kylmyys, pimeys ja mysteeri koskettivat Buckin sielua.

Quella canzone dimostrava quanto Buck fosse tornato alle sue origini.

Tuo laulu todisti, kuinka pitkälle Buck oli palannut juurilleen.

Tra la neve e gli ululati aveva trovato l'inizio della sua vita.

Lumen ja ulvonnan läpi hän oli löytänyt oman elämänsä alun.

Sette giorni dopo l'arrivo a Dawson, ripartirono.

Seitsemän päivää Dawsoniin saapumisensa jälkeen he lähtivät jälleen matkaan.

La squadra si è lanciata dalla caserma fino allo Yukon Trail.

Joukkue laskeutui kasarmeilta Yukonin reitille.

Iniziarono il viaggio di ritorno verso Dyea e Salt Water.

He aloittivat matkan takaisin kohti Dyeaa ja Suolavettä.

Perrault trasmise dispacci ancora più urgenti di prima.

Perrault kuljetti lähetyksiä entistä kiireellisempiä.

Era anche preso dall'orgoglio per la corsa e puntava a stabilire un record.

Hänet valtasi myös polkuylpeys ja hän pyrki tekemään ennätyksen.

Questa volta Perrault aveva diversi vantaggi.

Tällä kertaa useita etuja oli Perraultin puolella.

I cani avevano riposato per un'intera settimana e avevano ripreso le forze.

Koirat olivat levänneet kokonaisen viikon ja keränneet voimansa takaisin.

La pista che avevano tracciato era ora battuta da altri.

Heidän raivaamansa polun olivat nyt muut tallanneet kovaksi.

In alcuni punti la polizia aveva immagazzinato cibo sia per i cani che per gli uomini.

Poliisi oli paikoin varastoinut ruokaa sekä koirille että miehille.

Perrault viaggiava leggero, si muoveva velocemente e aveva poco a cui aggrapparsi.

Perrault matkusti kevyesti ja nopeasti, eikä hänellä ollut juurikaan painoa mukanaan.

La prima sera raggiunsero la Sixty-Mile, una corsa lunga 50 miglia.

He saapuivat Sixty-Mileen, viidenkymmenen mailin juoksumatkan, ensimmäisenä yönä.

Il secondo giorno risalirono rapidamente lo Yukon in direzione di Pelly.

Toisena päivänä he kiiruhtivat Yukonia pitkin kohti Pellyä.

Ma questi grandi progressi comportarono anche molta fatica per François.

Mutta tällainen hieno edistyminen toi mukanaan paljon rasitusta Françoisille.

La ribellione silenziosa di Buck aveva infranto la disciplina della squadra.

Buckin hiljainen kapinointi oli murskannut joukkueen kurin.

Non si univano più come un'unica bestia al comando.

Ne eivät enää vetäytyneet yhteen kuin yksi peto ohjaksissa.

Buck aveva spinto altri alla sfida con il suo coraggioso esempio.

Buck oli rohkealla esimerkillään johtanut muita uhmaamaan.

L'ordine di Spitz non veniva più accolto con timore o rispetto.

Spitzin käskyyn ei enää suhtauduttu pelolla tai kunnioituksella.

Gli altri persero ogni timore reverenziale nei suoi confronti e osarono opporsi al suo governo.

Muut menettivät kunnioituksensa häntä kohtaan ja uskalsivat vastustaa hänen hallintoaan.

Una notte, Pike rubò mezzo pesce e lo mangiò sotto gli occhi di Buck.

Eräänä yönä Pike varasti puoli kalaa ja söi sen Buckin silmän alla.

Un'altra notte, Dub e Joe combatterono contro Spitz e rimasero impuniti.

Eräänä yönä Dub ja Joe taistelivat Spitzin kanssa rankaisematta.

Anche Billee gemette meno dolcemente e mostrò una nuova acutezza.

Billeekin valitti vähemmän suloisesti ja osoitti uutta terävyyttä.

Buck ringhiava a Spitz ogni volta che si incrociavano.

Buck murahti Spitzille joka kerta, kun heidän tiensä kohtasivat.

L'atteggiamento di Buck divenne audace e minaccioso, quasi come quello di un bullo.

Buckin asenne muuttui rohkeaksi ja uhkaavaksi, melkein kuin kiusaajalla.

Camminava avanti e indietro davanti a Spitz con un'andatura spavalda e piena di minaccia beffarda.

Hän käveli Spitzin edellä rehellisesti ja uhkaavasti.

Questo crollo dell'ordine si diffuse anche tra i cani da slitta.

Tuo järjestyksen romahdus levisi myös rekikoirien keskuuteen.

Litigarono e discussero più che mai, riempiendo l'accampamento di rumore.

He tappelivat ja väittelivät enemmän kuin koskaan, täyttäen leirin melulla.

Ogni notte la vita nel campeggio si trasformava in un caos selvaggio e ululante.

Leirielämä muuttui villiksi, ulvovaksi kaaokseksi joka yö.

Solo Dave e Solleks rimasero fermi e concentrati.

Vain Dave ja Solleks pysyivät vakaina ja keskittyneinä.

Ma anche loro diventarono irascibili a causa delle continue risse.

Mutta jopa heistä tuli äkkipikaisia jatkuvien tappeluiden vuoksi.

François imprecò in lingue strane e batté i piedi per la frustrazione.

François kirosi oudoilla kielillä ja tömisteli turhautuneena.

Si strappò i capelli e urlò mentre la neve gli volava sotto i piedi.

Hän repi hiuksiaan ja huusi lumen lentäessä jalkojensa alla.

La sua frusta schioccò contro il gruppo, ma a malapena riuscì a tenerli in riga.

Hänen ruoskansa lensi lauman yli, mutta piti heidät tuskin linjassa.

Ogni volta che voltava le spalle, la lotta ricominciava.

Aina kun hän käänsi selkänsä, taistelu puhkesi uudelleen.

François usò la frusta per Spitz, mentre Buck guidava i ribelli.

François käytti ruoskaa Spitziä vastaan, kun Buck johti kapinallisia.

Ognuno conosceva il ruolo dell'altro, ma Buck evitava di addossare ogni colpa.

Kumpikin tiesi toisen roolin, mutta Buck vältti syyllistämistä.

François non ha mai colto Buck mentre iniziava una rissa o
si sottraeva al suo lavoro.

François ei koskaan nähnyt Buckin aloittavan tappelua tai
laiminlyövän työtään.

Buck lavorava duramente ai finimenti: la fatica ora gli dava
entusiasmo.

Buck työskenteli ahkerasti valjaissa – uurastus hurmasi nyt
hänen sieluaan.

Ma trovava ancora più gioia nel fomentare risse e caos
nell'accampamento.

Mutta vielä enemmän iloa hän löysi leirissä lietsotuista
tappeluista ja kaaoksesta.

Una sera, alla foce del Tahkeena, Dub spaventò un coniglio.

Eräänä iltana Dub säikäytti jäniksen Tahkeenan suulla.

Mancò la presa e il coniglio con la racchetta da neve balzò
via.

Hän epäonnistui, ja lumikenkäjänis syöksyi karkuun.

Nel giro di pochi secondi, l'intera squadra di slitte si lanciò
all'inseguimento, gridando a squarciagola.

Muutamassa sekunnissa koko rekijoukkue lähti takaa-ajoon
villien huutojen säestyksellä.

Nelle vicinanze, un accampamento della polizia del nord-
ovest ospitava cinquanta cani husky.

Lähistöllä sijaitsevassa Luoteis-Englannin poliisin leirissä oli
viisikymmentä huskykoiraa.

Si unirono alla caccia, scendendo insieme il fiume
ghiacciato.

He liittyivät metsästykseen ja syöksyivät yhdessä jäätynyttä
jokea pitkin alas.

Il coniglio lasciò il fiume e fuggì lungo il letto ghiacciato di
un ruscello.

Kani käänsi joen pois ja pakeni jäätynyttä purouomaa pitkin.

Il coniglio saltellava leggero sulla neve mentre i cani si
facevano strada a fatica.

Kani hyppi kevyesti lumen yli koirien ponnistellessa sen läpi.

Buck guidava l'enorme branco di sessanta cani attorno a ogni curva tortuosa.

Buck johdatti valtavan kuudenkymmenen koiran lauman jokaisen mutkan ympäri.

Si spinse in avanti, basso e impaziente, ma non riuscì a guadagnare terreno.

Hän työnsi eteenpäin matalalla ja innokkaasti, mutta ei päässyt etenemään.

Il suo corpo brillava sotto la pallida luna a ogni potente balzo.

Hänen ruumiinsa välähti kalpean kuun valossa jokaisella voimakkaalla loikalla.

Davanti a loro, il coniglio si muoveva come un fantasma, silenzioso e troppo veloce per essere catturato.

Edessä kani liikkui kuin haamu, hiljaa ja liian nopeasti kiinniotettavaksi.

Tutti quei vecchi istinti, la fame, l'eccitazione, attraversarono Buck.

Kaikki nuo vanhat vaistot – nälkä, jännitys – valtasivat Buckin.

A volte gli esseri umani avvertono questo istinto e sono spinti a cacciare con armi da fuoco e proiettili.

Ihmiset tuntevat tämän vaiston ajoittain, ajaen heitä metsästämään aseella ja luodilla.

Ma Buck provava questa sensazione a un livello più profondo e personale.

Mutta Buck tunsi tämän tunteen syvemmällä ja henkilökohtaisemmalla tasolla.

Non riuscivano a percepire la natura selvaggia nel loro sangue come Buck.

He eivät kyenneet tuntemaan villiyttä veressään samalla tavalla kuin Buck.

Inseguiva la carne viva, pronto a uccidere con i denti e ad assaggiare il sangue.

Hän jahtasi elävää lihaa, valmiina tappamaan hampaillaan ja maistamaan verta.

Il suo corpo si tendeva per la gioia, desiderando immergersi nel caldo rosso della vita.

Hänen kehonsa jännittyi ilosta, haluten kylpeä lämpimässä, punaisessa elämässä.

Una strana gioia segna il punto più alto che la vita possa mai raggiungere.

Outo ilo merkitsee elämän korkeinta pistettä.

La sensazione di raggiungere un picco in cui i vivi dimenticano di essere vivi.

Huipun tunne, jossa elävät unohtavat edes olevansa elossa.

Questa gioia profonda tocca l'artista immerso in un'ispirazione ardente.

Tämä syvä ilo koskettaa liekehtivän inspiraation vallassa olevaa taiteilijaa.

Questa gioia afferra il soldato che combatte selvaggiamente e non risparmia alcun nemico.

Tämä ilo valtaa sotilaan, joka taistelee villisti eikä säästä vihollista.

Questa gioia ora colpì Buck mentre guidava il branco in preda alla fame primordiale.

Tämä ilo valtasi nyt Buckin, kun hän johti laumaa alkukantaisessa nälkäisyydessä.

Ululò con l'antico grido del lupo, emozionato per l'inseguimento.

Hän ulvoi muinaisen sudenhuudon säestyksellä, elävän takaa-ajon riemuittama.

Buck fece appello alla parte più antica di sé, persa nella natura selvaggia.

Buck löysi vanhimman osan itsestään, eksyneenä erämaahan.

Scavò in profondità dentro di sé, oltre la memoria, fino al tempo grezzo e antico.

Hän kurkotti syvälle sisimpäänsä, muistojen ohi, raa'aan, muinaiseen aikaan.

Un'ondata di vita pura pervase ogni muscolo e tendine.

Puhtaan elämän aalto virtasi jokaisen lihaksen ja jänteen läpi.

Ogni salto gridava che viveva, che attraversava la morte.

Jokainen loikka huusi, että hän eli, että hän kulki kuoleman läpi.

Il suo corpo si librava gioioso su una terra immobile e fredda che non si muoveva mai.

Hänen ruumiinsa kohosi iloisesti liikkumattoman, kylmän maan yllä, joka ei koskaan liikkunut.

Spitz rimase freddo e astuto anche nei suoi momenti più selvaggi.

Spitz pysyi kylmänä ja viekkaana jopa villeimpinä hetkinään.

Lasciò il sentiero e attraversò un terreno dove il torrente formava una curva ampia.

Hän poikkesi polulta ja ylitti maan, jossa puro kaartui leveäksi.

Buck, ignaro di ciò, rimase sul sentiero tortuoso del coniglio.

Buck, tietämättömänä tästä, pysyi jäniksen mutkittelevalla polulla.

Poi, mentre Buck svoltava dietro una curva, il coniglio spettrale si trovò davanti a lui.

Sitten, kun Buck käänsi mutkan, aavemainen kani oli hänen edessään.

Vide una seconda figura balzare dalla riva precedendo la preda.

Hän näki toisen hahmon hyppäävän rannalta saaliin edellä.

La figura era Spitz, atterrato proprio sulla traiettoria del coniglio in fuga.

Hahmo oli Spitz, joka laskeutui suoraan pakenevan jäniksen tielle.

Il coniglio non riuscì a girarsi e incontrò le fauci di Spitz a mezz'aria.

Kani ei pystynyt kääntymään ja osui Spitzin leukoihin ilmassa.

La spina dorsale del coniglio si spezzò con un grido acuto come il grido di un essere umano morente.

Kanin selkäranka katkesi kirkaisusta, joka oli yhtä terävä kuin kuolevan ihmisen itku.

A quel suono, il passaggio dalla vita alla morte, il branco ululò forte.

Tuon äänen – putoamisen elämästä kuolemaan – kuultuaan lauma ulvoi kovaa.

Un coro selvaggio si levò da dietro Buck, pieno di oscura gioia.

Buckin takaa kohosi raju, synkän ilon täyttämä kuoro.

Buck non emise alcun grido, nessun suono e si lanciò dritto verso Spitz.

Buck ei huutanut eikä päästänyt ääntäkään, vaan ryntäsi suoraan Spitzin kimppuun.

Mirò alla gola, ma colpì invece la spalla.

Hän tähtäsi kurkkuun, mutta osuikin olkapäähän.

Caddero nella neve soffice, i loro corpi erano intrappolati in un combattimento.

He kahlasivat pehmeässä lumessa, heidän ruumiinsa taistelutahtoisina.

Spitz balzò in piedi rapidamente, come se non fosse mai stato atterrato.

Spitz hyppäsi nopeasti ylös, aivan kuin häntä ei olisi koskaan kaadettukaan.

Colpì Buck alla spalla e poi balzò fuori dalla mischia.

Hän viilsi Buckin olkapäätä ja hyppäsi sitten pois taistelusta.

Per due volte i suoi denti schioccarono come trappole d'acciaio, e le sue labbra si arricciarono e si fecero feroci.

Kahdesti hänen hampaansa napsahtivat kuin teräsloukut, huulet käpertyneinä ja raivoisina.

Arretrò lentamente, cercando un terreno solido sotto i piedi.

Hän perääntyi hitaasti etsien jalkojensa alle tukevaa maata.

Buck comprese il momento all'istante e pienamente.

Buck ymmärsi hetken heti ja täysin.

Il momento era giunto: la lotta sarebbe stata una lotta all'ultimo sangue.

Aika oli koittanut; taistelu tulisi olemaan kuolemaan asti käytävä.

I due cani giravano in cerchio, ringhiando, con le orecchie piatte e gli occhi socchiusi.

Kaksi koiraa kiersi muristen, korvat litteinä ja silmät siristyneinä.

Ogni cane aspettava che l'altro mostrasse debolezza o facesse un passo falso.

Kumpikin koira odotti toisen osoittavan heikkoutta tai harha-askelta.

Buck percepiva quella scena come stranamente nota e profondamente ricordata.

Buckille kohtaus tuntui aavemaisen tutulta ja syvästi muistetulta.

I boschi bianchi, la terra fredda, la battaglia al chiaro di luna.

Valkoiset metsät, kylmä maa, taistelu kuunvalossa.

Un silenzio pesante, profondo e innaturale riempiva la terra.

Raskas hiljaisuus täytti maan, syvä ja luonnoton.

Nessun vento si alzava, nessuna foglia si muoveva, nessun suono rompeva il silenzio.

Tuuli ei puhaltanut, lehti ei liikkunut, eikä ääni rikkonut hiljaisuutta.

Il respiro dei cani si levava come fumo nell'aria gelida e silenziosa.

Koirien hengitys nousi kuin savu jäisessä, hiljaisessa ilmassa.

Il coniglio era stato dimenticato da tempo dal branco di animali selvatici.

Villieläinlauma oli unohtanut kanin kauan sitten.

Questi lupi semiaddomesticati ora stavano fermi in un ampio cerchio.

Nämä puolikesytetyt sudet seisoivat nyt liikkumatta laajassa piirissä.

Erano silenziosi, solo i loro occhi luminosi rivelavano la loro fame.

He olivat hiljaa, vain heidän hehkuvat silmänsä paljastivat heidän nälkänsä.

Il loro respiro saliva, mentre osservavano l'inizio dello scontro finale.

Heidän hengityksensä nousi ylöspäin, heidän katsellessaan viimeisen taistelun alkamista.

Per Buck questa battaglia era vecchia e attesa, per niente strana.

Buckille tämä taistelu oli vanha ja odotettu, ei lainkaan outo.

Era come il ricordo di qualcosa che doveva accadere da sempre.

Se tuntui kuin muistolta jostakin, jonka oli aina tarkoitus tapahtua.

Spitz era un cane da combattimento addestrato, affinato da innumerevoli risse selvagge.

Spitz oli koulutettu taistelukoira, jota hiottiin lukemattomilla villillä tappeluilla.

Dallo Spitzbergen al Canada, aveva sconfitto molti nemici.

Huippuvuorilta Kanadaan hän oli voittanut monia vihollisia.

Era pieno di rabbia, ma non cedette mai il controllo alla rabbia.

Hän oli täynnä raivoa, mutta ei koskaan antanut raivolle valtaa.

La sua passione era acuta, ma sempre temperata dal duro istinto.

Hänen intohimonsa oli terävä, mutta aina kovan vaiston hillitsemä.

Non ha mai attaccato finché non ha avuto la sua difesa pronta.

Hän ei koskaan hyökännyt ennen kuin oma puolustus oli kunnossa.

Buck provò più volte a raggiungere il collo vulnerabile di Spitz.

Buck yritti yhä uudelleen tavoittaa Spitzin haavoittuvaa kaulaa.

Ma ogni colpo veniva accolto da un fendente dei denti affilati di Spitz.

Mutta jokainen isku vastasi Spitzin terävien hampaiden viillolla.

Le loro zanne si scontrarono ed entrambi i cani sanguinarono dalle labbra lacerate.

Niiden hampaat osuivat yhteen, ja molemmat koirat vuotivat verta repeytyneistä huulista.

Nonostante i suoi sforzi, Buck non riusciva a rompere la difesa.

Vaikka Buck kuinka hyökkäsi, hän ei pystynyt murtamaan puolustusta.

Divenne sempre più furioso e si lanciò verso di lui con
violente esplosioni di potenza.

Hän raivostui entisestään ja ryntäsi kimppuun villeillä
voimanpurkauksilla.

Buck colpì ripetutamente la bianca gola di Spitz.

Yhä uudelleen Buck iski Spitzin valkoista kurkkua kohti.

Ogni volta Spitz schivava e contrattaccava con un morso
tagliente.

Joka kerta Spitz väisti ja iski takaisin viiltävällä purennalla.

Poi Buck cambiò tattica, avventandosi di nuovo come se
volesse colpirlo alla gola.

Sitten Buck muutti taktiikkaa ja ryntäsi jälleen ikään kuin
kurkkuun.

Ma a metà attacco si è ritirato, girandosi per colpire di lato.

Mutta hän vetäytyi kesken hyökkäyksen ja kääntyi sivulle
iskemään.

Colpì Spitz con una spallata, con l'intento di buttarlo a terra.

Hän heitti olkapäänsä Spitziin tarkoituksenaan kaataa hänet.

Ogni volta che ci provava, Spitz lo schivava e rispondeva
con un fendente.

Joka kerta kun Spitz yritti, hän väisti ja vastasi viillolla.

La spalla di Buck si faceva scorticare mentre Spitz si liberava
dopo ogni colpo.

Buckin olkapää vihloi, kun Spitz hyppäsi karkuun jokaisen
iskun jälkeen.

Spitz non era stato toccato, mentre Buck sanguinava dalle
numerose ferite.

Spitziin ei oltu koskettu, kun taas Buck vuoti verta monista
haavoista.

Il respiro di Buck era affannoso e pesante, il suo corpo era
viscido di sangue.

Buckin hengitys oli nopeaa ja raskasta, hänen ruumiinsa oli
verestä löysä.

La lotta diventava più brutale a ogni morso e carica.

Taistelu muuttui raa'ammaksi jokaisella puremalla ja
rynnäköllä.

Attorno a loro, sessanta cani silenziosi aspettavano che il primo cadesse.

Heidän ympärillään kuusikymmentä hiljaista koiraa odotti ensimmäisen kaatuvan.

Se un cane fosse caduto, il branco avrebbe posto fine alla lotta.

Jos yksikin koira kaatuisi, lauma lopettaisi taistelun.

Spitz vide Buck indebolirsi e cominciò ad attaccare.

Spitz näki Buckin heikkenevän ja alkoi painostaa hyökkäystä.

Mantenne Buck sbilanciato, costringendolo a lottare per restare in piedi.

Hän piti Buckin epätasapainossa pakottaen hänet taistelemaan jalansijasta.

Una volta Buck inciampò e cadde, e tutti i cani si rialzarono.

Kerran Buck kompastui ja kaatui, ja kaikki koirat nousivat ylös.

Ma Buck si raddrizzò a metà caduta e tutti ricaddero.

Mutta Buck oikaisi itsensä kesken putoamisen, ja kaikki vajosivat takaisin alas.

Buck aveva qualcosa di raro: un'immaginazione nata da un profondo istinto.

Buckilla oli jotakin harvinaista – syvästä vaistosta syntynyt mielikuvitus.

Combatté per istinto naturale, ma combatté anche con astuzia.

Hän taisteli luonnollisella halulla, mutta hän taisteli myös ovelasti.

Tornò ad attaccare come se volesse ripetere il trucco dell'attacco alla spalla.

Hän rynnisti uudelleen aivan kuin toistaen olkapäähyökkäystemppuaan.

Ma all'ultimo secondo si abbassò e passò sotto Spitz.

Mutta viime sekunnilla hän vajosi matalalle ja pyyhkäisi Spitzin alta.

I suoi denti si bloccarono sulla zampa anteriore sinistra di Spitz con uno schiocco.

Hänen hampaansa lukkiutuivat napsahduksella Spitzin vasempaan etujalkaan.

Spitz ora era instabile e il suo peso gravava solo su tre zampe.

Spitz seisoi nyt horjuen, painonsa vain kolmella jalalla.

Buck colpì di nuovo e tentò tre volte di atterrarlo.

Buck iski uudelleen ja yritti kolme kertaa kaataa hänet.

Al quarto tentativo ha usato la stessa mossa con successo

Neljännellä yrityksellä hän käytti samaa liikettä onnistuneesti

Questa volta Buck riuscì a mordere la zampa destra di Spitz.

Tällä kertaa Buck onnistui puremaan Spitzin oikeaa jalkaa.

Spitz, benché storpio e in agonia, continuò a lottare per sopravvivere.

Vaikka Spitz oli rampa ja tuskissaan, hän jatkoi selviytymiskamppailua.

Vide il cerchio degli husky stringersi, con le lingue fuori e gli occhi luminosi.

Hän näki huskyjen piirin kiristyvän, kielet ulkona, silmät hehkumassa.

Aspettarono di divorarlo, proprio come avevano fatto con gli altri.

He odottivat saadakseen niellä hänet, aivan kuten olivat tehneet muillekin.

Questa volta era lui al centro, sconfitto e condannato.

Tällä kertaa hän seisoi keskellä; lyötynä ja tuhoon tuomittu.

Ormai il cane bianco non aveva più alcuna possibilità di fuga.

Valkoisella koiralla ei ollut enää mitään vaihtoehtoa paeta.

Buck non mostrò alcuna pietà, perché la pietà non era a posto nella natura selvaggia.

Buck ei osoittanut armoa, sillä armo ei kuulunut luontoon.

Buck si mosse con cautela, preparandosi per la carica finale.

Buck liikkui varovasti valmistautuen viimeiseen hyökkäykseen.

Il cerchio degli husky si stringeva; lui sentiva i loro respiri caldi.

Huskyparven piiri sulkeutui; hän tunsi niiden lämpimän hengityksen.

Si accovacciarono, pronti a scattare quando fosse giunto il momento.

He kyykistyivät matalalle, valmiina hyppäämään, kun hetki koittaisi.

Spitz tremava nella neve, ringhiando e cambiando posizione.

Spitz vapisi lumessa, murahti ja muutti asentoaan.

I suoi occhi brillavano, le labbra si arricciavano, i denti brillavano in un'espressione disperata e minacciosa.

Hänen silmänsä loistivat, huulet käpertyivät ja hampaat välkkyivät epätoivoisen uhkan merkiksi.

Barcollò, cercando ancora di resistere al freddo morso della morte.

Hän horjahti, yhä yrittäen pidätellä kuoleman kylmää puremaa.

Aveva già visto situazioni simili, ma sempre dalla parte dei vincitori.

Hän oli nähnyt tämän ennenkin, mutta aina voittajan puolelta.

Ora era dalla parte perdente; lo sconfitto; la preda; la morte.

Nyt hän oli häviäjien puolella; voitettu; saalis; kuolema.

Buck si preparò al colpo finale, mentre il cerchio dei cani si faceva sempre più stretto.

Buck kiersi viimeistä iskua varten, koiraparvi painautui lähemmäksi.

Poteva sentire i loro respiri caldi; erano pronti a uccidere.

Hän tunsi heidän kuuman hengityksensä; valmiina tappamaan.

Calò il silenzio; tutto era al suo posto; il tempo si era fermato.

Hiljaisuus laskeutui; kaikki oli paikoillaan; aika oli pysähtynyt.

Persino l'aria fredda tra loro si congelò per un ultimo istante.

Jopa kylmä ilma heidän välillään jäätyi viimeiseksi hetkeksi.

Soltanto Spitz si mosse, cercando di trattenere la sua fine amara.

Vain Spitz liikkui yrittäen pidätellä katkeran loppunsa.

Il cerchio dei cani si stava stringendo attorno a lui, come era suo destino.

Koirien piiri sulkeutui hänen ympärilleen, kuten myös hänen kohtalonsa.

Ora era disperato, sapendo cosa stava per accadere.

Hän oli nyt epätoivoinen, tietäen mitä oli tapahtumassa.

Buck balzò dentro e la sua spalla incontrò la sua spalla per l'ultima volta.

Buck hyppäsi esiin, olkapää kosketti olkapäätä viimeisen kerran.

I cani si lanciarono in avanti, nascondendo Spitz nell'oscurità della neve.

Koirat syöksyivät eteenpäin ja suojasivat Spitziä lumisateessa pimeydessä.

Buck osservava, eretto e fiero; il vincitore in un mondo selvaggio.

Buck katseli, seisten ryhdikkäästi; voittaja raa'assa maailmassa.

La bestia primordiale dominante aveva fatto la sua uccisione, e la aveva fatta bene.

Hallitseva alkukantainen peto oli saanut saaliinsa, ja se oli hyvää.

Colui che ha conquistato la maestria
Hän, joka on saavuttanut mestaruuden

"Eh? Cosa ho detto? Dico la verità quando dico che Buck è un diavolo."

"Häh? Mitä minä sanoin? Puhun totta sanoessani, että Buck on paholainen."

François raccontò questo la mattina dopo aver scoperto la scomparsa di Spitz.

François sanoi tämän seuraavana aamuna löydettyään Spitzin kadonneen.

Buck rimase lì, coperto di ferite causate dal violento combattimento.

Buck seisoi siinä, täynnä raivokkaan taistelun haavoja.

François tirò Buck vicino al fuoco e indicò le ferite.

François veti Buckin lähelle tulta ja osoitti vammoja.

«Quello Spitz ha combattuto come il Devik», disse Perrault, osservando i profondi tagli.

– Tuo Spitz taisteli kuin Devik, sanoi Perrault silmäillen syviä haavoja.

«E quel Buck si batteva come due diavoli», rispose subito François.

– Ja tuo Buck taisteli kuin kaksi paholaista, vastasi François heti.

"Ora faremo buon passo; niente più Spitz, niente più guai."

"Nyt eemme ajoissa; ei enää Spitziä, ei enää ongelmia."

Perrault stava preparando l'attrezzatura e caricò la slitta con cura.

Perrault pakkasi varusteita ja lastasi rekeä huolellisesti.

François bardò i cani per prepararli alla corsa della giornata.

François valjasti koirat päivän juoksulenkkiä varten.

Buck trotterellò dritto verso la posizione di testa, precedentemente occupata da Spitz.

Buck ravasi suoraan Spitzin aiemmin pitämään johtopaikkaan.

Ma François, senza accorgersene, condusse Solleks in prima linea.

Mutta François, huomaamatta sitä, johdatti Solleksin eteenpäin.

Secondo François, Solleks era ora il miglior cane da corsa.

François'n mielestä Solleks oli nyt paras talutuskoira.

Buck si scagliò furioso contro Solleks e lo respinse indietro in segno di protesta.

Buck hyökkäsi raivoissaan Solleksin kimppuun ja ajoi hänet vastalauseeksi takaisin.

Si fermò dove un tempo si era fermato Spitz, rivendicando la posizione di comando.

Hän seisoi siinä missä Spitz oli aiemmin seissyt, ja otti johtoaseman itselleen.

"Eh? Eh?" esclamò François, dandosi una pacca sulle cosce divertito.

"Häh? Häh?" huudahti François ja läimäytti huvittuneena reisiään.

"Guarda Buck: ha ucciso Spitz, ora vuole prendersi il posto!"

"Katsokaa Buckia – hän tappoi Spitzin, ja nyt hän haluaa ottaa työn!"

"Vattene via, Chook!" urlò, cercando di scacciare Buck.

"Mene pois, Chook!" hän huusi yrittäen ajaa Buckin pois.

Ma Buck si rifiutò di muoversi e rimase immobile nella neve.

Mutta Buck kieltäytyi liikkumasta ja seisoi lujasti lumessa.

François afferrò Buck per la collottola e lo trascinò da parte.

François tarttui Buckia niskasta ja veti hänet sivuun.

Buck ringhiò basso e minaccioso, ma non attaccò.

Buck murahti matalasti ja uhkaavasti, mutta ei hyökännyt.

François rimette Solleks in testa, cercando di risolvere la disputa

François vei Solleksin takaisin johtoon ja yritti ratkaista kiistan.

Il vecchio cane mostrò paura di Buck e non voleva restare.

Vanha koira pelkäsi Buckia eikä halunnut jäädä.

Quando François gli voltò le spalle, Buck scacciò di nuovo Solleks.

Kun François käänsi selkänsä, Buck ajoi Solleksin taas ulos.

Solleks non oppose resistenza e si fece di nuovo da parte in silenzio.

Solleks ei vastustellut ja astui jälleen hiljaa sivuun.

François si arrabbiò e urlò: "Per Dio, ti sistemo!"

François suuttui ja huusi: "Jumalan nimeen, minä parannan sinut!"

Si avvicinò a Buck tenendo in mano una pesante mazza.

Hän lähestyi Buckia raskas keppi kädessään.

Buck ricordava bene l'uomo con il maglione rosso.

Buck muisti punaiseen villapaitaan pukeutuneen miehen hyvin.

Si ritirò lentamente, osservando François ma ringhiando profondamente.

Hän peräntyi hitaasti, katsellen Françoisia, mutta muristen syvään.

Non si affrettò a tornare indietro, nemmeno quando Solleks si mise al suo posto.

Hän ei rynnännyt takaisin, ei edes silloin kun Solleks seisoi hänen paikallaan.

Buck si girò in cerchio, appena fuori dalla sua portata, ringhiando furioso e protestando.

Buck kiersi aivan ulottumattomissa, muristen raivosta ja vastalauseista.

Teneva gli occhi fissi sulla mazza, pronto a schivare il colpo se François l'avesse lanciata.

Hän piti katseensa nuijassa valmiina väistämään, jos François heittäisi.

Era diventato saggio e cauto nei confronti degli uomini che maneggiavano le armi.

Hän oli viisastunut ja varovainen aseistettujen miesten tavoissa.

François si arrese e chiamò di nuovo Buck al suo vecchio posto.

François luovutti ja kutsui Buckin takaisin entiselle paikalleen.

Ma Buck fece un passo indietro con cautela, rifiutandosi di obbedire all'ordine.

Mutta Buck astui varovasti taaksepäin kieltäytyen tottelemasta käskyä.

François lo seguì, ma Buck indietreggiò solo di pochi passi.

François seurasi perässä, mutta Buck perääntyi vain muutaman askeleen lisää.

Dopo un po' François gettò a terra l'arma, frustrato.

Jonkin ajan kuluttua François heitti aseen turhautuneena maahan.

Pensava che Buck avesse paura di essere picchiato e che avrebbe fatto lo stesso senza far rumore.

Hän luuli Buckin pelkäävän selkäsaunaa ja tulevan hiljaa.

Ma Buck non stava evitando la punizione: stava lottando per ottenere un rango.

Mutta Buck ei vältellyt rangaistusta – hän taisteli arvoasemastaan.

Si era guadagnato il posto di capobranco combattendo fino alla morte

Hän oli ansainnut johtajakoiran paikan taistelemalla kuolemaan asti

non si sarebbe accontentato di niente di meno che di essere il leader.

hän ei aikonut tyytyä vähempään kuin johtajan asemaan.

Perrault si unì all'inseguimento per aiutare a catturare il ribelle Buck.

Perrault osallistui takaa-ajoon auttaakseen kapinallisen Buckin nappaamaan.

Insieme lo portarono in giro per l'accampamento per quasi un'ora.

Yhdessä he juoksentelivat häntä leirin ympäri lähes tunnin ajan.

Gli scagliarono contro dei bastoni, ma Buck li schivò abilmente uno per uno.

He heittivät häntä nuijilla, mutta Buck väisti jokaisen taitavasti.

Maledissero lui, i suoi antenati, i suoi discendenti e ogni suo capello.

He kirosivat häntä, hänen esi-isiään, hänen jälkeläisiään ja jokaista hänen hiuskarvaansa.

Ma Buck si limitò a ringhiare e a restare appena fuori dalla loro portata.

Mutta Buck vain murahti takaisin ja pysytteli juuri ja juuri heidän ulottumattomissaan.

Non cercò mai di scappare, ma continuò a girare intorno all'accampamento deliberatamente.

Hän ei koskaan yrittänyt paeta, vaan kiersi leirin ympäri tarkoituksella.

Disse chiaramente che avrebbe obbedito una volta ottenuto ciò che voleva.

Hän teki selväksi, että tottelisi, kun he antaisivat hänelle haluamansa.

Alla fine François si sedette e si grattò la testa, frustrato.

François istuutui lopulta alas ja raapi päätään turhautuneena.

Perrault controllò l'orologio, imprecò e borbottò qualcosa sul tempo perso.

Perrault katsoi kelloaan, kirosi ja mutisi menetettyä aikaa.

Era già trascorsa un'ora, mentre avrebbero dovuto essere sulle tracce.

Tunti oli jo kulunut, kun heidän olisi pitänyt olla polulla.

François alzò le spalle timidamente, guardando il corriere, che sospirò sconfitto.

François kohautti olkapäitään nolostuneesti kuriirille, joka huokaisi tappion merkiksi.

Poi François si avvicinò a Solleks e chiamò ancora una volta Buck.

Sitten François käveli Solleksin luo ja huusi Buckille vielä kerran.

Buck rise come ride un cane, ma mantenne una cauta distanza.

Buck nauroi kuin koira, mutta pysytteli varovaisen etäisyyttä.

François tolse l'imbracatura a Solleks e lo rimise al suo posto.

François otti Solleksin valjaat pois ja palautti hänet paikalleen.

La squadra di slittini era completamente imbracata, con un solo posto libero.

Pulkkavaljakko seisoi täydessä valjastossa, vain yksi paikka oli täyttämättä.

La posizione di comando rimase vuota, chiaramente riservata solo a Buck.

Johtopaikka pysyi tyhjänä, selvästi tarkoitettuna vain Buckille.

François chiamò di nuovo e di nuovo Buck rise e mantenne la sua posizione.

François huusi uudestaan, ja taas Buck nauroi ja piti pintansa.

«Gettate giù la mazza», ordinò Perrault senza esitazione.

"Heitä pamppu maahan", Perrault määräsi epäröimättä.

François obbedì e Buck si lanciò subito avanti con orgoglio.

François totteli, ja Buck ravasi heti ylpeänä eteenpäin.

Rise trionfante e assunse la posizione di comando.

Hän nauroi voitonriemuisesti ja astui johtoasemaan.

François fissò le corde e la slitta si staccò.

François varmisti jälkiensä siteet, ja reki päästettiin irti.

Entrambi gli uomini corsero fianco a fianco mentre la squadra si lanciava lungo il sentiero del fiume.

Molemmat miehet juoksivat rinnakkain, kun joukkue kiiruhti jokipolulle.

François aveva avuto una grande stima dei "due diavoli" di Buck,

François oli pitänyt Buckin "kahdesta paholaisesta" suuresti.

ma ben presto si rese conto di aver in realtà sottovalutato il cane.

mutta pian hän tajusi aliarvioineensa koiran.

Buck assunse rapidamente la leadership e si comportò in modo eccellente.

Buck otti nopeasti johtajuuden ja suoriutui erinomaisesti.

Buck superò Spitz per capacità di giudizio, rapidità di pensiero e rapidità di azione.

Harkintakyvyssä, nopeassa ajattelussa ja nopeassa toiminnassa Buck ylitti Spitzin.

François non aveva mai visto un cane pari a quello che Buck mostrava ora.

François ei ollut koskaan nähnyt koiraa, jollaista Buck nyt esitteli.

Ma Buck eccelleva davvero nel far rispettare l'ordine e nel imporre rispetto.

Mutta Buck todella loisti järjestyksen valvomisessa ja kunnioituksen herättämisessä.

Dave e Solleks accettarono il cambiamento senza preoccupazioni o proteste.

Dave ja Solleks hyväksyivät muutoksen huoletta tai vastalauseettomatta.

Si concentravano solo sul lavoro e tiravano forte le redini.

He keskittyivät vain työhön ja ohjasten kovaan vetämiseen.

A loro importava poco chi guidasse, purché la slitta continuasse a muoversi.

Heitä ei kiinnostanut kuka johti, kunhan reki pysyi liikkeessä.

Billee, quella allegra, avrebbe potuto comandare per quel che volevano.

Billee, tuo iloinen, olisi voinut johtaa, vaikka he välittäisivätkin.

Ciò che contava per loro era la pace e l'ordine tra i ranghi.

Heille tärkeintä oli rauha ja järjestys riveissä.

Il resto della squadra era diventato indisciplinato durante il declino di Spitz.

Muu joukkue oli käynyt kurittomaksi Spitzin alamäen aikana.

Rimasero scioccati quando Buck li riportò immediatamente all'ordine.

He olivat järkyttyneitä, kun Buck heti pakotti heidät järjestykseen.

Pike era sempre stato pigro e aveva sempre tergiversato dietro a Buck.

Pike oli aina ollut laiska ja laahannut jalkojaan Buckin perässä.

Ma ora è stato severamente disciplinato dalla nuova leadership.

Mutta nyt uusi johto kuritti häntä ankarasti.

E imparò rapidamente a dare il suo contributo alla squadra.

Ja hän oppi nopeasti kantamaan vastuuta joukkueessa.

Alla fine della giornata, Pike lavorò più duramente che mai.

Päivän loppuun mennessä Pike työskenteli kovemmin kuin koskaan ennen.

Quella notte all'accampamento, Joe, il cane scontroso, fu finalmente domato.

Sinä iltana leirissä Joe, hapan koira, oli vihdoin talttunut.

Spitz non era riuscito a disciplinarlo, ma Buck non aveva fallito.

Spitz ei ollut onnistunut kurittamaan häntä, mutta Buck ei epäonnistunut.

Sfruttando il suo peso maggiore, Buck sopraffece Joe in pochi secondi.

Suuremmalla painollaan Buck peittosi Joen sekunneissa.

Morse e picchiò Joe finché questi non si mise a piagnucolare e smise di opporre resistenza.

Hän puri ja hakkasi Joeta, kunnes tämä vinkui ja lakkasi vastustelemasta.

Da quel momento in poi l'intera squadra migliorò.

Koko joukkue parani siitä hetkestä lähtien.

I cani ritrovarono la loro antica unità e disciplina.

Koirat saivat takaisin vanhan yhtenäisyytensä ja kurinalaisuuden.

A Rink Rapids si sono uniti al gruppo due nuovi husky autoctoni, Teek e Koona.

Rink Rapidsissa kaksi uutta kotoperäistä huskya, Teek ja Koona, liittyivät mukaan.

La rapidità con cui Buck li addestramento stupì perfino François.

Buckin nopea koulutus hämmästytti jopa Françoisia.

"Non è mai esistito un cane come quel Buck!" esclamò stupito.

"Ei ole koskaan ollut tuollaista koiraa kuin tuo Buck!" hän huudahti hämmästyneenä.

"No, mai! Vale mille dollari, per Dio!"

"Ei, ei koskaan! Hän on tuhannen dollarin arvoinen, jumalauta!"

"Eh? Che ne dici, Perrault?" chiese con orgoglio.

"Häh? Mitä sanot, Perrault?" hän kysyi ylpeänä.

Perrault annuì in segno di assenso e controllò i suoi appunti.

Perrault nyökkäsi myöntävästi ja tarkisti muistiinpanojaan.

Siamo già in anticipo sui tempi e guadagniamo sempre di più ogni giorno.

Olemme jo aikataulusta edellä ja saamme lisää joka päivä.

Il sentiero era compatto e liscio, senza neve fresca.

Polku oli kovaksi tallattu ja tasainen, eikä uutta lunta ollut satanut.

Il freddo era costante, con temperature che si aggiravano sempre sui cinquanta gradi sotto zero.

Kylmyys oli tasaista, koko ajan viisikymmentä astetta pakkasen puolella.

Per scaldarsi e guadagnare tempo, gli uomini si alternavano a cavallo e a correre.

Miehet ratsastivat ja juoksivat vuorotellen pysyäkseen lämpiminä ja kiirehtiäkseen.

I cani correvano veloci, fermandosi di rado, spingendosi sempre in avanti.

Koirat juoksivat nopeasti pysähdyksin, aina eteenpäin työntyen.

Il fiume Thirty Mile era per la maggior parte ghiacciato e facile da attraversare.

Kolmekymmentämailin joki oli enimmäkseen jäässä ja helppo ylittää.

In un giorno realizzarono ciò che per arrivare aveva impiegato dieci giorni.

He lähtivät yhdessä päivässä, kun taas takaisin tullessa he olivat kuluneet kymmenen päivää.

Percorsero circa 96 chilometri dal lago Le Barge a White Horse.

He tekivät kuudenkymmenen mailin mittaisen syöksyn Lake Le Bargesta White Horseen.

Si muovevano a velocità incredibile attraverso i laghi Marsh, Tagish e Bennett.

Marsh-, Tagish- ja Bennett-järvien yli he liikkuivat uskomattoman nopeasti.

L'uomo che correva veniva trainato dietro la slitta con una corda.

Juokseva mies hinattiin köydellä reen perässä.

L'ultima notte della seconda settimana giunsero a destinazione.

Toisen viikon viimeisenä iltana he saapuivat määränpäähänsä.

Insieme avevano raggiunto la cima del White Pass.

He olivat yhdessä saavuttaneet White Passin huipun.

Scesero fino al livello del mare, con le luci dello Skaguay sotto di loro.

He laskeutuivat merenpinnan tasolle Skaguayn valot alapuolellaan.

Era stata una corsa da record attraverso chilometri di fredda natura selvaggia.

Se oli ollut ennätykselliset juoksut kilometrien päässä kylmästä erämaasta.

Per quattordici giorni di fila percorsero in media circa quaranta miglia.

Neljäntoista päivän ajan putkeen he kulkivat keskimäärin vahvat neljäkymmentä mailia.

A Skaguay, Perrault e François trasportavano merci attraverso la città.

Skaguayssa Perrault ja François kuljettivat lastia kaupungin läpi.

Furono applauditi e ricevettero numerose bevande dalla folla ammirata.

Ihaileva väkijoukko hurrasi heille ja tarjosi heille paljon juomia.

I cacciatori di cani e gli operai si sono riuniti attorno alla famosa squadra cinofila.

Koiranmetsästäjät ja työläiset kokoontuivat kuuluisan koiravaljakon ympärille.

Poi i fuorilegge del West giunsero in città e subirono una violenta sconfitta.

Sitten länsimaalaiset lainsuojattomat tulivat kaupunkiin ja kärsivät väkivaltaisen tappion.

La gente si dimenticò presto della squadra e si concentrò sul nuovo dramma.

Ihmiset unohtivat pian joukkueen ja keskittyivät uuteen draamaan.

Poi arrivarono i nuovi ordini che cambiarono tutto in un colpo.

Sitten tulivat uudet määräykset, jotka muuttivat kaiken kerralla.

François chiamò Buck e lo abbracciò con orgoglio e lacrime.

François kutsui Buckin luokseen ja halasi tätä kyynelsilmin silmissä ylpeänä.

Quel momento fu l'ultima volta che Buck vide di nuovo François.

Se hetki oli viimeinen kerta, kun Buck näki Françoisin enää.

Come molti altri uomini prima di lui, sia François che Perrault se n'erano andati.

Kuten monet miehet ennenkin, sekä François että Perrault olivat poissa.

Un meticcio scozzese si prese cura di Buck e dei suoi compagni di squadra con i cani da slitta.

Skotlantilainen puoliverinen otti Buckin ja hänen rekikoiratoveriensa vastuulle.

Con una dozzina di altre mute di cani, ritornarono lungo il sentiero fino a Dawson.

Tusinaisen muun koiravaljakon kanssa he palasivat polkua pitkin Dawsoniin.

Non si trattava più di una corsa veloce, ma solo di un duro lavoro con un carico pesante ogni giorno.

Se ei ollut enää nopeaa juoksua – vain raskasta uurastusta raskaan taakan kanssa joka päivä.

Si trattava del treno postale che portava notizie ai cercatori d'oro vicino al Polo.

Tämä oli postijuna, joka toi sanan kullanmetsästäjille lähellä napaa.

Buck non amava il lavoro, ma lo sopportò bene, essendo orgoglioso del suo impegno.

Buck ei pitänyt työstä, mutta kesti sen hyvin ja oli ylpeä ponnisteluistaan.

Come Dave e Solleks, Buck dimostrava dedizione in ogni compito quotidiano.

Kuten Dave ja Solleks, Buck osoitti omistautumista jokaiselle päivittäiselle tehtävälle.

Si è assicurato che tutti i suoi compagni di squadra dessero il massimo.

Hän varmisti, että kaikki hänen joukkuetoverinsa tekivät oman osansa.

La vita sui sentieri divenne noiosa e si ripeteva con la precisione di una macchina.

Polun elämä muuttui tylsäksi, toistuen koneen tarkkuudella.

Ogni giorno era uguale, una mattina si fondeva con quella successiva.

Jokainen päivä tuntui samalta, yksi aamu sulautui seuraavaan.

Alla stessa ora, i cuochi si alzarono per accendere il fuoco e preparare il cibo.

Samalla hetkellä kokit nousivat tekemään nuotioita ja valmistamaan ruokaa.

Dopo colazione alcuni lasciarono l'accampamento mentre altri attaccarono i cani.

Aamiaisen jälkeen jotkut lähtivät leiristä, kun taas toiset valjastivat koirat.

Raggiunsero il sentiero prima che il pallido segnale dell'alba sfiorasse il cielo.

He pääsivät polulle ennen kuin aamunkoiton himmeä varoitus kosketti taivasta.

Di notte si fermavano per accamparsi, e a ogni uomo veniva assegnato un compito.

Yöksi he pysähtyivät leiriytymään, ja jokaisella miehellä oli oma tehtävänsä.

Alcuni montarono le tende, altri tagliarono la legna da ardere e raccolsero rami di pino.

Jotkut pystyttivät teltat, toiset pilkkoivat polttopuita ja keräsivät männynoksia.

Acqua o ghiaccio venivano portati ai cuochi per la cena serale.

Vettä tai jäätä kannettiin takaisin kokeille illallista varten.

I cani vennero nutriti e per loro quello fu il momento migliore della giornata.

Koirat ruokittiin, ja tämä oli niille päivän paras osa.

Dopo aver mangiato il pesce, i cani si rilassarono e oziarono vicino al fuoco.

Syötyään kalaa koirat rentoutuivat ja makoilivat nuotion lähellä.

Nel convoglio c'erano un centinaio di altri cani con cui socializzare.

Saattueessa oli sata muuta koiraa, joiden kanssa seurustella.

Molti di quei cani erano feroci e pronti a combattere senza preavviso.

Monet noista koirista olivat raivokkaita ja nopeasti taistelemaan varoittamatta.

Ma dopo tre vittorie, Buck riuscì a domare anche i combattenti più feroci.

Mutta kolmen voiton jälkeen Buck hallitsi jopa kovimmatkin taistelijat.

Ora, quando Buck ringhiò e mostrò i denti, loro si fecero da parte.

Kun Buck nyt murahti ja näytti hampaitaan, he astuivat sivuun.

Forse la cosa più bella di tutte era che a Buck piaceva sdraiarsi vicino al fuoco tremolante.

Ehkä parasta kaikesta oli se, että Buck rakasti maata lepattavan nuotion lähellä.

Si accovacciò, con le zampe posteriori ripiegate e quelle anteriori distese in avanti.

Hän kyykistyi takajalat koukussa ja etujalat ojennettuina eteenpäin.

Teneva la testa sollevata e sbatteva dolcemente le palpebre verso le fiamme ardenti.

Hän nosti päätään ja räpytteli silmiään pehmeästi hehkuville liekeille.

A volte ricordava la grande casa del giudice Miller a Santa Clara.

Joskus hän muisti tuomari Millerin suuren talon Santa Clarassa.

Pensò alla piscina di cemento, a Ysabel e al carlino di nome Toots.

Hän ajatteli sementtiallasta, Ysabelia ja mopsia nimeltä Toots.

Ma più spesso si ricordava del bastone dell'uomo con il maglione rosso.

Mutta useammin hän muisti punavillaisen miehen nuijan.

Ricordava la morte di Curly e la sua feroce battaglia con Spitz.

Hän muisti Kiharan kuoleman ja ankaran taistelunsa Spitzin kanssa.

Ricordava anche il buon cibo che aveva mangiato o che ancora sognava.

Hän muisteli myös hyvää ruokaa, jota oli syönyt tai josta hän yhä unelmoi.

Buck non aveva nostalgia di casa: la valle calda era lontana e irreale.

Buckilla ei ollut koti-ikävää – lämmin laakso oli kaukainen ja epätodellinen.

I ricordi della California non avevano più alcun fascino su di lui.

Kalifornian muistot eivät enää vedättäneet häntä puoleensa.

Più forti della memoria erano gli istinti radicati nella sua stirpe.

Muistia vahvempia olivat vaistot syvällä hänen suvussaan.

Le abitudini un tempo perdute erano tornate, ravvivate dal sentiero e dalla natura selvaggia.

Kerran menetetyt tavat olivat palanneet, polun ja erämaan herättäminä henkiin.

Mentre Buck osservava la luce del fuoco, a volte questa diventava qualcos'altro.

Buckin katsellessa nuotionvaloa siitä tuli joskus jotain muuta.

Vide alla luce del fuoco un altro fuoco, più vecchio e più profondo di quello attuale.

Hän näki tulenvalossa toisen tulen, vanhemman ja syvemmän kuin nykyinen.

Accanto all'altro fuoco era accovacciato un uomo che non somigliava per niente al cuoco meticcio.

Tuon toisen tulen vieressä kyykistyi mies, joka ei ollut samanlainen kuin puoliverinen kokki.

Questa figura aveva gambe corte, braccia lunghe e muscoli duri e contratti.

Tällä hahmolla oli lyhyet jalat, pitkät käsivarret ja kovat, solmuiset lihakset.

I suoi capelli erano lunghi e arruffati, e gli scendevano all'indietro a partire dagli occhi.

Hänen hiuksensa olivat pitkät ja takkuiset, ja ne laskivat taaksepäin silmien alta.

Emetteva strani suoni e fissava l'oscurità con paura.

Hän päästi outoja ääniä ja tuijotti peloissaan pimeyttä.

Teneva bassa una mazza di pietra, stretta saldamente nella sua mano lunga e ruvida.

Hän piteli kivistä nuijaa matalalla, tiukasti puristettuna pitkässä, karheassa kädessään.

L'uomo indossava ben poco: solo una pelle carbonizzata che gli pendeva lungo la schiena.

Miehellä oli yllään vain vähän vaatteita; vain hiiltynyt iho, joka roikkui hänen selkäänsä pitkin.

Il suo corpo era ricoperto da una folta peluria sulle braccia, sul petto e sulle cosce.

Hänen vartaloaan peitti paksu karva käsivarsissa, rinnassa ja reisissä.

Alcune parti del pelo erano aggrovigliate e formavano chiazze di pelo ruvido.

Jotkut hiuksista olivat sotkeutuneet karheiksi turkkilaikuiksi.

Non stava dritto, ma era piegato in avanti dai fianchi alle ginocchia.

Hän ei seissyt suorassa, vaan oli kumarassa eteenpäin lantiosta polviin.

I suoi passi erano elastici e felini, come se fosse sempre pronto a scattare.

Hänen askeleensa olivat joustavat ja kissamaiset, ikään kuin aina valmiina hyppäämään.

C'era una forte allerta, come se vivesse nella paura costante.

Hän oli terävän valppaana, aivan kuin hän olisi elänyt jatkuvassa pelossa.

Quest'uomo anziano sembrava aspettarsi il pericolo, indipendentemente dal fatto che questo venisse visto o meno.

Tämä muinainen mies näytti odottavan vaaraa, näkyipä vaaraa tai ei.

A volte l'uomo peloso dormiva accanto al fuoco, con la testa tra le gambe.

Välillä karvainen mies nukkui tulen ääressä pää jalkojen välissä.

Teneva i gomiti sulle ginocchia e le mani giunte sopra la testa.

Hänen kyynärpäänsä lepäsivät polvillaan, kädet ristissä pään yläpuolella.

Come un cane, usava le sue braccia pelose per proteggersi dalla pioggia che cadeva.

Koiran tavoin hän käytti karvaisia käsivarsiaan pudistaakseen pois putoavan sateen.

Oltre la luce del fuoco, Buck vide due carboni ardenti che ardevano nell'oscurità.

Tulenvalossa Buck näki kaksi hiiliä hehkuvan pimeässä.

Sempre a due a due, erano gli occhi delle bestie da preda.

Aina pareittain, ne olivat vaanivien petoeläinten silmät.

Sentì corpi che si infrangevano tra i cespugli e rumori provenienti dalla notte.

Hän kuuli ruumiiden rysähdyksiä pensaiden läpi ja ääniä yössä.

Sdraiato sulla riva dello Yukon, sbattendo le palpebre, Buck sognò accanto al fuoco.

Makaessaan Yukonin rannalla ja räpytellen silmiään Buck unelmoi nuotion ääressä.

Le immagini e i suoni di quel mondo selvaggio gli fecero rizzare i capelli.

Tuon villin maailman näkymät ja äänet nostivat hänen hiuksensa pystyyn.

La pelliccia gli si drizzò lungo la schiena, sulle spalle e sul collo.

Karva nousi pystyyn hänen selkäänsä, hartioitaan ja kaulaansa pitkin.

Gemeva piano o emetteva un ringhio basso dal profondo del petto.

Hän vinkui hiljaa tai murahti matalasti syvällä rinnassaan.

Allora il cuoco meticcio urlò: "Ehi, Buck, svegliati!"

Sitten puoliverinen kokki huusi: "Hei, Buck, herää!"

Il mondo dei sogni svanì e la vera vita tornò agli occhi di Buck.

Unelmamaailma katosi, ja todellinen elämä palasi Buckin silmiin.

Si sarebbe alzato, si sarebbe stiracchiato e avrebbe sbadigliato, come se si fosse svegliato da un pisolino.

Hän aikoi nousta ylös, venytellä ja haukotella, aivan kuin olisi herännyt torkuilta.

Il viaggio era duro, con la slitta postale che li trascinava dietro.

Matka oli raskas, postireen laahatessa perässä.

Carichi pesanti e lavoro duro sfinivano i cani ogni lunga giornata.

Raskaat kuormat ja kova työ uuvuttivat koiria joka pitkä päivä.

Arrivarono a Dawson magro, stanco e con bisogno di più di una settimana di riposo.

He saapuivat Dawsoniin laihoina, väsyneinä ja yli viikon lepoa tarvitsevina.

Ma solo due giorni dopo ripartirono per lo Yukon.

Mutta vain kaksi päivää myöhemmin he lähtivät taas matkaan alas Yukonia.

Erano carichi di altre lettere dirette al mondo esterno.

Ne lastattiin lisää kirjeillä, jotka oli tarkoitettu ulkomaailmaan.

I cani erano esausti e gli uomini si lamentavano in continuazione.

Koirat olivat uupuneita ja miehet valittivat jatkuvasti.

Ogni giorno cadeva la neve, ammorbidendo il sentiero e rallentando le slitte.

Lunta satoi joka päivä, pehmentäen polkua ja hidastaen kelkkoja.

Ciò rendeva la trazione più dura e aumentava la resistenza delle guide.

Tämä vaikeutti vetämistä ja lisäsi vastusta jalankulkijoille.

Nonostante ciò, i piloti si sono dimostrati leali e hanno avuto cura delle loro squadre.

Siitä huolimatta kuljettajat olivat reiluja ja välittivät tiimeistään.

Ogni notte, i cani venivano nutriti prima che gli uomini mangiassero.

Joka ilta koirat ruokittiin ennen kuin miehet pääsivät syömään.

Nessun uomo dormiva prima di controllare le zampe del proprio cane.

Yksikään mies ei nukkunut tarkistamatta oman koiransa jalkoja.

Tuttavia, i cani diventavano sempre più deboli man mano che i chilometri consumavano i loro corpi.

Koirat kuitenkin heikkenivät kilometrien rasittaessa niiden kehoa.

Avevano viaggiato per milleottocento miglia durante l'inverno.

He olivat matkustaneet kahdeksansataa mailia läpi talven.

Percorrevano ogni miglio di quella distanza brutale trainando le slitte.

He vetivät kelkkoja jokaisen mailin yli tuolla julmalla matkalla.

Anche i cani da slitta più resistenti provano tensione dopo tanti chilometri.

Kovimmatkin rekikoirat tuntevat rasitusta niin monien kilometrien jälkeen.

Buck tenne duro, fece sì che la sua squadra lavorasse e mantenne la disciplina.

Buck piti pintansa, piti tiiminsä työssä ja säilytti kurin.

Ma Buck era stanco, proprio come gli altri durante il lungo viaggio.

Mutta Buck oli väsynyt, aivan kuten muutkin pitkällä matkalla.

Billee piagnucolava e piangeva nel sonno ogni notte, senza sosta.

Billee valitti ja itki unissaan joka yö taukoamatta.

Joe diventò ancora più amareggiato e Solleks rimase freddo e distante.

Joe katkeroitui entisestään, ja Solleks pysyi kylmänä ja etäisenä.

Ma è stato Dave a soffrire di più di tutta la squadra.

Mutta koko joukkueesta pahiten kärsi Dave.

Qualcosa dentro di lui era andato storto, anche se nessuno sapeva cosa.

Jokin hänen sisällään oli mennyt pieleen, vaikka kukaan ei tiennyt mitä.

Divenne più lunatico e aggredì gli altri con rabbia crescente.

Hänestä tuli pahantuulisempi ja hän tiuskaisi toisille kasvavalla vihalla.

Ogni notte andava dritto al suo nido, in attesa di essere nutrito.

Joka yö hän meni suoraan pesäänsä odottamaan ruokaa.

Una volta a terra, Dave non si alzò più fino al mattino.

Kun Dave oli kerran laskeutunut maahan, hän ei noussut ylös ennen aamua.

Sulle redini, gli improvvisi strattoni o sussulti lo facevano gridare di dolore.

Ohjissa äkilliset nykäykset tai säpsähdykset saivat hänet huutamaan tuskasta.

L'autista ha cercato di capirne la causa, ma non ha trovato ferite.

Kuljettaja etsi syytä onnettomuuteen, mutta ei löytänyt miehestä vammoja.

Tutti gli autisti cominciarono a osservare Dave e a discutere del suo caso.

Kaikki kuljettajat alkoivat tarkkailla Davea ja keskustella hänen tapauksestaan.

Parlarono durante i pasti e durante l'ultima sigaretta della giornata.

He juttelivat aterioilla ja päivän viimeisen savukkeen polttaessaan.

Una notte tennero una riunione e portarono Dave al fuoco.

Eräänä iltana he pitivät kokouksen ja toivat Daven tulen ääreen.

Gli premevano e palpavano il corpo e lui gridava spesso.

He painoivat ja tutkivat hänen ruumistaan, ja hän huusi usein.

Era evidente che qualcosa non andava, anche se non sembrava esserci nessuna frattura.

Selvästikin jokin oli vialla, vaikka luita ei näyttänyt olevan murtunut.

Quando arrivarono al Cassiar Bar, Dave stava cadendo.

Siihen mennessä kun he saapuivat Cassiar Barille, Dave oli kaatumassa.

Il meticcio scozzese impose uno stop e rimosse Dave dalla squadra.

Skotlantilainen puoliverinen pysäytti valjakon ja poisti Daven valjakosta.

Fissò Solleks al posto di Dave, il più vicino possibile alla parte anteriore della slitta.

Hän kiinnitti Solleksin Daven paikalle, lähimmäksi reen etuosaa.

Voleva lasciare che Dave riposasse e corresse libero dietro la slitta in movimento.

Hän aikoi antaa Daven levätä ja juosta vapaana liikkuvan reen perässä.

Ma nonostante la malattia, Dave odiava che gli venisse tolto il lavoro che aveva ricoperto.

Mutta sairaanakin Dave vihasi sitä, että hänet erotettiin aiemmin omistamastaan työstä.

Ringhiò e piagnucolò quando gli strapparono le redini dal corpo.

Hän murahti ja vinkui, kun ohjat vedettiin pois hänen
ruumiistaan.

Quando vide Solleks al suo posto, pianse disperato.

Nähdessään Solleksin hänen paikallaan hän itki särkyneestä
sydämestä.

**L'orgoglio per il lavoro sui sentieri era profondo in Dave,
anche quando la morte si avvicinava.**

Polkutyön ylpeys oli syvällä Davessa, jopa kuoleman
lähestyessä.

**Mentre la slitta si muoveva, Dave arrancava nella neve
soffice vicino al sentiero.**

Kelkan liikkuessa Dave rämpi pehmeässä lumessa lähellä
polkua.

**Attaccò Solleks, mordendolo e spingendolo giù dal lato
della slitta.**

Hän hyökkäsi Solleksin kimppuun puremalla ja työntämällä
tätä reen kyljestä.

**Dave cercò di saltare nell'imbracatura e di riprendersi il suo
posto di lavoro.**

Dave yritti hypätä valjaisiin ja vallata takaisin työpaikkansa.

**Lui guaiva, si lamentava e piangeva, diviso tra il dolore e
l'orgoglio del parto.**

Hän huusi, vinkui ja itki, ristitulessa kivun ja
synnytysylpeyden välillä.

**Il meticcio usò la frusta per cercare di allontanare Dave dalla
squadra.**

Puoliverinen yritti ajaa Daven pois joukkueen luota
ruoskallaan.

**Ma Dave ignorò la frustata e l'uomo non riuscì a colpirlo più
forte.**

Mutta Dave jätti ruoskan huomiotta, eikä mies voinut lyödä
häntä kovemmin.

**Dave rifiutò il sentiero più facile dietro la slitta, dove la neve
era compatta.**

Dave kieltäytyi helpommasta polusta reen takana, jossa lunta
oli pakkautunut.

Invece, si ritrovò a lottare nella neve profonda, ai lati del sentiero, in preda alla miseria.

Sen sijaan hän kamppaili kurjuudessa polun vieressä olevassa syvässä lumessa.

Alla fine Dave crollò, giacendo sulla neve e urlando di dolore.

Lopulta Dave lyyhistyi makaamaan lumeen ja ulvoi tuskasta.

Lanciò un grido mentre la lunga fila di slitte gli passava accanto una dopo l'altra.

Hän huudahti, kun pitkä kelkkajono ohitti hänet yksi kerrallaan.

Tuttavia, con le poche forze che gli rimanevano, si alzò e barcollò dietro di loro.

Jäljellä olevilla voimillaan hän kuitenkin nousi ja kompuroi heidän peräänsä.

Quando il treno si fermò di nuovo, lo raggiunse e trovò la sua vecchia slitta.

Hän saavutti junan pysähtyessä uudelleen ja löysi vanhan rekänsä.

Superò con difficoltà le altre squadre e tornò a posizionarsi accanto a Solleks.

Hän lipui rämpimällä muiden joukkueiden ohi ja seisoi taas Solleksin vieressä.

Mentre l'autista si fermava per accendere la pipa, Dave colse l'ultima occasione.

Kun kuljettaja pysähtyi sytyttääkseen piippunsa, Dave käytti viimeisen tilaisuutensa.

Quando l'autista tornò e urlò, la squadra non avanzò.

Kun kuljettaja palasi ja huusi, joukkue ei edennyt eteenpäin.

I cani avevano girato la testa, confusi dall'improvviso arresto.

Koirat olivat kääntäneet päätään hämmentyneinä äkillisestä pysähdyksestä.

Anche il conducente era scioccato: la slitta non si era mossa di un centimetro in avanti.

Kuljettajakin oli järkyttynyt – reki ei ollut liikkunut tuumaakaan eteenpäin.

Chiamò gli altri perché venissero a vedere cosa era successo.

Hän huusi muille, että he tulisivat katsomaan, mitä oli
tapahtunut.

Dave aveva masticato le redini di Solleks, spezzandole
entrambe.

Dave oli pureskellut Solleksin ohjat poikki ja katkaissut
molemmat.

Ora era di nuovo in piedi davanti alla slitta, nella sua giusta
posizione.

Nyt hän seisoi reen edessä, takaisin oikealla paikallaan.

Dave alzò lo sguardo verso l'autista, implorandolo
silenziosamente di restare al passo.

Dave katsoi kuljettajaa ja aneli hiljaa saada pysyä köysissä.

L'autista era perplesso e non sapeva cosa fare per il cane in
difficoltà.

Kuljettaja oli hämmentynyt, eikä tiennyt, mitä tehdä
kamppailevalle koiralle.

Gli altri uomini parlavano di cani morti perché li avevano
portati fuori.

Muut miehet puhuivat koirista, jotka olivat kuolleet ulos
otettaessa.

Raccontavano di cani vecchi o feriti il cui cuore si era
spezzato quando erano stati abbandonati.

He kertoivat vanhoista tai loukkaantuneista koirista, joiden
sydämet särkyivät, kun ne jätettiin taakse.

Concordarono che era un atto di misericordia lasciare che
Dave morisse mentre era ancora imbrigliato.

He olivat yhtä mieltä siitä, että oli armoa antaa Daven kuolla
vielä valjaissaan.

Fu rimesso in sicurezza sulla slitta e Dave tirò con orgoglio.

Hänet kiinnitettiin takaisin kelkkaan, ja Dave veti ylpeänä.

Anche se a volte gridava, lavorava come se il dolore potesse
essere ignorato.

Vaikka hän huusi ajoittain, hän työskenteli aivan kuin kipua ei
voisi sivuuttaa.

Più di una volta cadde e fu trascinato prima di rialzarsi.

Hän kaatui useammin kuin kerran ja joutui raahautumaan ennen kuin nousi uudelleen.

A un certo punto la slitta gli rotolò addosso e da quel momento in poi zoppicò.

Kerran reki pyörähti hänen ylitseen, ja hän ontui siitä hetkestä lähtien.

Nonostante ciò, lavorò finché non raggiunse l'accampamento e poi si sdraiò accanto al fuoco.

Silti hän työskenteli, kunnes leiri saavutti, ja sitten makasi nuotion ääressä.

Al mattino Dave era troppo debole per muoversi o anche solo per stare in piedi.

Aamuun mennessä Dave oli liian heikko matkustaakseen tai edes seistäkseen pystyssä.

Al momento di allacciare l'imbracatura, cercò di raggiungere il suo autista con sforzi tremanti.

Valjaiden kiinnittämisen hetkellä hän yritti vapisevin voimin tavoittaa kuljettajaansa.

Si sforzò di rialzarsi, barcollò e crollò sul terreno innevato.

Hän nousi ylös, horjahti ja lysähti lumipeitteiselle maalle.

Utilizzando le zampe anteriori, trascinò il suo corpo verso la zona dell'imbracatura.

Etujalkojaan käyttäen hän raahasi ruumistaan kohti valjaiden kiinnitysaluetta.

Si fece avanti, centimetro dopo centimetro, verso i cani da lavoro.

Hän hiipi eteenpäin, tuuma tuumalta, työkoiria kohti.

Le forze gli cedettero, ma continuò a muoversi nel suo ultimo disperato tentativo.

Hänen voimansa pettivät, mutta hän jatkoi viimeistä epätoivoista ponnistustaan.

I suoi compagni di squadra lo videro ansimare nella neve, ancora desideroso di unirsi a loro.

Hänen joukkuetoverinsa näkivät hänen haukkovan henkeään lumessa, yhä kaipaavan liittyä heidän seuraansa.

Lo sentirono urlare di dolore mentre si lasciavano alle spalle l'accampamento.

He kuulivat hänen ulvovan surusta lähtiessään leiristä taakseen.

Mentre la squadra svaniva tra gli alberi, il grido di Dave risuonava dietro di loro.

Kun joukkue katosi puiden sekaan, Daven huuto kaikui heidän takanaan.

Il treno delle slitte si fermò brevemente dopo aver attraversato un tratto di fiume ricco di boschi.

Rekijuna pysähtyi hetkeksi ylitettyään jokimetsän.

Il meticcio scozzese tornò lentamente verso l'accampamento alle sue spalle.

Skotlantilainen puoliverinen käveli hitaasti takaisin kohti takanaan olevaa leiriä.

Gli uomini smisero di parlare quando lo videro scendere dal treno delle slitte.

Miehet lopettivat puhumisen nähdessään hänen poistuvan rekijunasta.

Poi un singolo colpo di pistola risuonò chiaro e netto attraverso il sentiero.

Sitten yksi ainoa laukaus kajahti selvästi ja terävästi polun poikki.

L'uomo tornò rapidamente e prese il suo posto senza dire una parola.

Mies palasi nopeasti takaisin ja istuutui paikalleen sanomatta sanaakaan.

Le fruste schioccavano, i campanelli tintinnavano e le slitte avanzavano sulla neve.

Ruoskat pauhasivat, kellot kilisivät ja reet vierivät eteenpäin lumen läpi.

Ma Buck sapeva cosa era successo, come tutti gli altri cani.

Mutta Buck tiesi, mitä oli tapahtunut – ja niin tiesivät kaikki muutkin koirat.

La fatica delle redini e del sentiero
Ohjien ja polun vaivannäkö

Trenta giorni dopo aver lasciato Dawson, la Salt Water Mail raggiunse Skaguay.
Kolmekymmentä päivää Dawsonista lähdön jälkeen Salt Water Mail saapui Skaguayhin.

Buck e i suoi compagni di squadra presero il comando e arrivarono in condizioni pietose.
Buck ja hänen joukkuetoverinsa ottivat johdon saapuessaan paikalle surkeassa kunnossa.

Buck era sceso da 140 a 150 chili.
Buck oli pudonnut sadasta neljästäkymmenestä kilosta sataan viiteentoista paunaan.

Gli altri cani, sebbene più piccoli, avevano perso ancora più peso corporeo.
Muut koirat, vaikkakin pienempiä, olivat laihtuneet vielä enemmän.

Pike, che una volta zoppicava fingendo, ora trascinava dietro di sé una gamba veramente ferita.
Pike, joka aiemmin teeskenteli ontuvan, raahasi nyt todella loukkaantunutta jalkaansa perässään.

Solleks zoppicava gravemente e Dub aveva una scapola slogata.
Solleks ontui pahasti, ja Dubin lapaluu oli vääntynyt.

Tutti i cani del team avevano i piedi doloranti a causa delle settimane trascorse sul sentiero ghiacciato.
Jokaisen joukkueen koiran jalat olivat kipeät viikkojen jäätyneellä polulla vietettyään.

Non avevano più slancio nei loro passi, solo un movimento lento e trascinato.
Heidän askeleissaan ei ollut enää lainkaan joustavuutta, vain hidas, laahustava liike.

I loro piedi colpivano il sentiero con forza e ogni passo aggiungeva ulteriore sforzo al loro corpo.
Heidän jalkansa osuivat lujaa polkuun, ja jokainen askel lisäsi rasitusta heidän kehoilleen.

Non erano malati, erano solo stremati oltre ogni possibile guarigione naturale.

He eivät olleet sairaita, vain uupuneita luonnollisen toipumisen yli.

Non si trattava della stanchezza di una giornata faticosa, curata con una notte di riposo.

Tämä ei ollut yhden raskaan päivän aiheuttamaa väsymystä, joka olisi parantunut yöunilla.

Era una stanchezza accumulata lentamente attraverso mesi di sforzi estenuanti.

Se oli uupumusta, joka rakentui hitaasti kuukausien uuvuttavan ponnistelun tuloksena.

Non era rimasta alcuna riserva di forze: avevano esaurito ogni energia a loro disposizione.

Ei ollut enää reservivoimaa – he olivat käyttäneet kaiken jäljellä olevan.

Ogni muscolo, fibra e cellula del loro corpo era consumato e usurato.

Jokainen lihas, kuitu ja solu heidän kehoissaan oli kulunut loppuun.

E c'era un motivo: avevano percorso duemilacinquecento miglia.

Ja siihen oli syy – he olivat kulkeneet kaksituhatta viisisataa mailia.

Si erano riposati solo cinque giorni durante le ultime milleottocento miglia.

He olivat levänneet vain viisi päivää viimeisten kahdeksantoistasadan mailin aikana.

Quando giunsero a Skaguay, sembrava che riuscissero a malapena a stare in piedi.

Skaguayhin saapuessaan he näyttivät tuskin pystyvän seisomaan pystyssä.

Facevano fatica a tenere le redini strette e a restare davanti alla slitta.

Heillä oli vaikeuksia pitää ohjat tiukasti ja pysyä reen edellä.

Nei pendii in discesa riuscivano solo a evitare di essere investiti.

Alamäissä he onnistuivat vain välttämään yliajon.

"Continuate a marciare, poveri piedi doloranti", disse l'autista mentre zoppicavano.

"Marssia eteenpäin, raukat kipeät jalat", kuljettaja sanoi heidän ontuessaan eteenpäin.

"Questo è l'ultimo tratto, poi ci prenderemo tutti un lungo riposo, di sicuro."

"Tämä on viimeinen osuus, ja sitten me kaikki saamme varmasti yhden pitkän lepotauon."

"Un riposo davvero lungo", promise, guardandoli barcollare in avanti.

"Yksi todella pitkä lepo", hän lupasi katsellen heidän horjuvan eteenpäin.

Gli autisti si aspettavano una lunga e necessaria pausa.

Kuljettajat odottivat saavansa nyt pitkän ja tarpeellisen tauon.

Avevano percorso milleduecento miglia con solo due giorni di riposo.

He olivat matkustaneet kaksisataa kilometriä vain kahden päivän lepotauolla.

Per correttezza e ragione, ritenevano di essersi guadagnati un po' di tempo per rilassarsi.

Kohtuullisuuden ja oikeudenmukaisuuden nimissä he kokivat ansainneensa aikaa rentoutua.

Ma troppi erano giunti nel Klondike e troppo pochi erano rimasti a casa.

Mutta liian monet olivat tulleet Klondikeen, ja liian harvat olivat jääneet kotiin.

Le lettere delle famiglie continuavano ad arrivare, creando pile di posta in ritardo.

Kirjeitä perheiltä tulvi sisään, mikä loi kasoja viivästyneitä postilähetyksiä.

Arrivarono gli ordini ufficiali: i nuovi cani della Hudson Bay avrebbero preso il sopravvento.

Viralliset määräykset saapuivat – uudet Hudson Bayn koirat ottaisivat vallan.

I cani esausti, ormai considerati inutili, dovevano essere eliminati.

Uupuneet koirat, joita nyt kutsuttiin arvottomiksi, oli tarkoitus hävittää.

Poiché i soldi erano più importanti dei cani, venivano venduti a basso prezzo.

Koska raha merkitsi enemmän kuin koirat, ne myytäisiin halvalla.

Passarono altri tre giorni prima che i cani si accorgessero di quanto fossero deboli.

Kului vielä kolme päivää ennen kuin koirat tunsivat, kuinka heikkoja ne olivat.

La quarta mattina, due uomini provenienti dagli Stati Uniti acquistarono l'intera squadra.

Neljäntenä aamuna kaksi miestä Yhdysvalloista ostivat koko joukkueen.

La vendita comprendeva tutti i cani e le loro imbracature usate.

Myyntiin sisältyivät kaikki koirat sekä niiden kuluneet valjaat.

Mentre concludevano l'affare, gli uomini si chiamavano tra loro "Hal" e "Charles".

Miehet kutsuivat toisiaan "Haliksi" ja "Charlesiksi" tehdessään kaupat.

Charles era un uomo di mezza età, pallido, con labbra molli e folti baffi.

Charles oli keski-ikäinen, kalpea, veltoilla huulilla ja voimakkailla viiksenpäillä.

Hal era un giovane, forse diciannove anni, che indossava una cintura imbottita di cartucce.

Hal oli nuori mies, ehkä yhdeksäntoista, ja hänellä oli patruunoilla täytetty vyö.

Nella cintura erano contenuti un grosso revolver e un coltello da caccia, entrambi inutilizzati.

Vyöllä oli iso revolveri ja metsästysveitsi, molemmat käyttämättömiä.

Dimostrava quanto fosse inesperto e inadatto alla vita nel Nord.

Se osoitti, kuinka kokematon ja sopimaton hän oli pohjoiseen elämään.

Nessuno dei due uomini viveva in natura; la loro presenza sfidava ogni ragionevolezza.

Kumpikaan mies ei kuulunut luontoon; heidän läsnäolonsa uhmasi kaikkea järkeä.

Buck osservava lo scambio di denaro tra l'acquirente e l'agente.

Buck katseli, kuinka rahat vaihtoivat omistajaa ja välittäjää.

Sapeva che i conducenti dei treni postali stavano abbandonando la sua vita come tutti gli altri.

Hän tiesi, että postijunankuljettajat olivat jättämässä hänen elämänsä kuten muutkin.

Seguirono Perrault e François, ormai scomparsi.

He seurasivat Perraultia ja Françoisia, jotka olivat nyt menettäneet asemansa.

Buck e la squadra vennero condotti al disordinato accampamento dei loro nuovi proprietari.

Buck ja tiimi johdatettiin uusien omistajiensa huolimattomaan leiriin.

La tenda cedeva, i piatti erano sporchi e tutto era in disordine.

Teltta painui alas, astiat olivat likaisia ja kaikki oli epäjärjestyksessä.

Anche Buck notò una donna lì: Mercedes, moglie di Charles e sorella di Hal.

Buck huomasi siellä myös naisen – Mercedesin, Charlesin vaimon ja Halin sisaren.

Formavano una famiglia completa, anche se erano tutt'altro che adatti al sentiero.

He muodostivat täydellisen perheen, vaikkakaan eivät läheskään sopivia polulle.

Buck osservava nervosamente mentre il trio iniziava a impacchettare le provviste.

Buck katseli hermostuneesti, kun kolmikko alkoi pakata tarvikkeita.

Lavoravano duro ma senza ordine, solo confusione e sforzi sprecati.

He työskentelivät ahkerasti, mutta ilman järjestystä – pelkkää hässäkkää ja hukkaan heitettyä vaivaa.

La tenda era arrotolata fino a formare una sagoma ingombrante, decisamente troppo grande per la slitta.

Teltta oli rullattu kömpelöksi, aivan liian suureksi reelle.

I piatti sporchi venivano imballati senza essere stati né lavati né asciugati.

Likaiset astiat pakattiin ilman pesua tai kuivausta.

Mercedes svolazzava in giro, parlando, correggendo e intromettendosi in continuazione.

Mercedes lepatteli ympäriinsä, puhuen, korjaillen ja sekaantuen jatkuvasti asioihin.

Quando le misero un sacco davanti, lei insistette perché lo mettesse dietro.

Kun säkki pantiin eteen, hän vaati sen menevän taakse.

Mise il sacco in fondo e un attimo dopo ne ebbe bisogno.

Hän pakkasi säkin pohjalle, ja seuraavassa hetkessä hän tarvitsi sitä.

Quindi la slitta venne disimballata di nuovo per raggiungere quella specifica borsa.

Niinpä reki purettiin uudelleen, jotta pääsisimme käsiksi yhteen tiettyyn laukkuun.

Lì vicino, tre uomini stavano fuori da una tenda e osservavano la scena che si svolgeva.

Lähellä teltan ulkopuolella seisoi kolme miestä katselemassa tapahtumia.

Sorrisero, ammiccarono e sogghignarono di fronte all'evidente confusione dei nuovi arrivati.

He hymyilivät, iskivät silmää ja virnistivät tulokkaiden ilmeiselle hämmennykselle.

"Hai già un carico parecchio pesante", disse uno degli uomini.

"Sinulla on jo melkoinen taakka", sanoi yksi miehistä.

"Non credo che dovresti portare quella tenda, ma la scelta è tua."

"En usko, että sinun pitäisi kantaa sitä telttaa, mutta se on sinun valintasi."

"Impensabile!" esclamò Mercedes, alzando le mani in segno di disperazione.

"Olipa unelmoitu!" huudahti Mercedes ja heitti kätensä epätoivoisena ilmaan.

"Come potrei viaggiare senza una tenda sotto cui dormire?"

"Kuinka ihmeessä voisin matkustaa ilman telttaa, jonka alla yöpyä?"

«È primavera, non vedrai più il freddo», rispose l'uomo.

– On kevät, ette tule enää näkemään kylmää säätä, mies vastasi.

Ma lei scosse la testa e loro continuarono ad accumulare oggetti sulla slitta.

Mutta hän pudisti päätään, ja he jatkoivat tavaroiden kasaamista rekeen.

Il carico era pericolosamente alto mentre aggiungevano gli ultimi oggetti.

Kuorma kohosi vaarallisen korkealle, kun he lisäsivät viimeisiä tavaroita.

"Pensi che la slitta andrà avanti?" chiese uno degli uomini con aria scettica.

"Luuletko, että reki kulkee?" kysyi yksi miehistä epäilevästi.

"E perché non dovrebbe?" ribatté Charles con netto fastidio.

"Miksipä ei?" Charles tiuskaisi terävän ärsyyntyneenä.

"Oh, va bene", disse rapidamente l'uomo, evitando di offendersi.

– No, se on ihan okei, mies sanoi nopeasti ja pääntyi loukkaantumisesta.

"Mi chiedevo solo: mi sembrava un po' troppo pesante nella parte superiore."

"Mietin vain – se näytti minusta vähän liian raskaalta."

Charles si voltò e legò il carico meglio che poté.

Charles kääntyi poispäin ja sitoi kuorman niin hyvin kuin pystyi.

Ma le legature erano allentate e l'imballaggio nel complesso era fatto male.

Mutta sidokset olivat löysät ja pakkaus kaiken kaikkiaan huonosti tehty.

"Certo, i cani tireranno così tutto il giorno", disse sarcasticamente un altro uomo.

– Totta kai koirat vetävät sitä koko päivän, sanoi toinen mies sarkastisesti.

«Certamente», rispose Hal freddamente, afferrando il lungo timone della slitta.

"Totta kai", Hal vastasi kylmästi ja tarttui kelkan pitkään ohjaustankoon.

Tenendo una mano sul palo, faceva roteare la frusta nell'altra.

Toisella kädellä seipään päällä hän heilutti ruoskaa toisella.

"Andiamo!" urlò. "Muovetevi!", incitando i cani a partire.

"Mennään!" hän huusi. "Liikkukaa!" ja kehotti koiria liikkeelle.

I cani si appoggiarono all'imbracatura e si sforzarono per qualche istante.

Koirat nojasivat valjaisiin ja ponnistelivat hetken.

Poi si fermarono, incapaci di spostare di un centimetro la slitta sovraccarica.

Sitten he pysähtyivät, kykenemättä liikauttamaan ylikuormitettua rekeä tuumaakaan.

"Quei fannulloni!" urlò Hal, alzando la frusta per colpirli.

"Laiskarot!" Hal huusi ja nosti ruoskan lyödäkseen heitä.

Ma Mercedes si precipitò dentro e strappò la frusta dalle mani di Hal.

Mutta Mercedes ryntäsi sisään ja nappasi ruoskan Halin käsistä.

«Oh, Hal, non osare far loro del male», gridò allarmata.

"Voi Hal, älä uskalla satuttaa heitä", hän huusi säikähtäneenä.

"Promettimi che sarai gentile con loro, altrimenti non farò un altro passo."

"Lupaa olla heille kiltti, tai en astu askeltakaan cnää."

"Non sai niente di cani", scattò Hal contro la sorella.

"Et tiedä koirista yhtään mitään", Hal tiuskaisi sisarelleen.

"Sono pigri e l'unico modo per smuoverli è frustarli."

"Ne ovat laiskoja, ja ainoa tapa liikuttaa niitä on ruoskia niitä."

"Chiedi a chiunque, chiedi a uno di quegli uomini laggiù se dubiti di me."

"Kysy keneltä tahansa – kysy joltain noista miehistä tuolla, jos epäilet minua."

Mercedes guardò gli astanti con occhi imploranti e pieni di lacrime.

Mercedes katsoi katsojia anelevin, kyynelten täyttämin silmin.

Il suo viso rivelava quanto odiasse la vista di qualsiasi dolore.

Hänen kasvoillaan näkyi, kuinka syvästi hän vihasi kaiken kivun näkemistä.

"Sono deboli, tutto qui", ha detto un uomo. "Sono sfiniti."

– He ovat heikkoja, siinä kaikki, sanoi eräs mies. – He ovat kuluneet loppuun.

"Hanno bisogno di riposare: hanno lavorato troppo a lungo senza una pausa."

"He tarvitsevat lepoa – heitä on työskennelty liian kauan tauotta."

«Che il resto sia maledetto», borbottò Hal arricciando il labbro.

"Loput olkoot kirotut", Hal mutisi huuli rypistettynä.

Mercedes sussultò, visibilmente addolorata per le parole volgari pronunciate da lui.

Mercedes haukkoi henkeään, selvästi tuskallisena hänen karkeista sanoistaan.

Ciononostante, lei rimase leale e difese immediatamente il fratello.

Silti hän pysyi uskollisena ja puolusti veljeään välittömästi.

"Non badare a quell'uomo", disse ad Hal. "Sono i nostri cani."

– Älä välitä tuosta miehestä, hän sanoi Halille. – Ne ovat meidän koiria.

"Li guidi come meglio credi: fai ciò che ritieni giusto."

"Aja niitä niin kuin parhaaksi näet – tee niin kuin itse näet oikeaksi."

Hal sollevò la frusta e colpì di nuovo i cani senza pietà.

Hal nosti ruoskan ja löi koiria uudelleen armotta.

Si lanciarono in avanti, con i corpi bassi e i piedi che affondavano nella neve.

He syöksyivät eteenpäin, vartalot matalana, jalat lumessa.

Tutta la loro forza era concentrata nel traino, ma la slitta non si muoveva.

Kaikki heidän voimansa meni vetämiseen, mutta reki ei liikkunut.

La slitta rimase bloccata, come un'ancora congelata nella neve compatta.

Kelkka pysyi jumissa kuin pakkautuneeseen lumeen jäätynyt ankkuri.

Dopo un secondo tentativo, i cani si fermarono di nuovo, ansimando forte.

Toisen yrityksen jälkeen koirat pysähtyivät uudelleen läähättäen kovasti.

Hal sollevò di nuovo la frusta, proprio mentre Mercedes interferiva di nuovo.

Hal nosti ruoskan jälleen kerran juuri kun Mercedes puuttui asiaan.

Si lasciò cadere in ginocchio davanti a Buck e gli abbracciò il collo.

Hän polvistui Buckin eteen ja halasi tämän kaulaa.

Le lacrime le riempivano gli occhi mentre implorava il cane esausto.

Kyyneleet täyttivät hänen silmänsä, kun hän aneli uupunutta koiraa.

"Poveri cari", disse, "perché non tirate più forte?"

– Te raukat, hän sanoi, – miksette vain vedä kovemmin?

"Se tiri, non verrai frustato così."

"Jos vedät, et saa tällaista ruoskintaa."

A Buck non piaceva Mercedes, ma ormai era troppo stanco per resisterle.

Buck ei pitänyt Mercedesistä, mutta hän oli liian väsynyt vastustaakseen häntä nyt.

Lui accettò le sue lacrime come se fossero solo un'altra parte di quella giornata miserabile.

Hän hyväksyi naisen kyyneleet vain yhtenä osana kurjaa päivää.

Uno degli uomini che osservavano, dopo aver represso la rabbia, finalmente parlò.

Yksi miehistä puhui vihdoin pidäteltyään vihansa.

"Non mi interessa cosa succede a voi, ma quei cani sono importanti."

"Minua ei kiinnosta, mitä teille tapahtuu, mutta nuo koirat ovat tärkeitä."

"Se vuoi aiutare, stacca quella slitta: è ghiacciata e innevata."

"Jos haluat auttaa, päästä kelkka irti – se on jäätynyt lumeen."

"Spingi con forza il palo della luce, a destra e a sinistra, e rompi il sigillo di ghiaccio."

"Työnnä lujaa vipuvartta oikealle ja vasemmalle ja murra jäätiiviste."

Fu fatto un terzo tentativo, questa volta seguendo il suggerimento dell'uomo.

Kolmas yritys tehtiin, tällä kertaa miehen ehdotuksesta.

Hal fece oscillare la slitta da una parte all'altra, facendo staccare i pattini.

Hal keinutti kelkkaa puolelta toiselle jalakset irtosivat.

La slitta, benché sovraccarica e scomoda, alla fine sobbalzò in avanti.

Vaikka reki oli ylikuormitettu ja kömpelö, se horjahti lopulta eteenpäin.

Buck e gli altri tirarono selvaggiamente, spinti da una tempesta di frustate.

Buck ja muut vetivät villisti, myrskyn lailla ajamina niskaan.

Un centinaio di metri più avanti, il sentiero curvava e scendeva in pendenza verso la strada.

Sadan metrin päässä polku kaartui ja vietti kadulle.

Ci sarebbe voluto un guidatore esperto per tenere la slitta in posizione verticale.

Reen pystyssä pitäminen olisi vaatinut taitavan kuljettajan.

Hal non era abile e la slitta si ribaltò mentre svoltava.

Hal ei ollut taitava, ja kelkka kallistui kääntyessään mutkan ympäri.

Le cinghie allentate cedettero e metà del carico si rovesciò sulla neve.

Löysät sidontaköydet pettivät, ja puolet kuormasta valui lumelle.

I cani non si fermarono; la slitta più leggera continuò a procedere su un fianco.

Koirat eivät pysähtyneet; kevyempi reki lensi kyljellään.

I cani, furiosi per i maltrattamenti e per il peso del carico, corsero più veloci.

Vihaisina kaltoinkohtelusta ja raskaasta taakasta koirat juoksivat nopeammin.

Buck, infuriato, si lanciò a correre, seguito dalla squadra.

Raivostuneena Buck lähti juoksemaan, ja joukkue seurasi perässä.

Hal urlò "Whoa! Whoa!" ma la squadra non gli prestò attenzione.

Hal huusi "Vau! Vau!", mutta joukkue ei kiinnittänyt häneen huomiota.

Inciampò, cadde e fu trascinato a terra dall'imbracatura.

Hän kompastui, kaatui ja valjaat raahasivat häntä pitkin maata.

La slitta rovesciata lo travolse mentre i cani continuavano a correre avanti.

Kaatunut reki töyssyi hänen ylitseen koirien kiitäessä edellä.

Il resto delle provviste è sparso lungo la trafficata strada di Skaguay.

Loput tarvikkeet olivat hajallaan Skaguayn vilkkaan kadun varrella.

Le persone di buon cuore si precipitarono a fermare i cani e a raccogliere l'attrezzatura.

Hyväsydämiset ihmiset kiiruhtivat pysäyttämään koiria ja keräämään varusteet.

Diedero anche consigli schietti e pratici ai nuovi viaggiatori.

He antoivat myös uusille matkailijoille suoria ja käytännöllisiä neuvoja.

"Se vuoi raggiungere Dawson, prendi metà del carico e raddoppia i cani."

"Jos haluatte päästä Dawsoniin, ottakaa puolet kuormasta ja tuplasti koiria."

Hal, Charles e Mercedes ascoltarono, anche se non con entusiasmo.

Hal, Charles ja Mercedes kuuntelivat, vaikkakaan eivät innokkaasti.

Montarono la tenda e cominciarono a sistemare le loro provviste.

He pystyttivät telttansa ja alkoivat lajitella tavaroitaan.

Ne uscirono dei cibi in scatola, che fecero ridere a crepapelle gli astanti.

Ulos tuli säilykkeitä, jotka saivat katsojat nauramaan ääneen.

"Roba in scatola sul sentiero? Morirai di fame prima che si sciolga", disse uno.

"Säilykettä polulla? Nälkä kuolee ennen kuin se sulaa", yksi sanoi.

"Coperte d'albergo? Meglio buttarle via tutte."

"Hotellihuovat? Heitä ne kaikki pois, niin on parempi."

"Togli anche la tenda e qui nessuno laverà più i piatti."

"Jätä telttakin pois, niin kukaan ei pese täällä astioita."

"Pensi di viaggiare su un treno Pullman con dei servitori a bordo?"

"Luuletko matkustavasi Pullman-junassa, jossa on palvelijoita kyydissä?"

Il processo ebbe inizio: ogni oggetto inutile venne gettato da parte.

Prosessi alkoi – jokainen turha esine heitettiin sivuun.

Mercedes pianse quando le sue borse furono svuotate sul terreno innevato.

Mercedes itki, kun hänen laukut tyhjennettiin lumivalle maalle.

Singhiozzava per ogni oggetto buttato via, uno per uno, senza sosta.

Hän itki jokaista pois heitettyä esinettä, yksi kerrallaan tauotta.

Giurò di non fare un altro passo, nemmeno per dieci Charles.

Hän vannoi, ettei menisi askeltakaan enempää – ei edes kymmenen Charlesen takia.

Pregò ogni persona vicina di lasciarle conservare le sue cose preziose.

Hän pyysi jokaista lähellä olevaa henkilöä antamaan hänen pitää arvoesinensä.

Alla fine si asciugò gli occhi e cominciò a gettare via anche i vestiti più importanti.

Viimein hän pyyhki silmänsä ja alkoi heitellä pois jopa elintärkeitä vaatteita.

Una volta terminato il suo, cominciò a svuotare le scorte degli uomini.

Kun hän oli tyhjentänyt omansa, hän alkoi tyhjentää miesten tarvikkeita.

Come un turbine, fece a pezzi gli effetti personali di Charles e Hal.

Kuin pyörretuuli hän repi Charlesin ja Halin tavaroita.

Sebbene il carico fosse dimezzato, era comunque molto più pesante del necessario.

Vaikka kuorma puolittui, se oli silti paljon painavampi kuin olisi tarvinnut.

Quella notte, Charles e Hal uscirono e comprarono sei nuovi cani.

Sinä iltana Charles ja Hal menivät ulos ja ostivat kuusi uutta koiraa.

Questi nuovi cani si unirono ai sei originali, più Teek e Koona.

Nämä uudet koirat liittyivät alkuperäisten kuuden koiran joukkoon, sekä Teekin ja Koonan.

Insieme formarono una squadra di quattordici cani attaccati alla slitta.

Yhdessä he muodostivat neljäntoista koiran valjakon, jotka oli kytketty rekeen.

Ma i nuovi cani erano inadatti e poco addestrati per il lavoro con la slitta.

Mutta uudet koirat olivat sopimattomia ja huonosti koulutettuja rekityöhön.

Tre dei cani erano cani da caccia a pelo corto, mentre uno era un Terranova.

Kolme koirista oli lyhytkarvaisia seisojia ja yksi oli newfoundlandinkoira.

Gli ultimi due cani erano meticci senza alcuna razza o scopo ben definito.

Kaksi viimeistä koiraa olivat sekarotuisia, joilla ei ollut lainkaan selkeää rotua tai käyttötarkoitusta.

Non capivano il percorso e non lo imparavano in fretta.

He eivät ymmärtäneet polkua eivätkä oppineet sitä nopeasti.

Buck e i suoi compagni li osservavano con disprezzo e profonda irritazione.

Buck ja hänen toverinsa katselivat heitä halveksien ja syvän ärtymyksen vallassa.

Sebbene Buck insegnasse loro cosa non fare, non poteva insegnare loro il dovere.

Vaikka Buck opetti heille, mitä ei pidä tehdä, hän ei voinut opettaa heille velvollisuudentuntoa.

Non amavano la vita sui sentieri né la trazione delle redini e delle slitte.

Ne eivät pitäneet elämän perässä juoksemisesta eivätkä ohjasten ja rekien vedosta.

Soltanto i bastardi cercarono di adattarsi, e anche a loro mancava lo spirito combattivo.

Vain sekarotuiset yrittivät sopeutua, ja jopa heiltä puuttui taistelutahtoa.

Gli altri cani erano confusi, indeboliti e distrutti dalla loro nuova vita.

Muut koirat olivat hämmentyneitä, heikentyneitä ja murtuneita uudesta elämästään.

Con i nuovi cani all'oscuro e i vecchi esausti, la speranza era flebile.

Uusien koirien ollessa tietämättömiä ja vanhojen uupuneita, toivo oli hiipumassa.

La squadra di Buck aveva percorso duemilacinquecento miglia di sentiero accidentato.

Buckin joukkue oli kulkenut kaksituhattatuhatta kilometriä karua polkua.

Ciononostante, i due uomini erano allegri e orgogliosi della loro grande squadra di cani.

Silti kaksi miestä olivat iloisia ja ylpeitä suuresta koiravaljakostaan.

Pensavano di viaggiare con stile, con quattordici cani al seguito.

He luulivat matkustavansa tyylikkäästi neljäntoista koiran kanssa.

Avevano visto delle slitte partire per Dawson e altre arrivarne.

He olivat nähneet rekien lähtevän Dawsoniin ja toisten saapuvan sieltä.

Ma non ne avevano mai vista una trainata da ben quattordici cani.

Mutta he eivät olleet koskaan nähneet sellaista, jota olisi vetänyt jopa neljätoista koiraa.

C'era un motivo per cui squadre del genere erano rare nelle terre selvagge dell'Artico.

Oli syynsä siihen, miksi tällaiset joukkueet olivat harvinaisia arktisella erämaalla.

Nessuna slitta poteva trasportare cibo sufficiente a sfamare quattordici cani per l'intero viaggio.

Yksikään reki ei voinut kuljettaa tarpeeksi ruokaa neljälletoista koiralle koko matkan ajaksi.

Ma Charles e Hal non lo sapevano: avevano fatto i calcoli.

Mutta Charles ja Hal eivät tienneet sitä – he olivat tehneet laskelmat.

Hanno pianificato la razione di cibo: una certa quantità per cane, per un certo numero di giorni, fatta.

He lyijykynällä laativat ruoan: niin paljon koiraa kohden, niin monta päivää, tehty.

Mercedes guardò i numeri e annuì come se avessero senso.

Mercedes katsoi heidän lukujaan ja nyökkäsi ikään kuin ne olisivat olleet järkeenkäypiä.

Tutto le sembrava molto semplice, almeno sulla carta.

Kaikki tuntui hänestä hyvin yksinkertaiselta, ainakin paperilla.

La mattina seguente, Buck guidò lentamente la squadra lungo la strada innevata.
Seuraavana aamuna Buck johdatti joukkuetta hitaasti lumista katua pitkin.

Non c'era né energia né spirito in lui e nei cani dietro di lui.
Hänessä eikä hänen takanaan olevissa koirissa ollut energiaa tai henkeä.

Erano stanchi morti fin dall'inizio: non avevano più riserve.
He olivat alusta asti kuoliaaksi väsyneitä – ei ollut enää yhtään varaa jäljellä.

Buck aveva già fatto quattro viaggi tra Salt Water e Dawson.
Buck oli jo tehnyt neljä matkaa Salt Waterin ja Dawsonin välillä.

Ora, di fronte alla stessa pista, non provava altro che amarezza.
Nyt, samaa polkua jälleen kohti katsoen, hän ei tuntenut muuta kuin katkeruutta.

Il suo cuore non c'era, e nemmeno quello degli altri cani.
Hänen sydämensä ei ollut siinä mukana, eivätkä muidenkaan koirien sydämet.

I nuovi cani erano timidi e gli husky non si fidavano per niente.
Uudet koirat olivat arkoja, ja huskyiltä puuttui kaikki luottamus.

Buck capì che non poteva fare affidamento su quei due uomini o sulla loro sorella.
Buck tunsi, ettei hän voinut luottaa näihin kahteen mieheen tai heidän sisareensa.

Non sapevano nulla e non mostravano alcun segno di apprendimento lungo il percorso.
He eivät tienneet mitään eivätkä osoittaneet oppimisen merkkejä matkalla.

Erano disorganizzati e privi di qualsiasi senso di disciplina.

He olivat epäjärjestyksessä ja heiltä puuttui kaikenlainen kurinalaisuus.

Ogni volta impiegavano metà della notte per allestire un accampamento malmesso.

Heillä kesti puoli yötä pystyttää huolimaton leiri joka kerta.

E metà della mattina successiva la trascorsero di nuovo armeggiando con la slitta.

Ja puolet seuraavasta aamusta he viettivät taas näprähtelyä reen kanssa.

Spesso a mezzogiorno si fermavano solo per sistemare il carico irregolare.

Keskipäivään mennessä he usein pysähtyivät vain korjatakseen epätasaisen kuorman.

In alcuni giorni percorsero meno di dieci miglia in totale.

Joinakin päivinä he matkustivat yhteensä alle kymmenen mailia.

Altri giorni non riuscivano proprio ad abbandonare l'accampamento.

Muina päivinä he eivät päässeet ollenkaan pois leiristä.

Non sono mai riusciti a coprire la distanza alimentare prevista.

He eivät koskaan päässeet lähellekään suunniteltua ruokamatkaa.

Come previsto, il cibo per i cani finì molto presto.

Kuten odotettua, koirien ruoka loppui nopeasti.

Nei primi tempi hanno peggiorato ulteriormente la situazione con l'eccesso di cibo.

He pahensivat asioita yliruokimalla alkuaikoina.

Ciò rendeva la carestia sempre più vicina, con ogni razione disattenta.

Tämä lähensi nälänhätää jokaisen huolimattoman annoksen myötä.

I nuovi cani non avevano ancora imparato a sopravvivere con molto poco.

Uudet koirat eivät olleet oppineet selviytymään aivan vähällä.

Mangiarono avidamente, con un appetito troppo grande per il sentiero.

He söivät nälkäisinä, ruokahalunsa liian suurena polulle.

Vedendo i cani indebolirsi, Hal pensò che il cibo non fosse sufficiente.

Nähdessään koirien heikkenevän Hal uskoi, ettei ruoka riittänyt.

Raddoppiò le razioni, peggiorando ulteriormente l'errore.

Hän kaksinkertaisti ruoka-annokset, mikä pahensi virhettä entisestään.

Mercedes aggravò il problema con le sue lacrime e le sue suppliche sommesse.

Mercedes pahensi ongelmaa kyyneleillään ja hiljaisilla aneluillaan.

Quando non riuscì a convincere Hal, diede da mangiare ai cani di nascosto.

Kun hän ei saanut Halia vakuutettua, hän ruokki koiria salaa.

Rubò il pesce dai sacchi e glielo diede alle spalle.

Hän varasti kalasäkeistä ja antoi ne heille miehen selän takana.

Ma ciò di cui i cani avevano veramente bisogno non era altro cibo: era riposo.

Mutta koirat eivät todellakaan tarvinneet lisää ruokaa – ne tarvitsivat lepoa.

Nonostante la loro scarsa velocità, la pesante slitta continuava a procedere.

Heillä oli heikkoa aikaa, mutta raskas reki veti silti eteenpäin.

Quel peso da solo esauriva ogni giorno le loro forze rimanenti.

Jo tuo paino kulutti heidän jäljellä olevat voimansa joka päivä.

Poi arrivò la fase della sottoalimentazione, quando le scorte scarseggiavano.

Sitten tuli aliravitsemusvaihe, kun tarvikkeet olivat vähissä.

Una mattina Hal si accorse che metà del cibo per cani era già finito.

Eräänä aamuna Hal huomasi, että puolet koiranruosta oli jo loppu.

Avevano percorso solo un quarto della distanza totale del sentiero.

He olivat kulkeneet vain neljänneksen koko matkasta.

Non si poteva più comprare cibo, a qualunque prezzo.

Ruokaa ei voinut enää ostaa, oli hinta mikä tahansa.

Ridusse le porzioni dei cani al di sotto della razione giornaliera standard.

Hän pienensi koirien annoksia alle päivittäisen normaalin annoksen.

Allo stesso tempo, chiese di viaggiare più a lungo per compensare la perdita.

Samalla hän vaati pidempiä matkoja korvatakseen tappiot.

Mercedes e Charles appoggiarono questo piano, ma fallirono nella sua realizzazione.

Mercedes ja Charles tukivat tätä suunnitelmaa, mutta epäonnistuivat toteutuksessa.

La loro pesante slitta e la mancanza di abilità rendevano il progresso quasi impossibile.

Heidän raskas rekensä ja taitomattomuudensa tekivät etenemisen lähes mahdottomaksi.

Era facile dare meno cibo, ma impossibile forzare uno sforzo maggiore.

Oli helppo antaa vähemmän ruokaa, mutta mahdotonta pakottaa ponnistelemaan enemmän.

Non potevano partire prima, né viaggiare per ore extra.

He eivät voineet aloittaa aikaisin eivätkä matkustaa ylitöitä.

Non sapevano come gestire i cani, e nemmeno loro stessi, a dire il vero.

He eivät osanneet käyttää koiria, eivätkä oikeastaan itseäänkään.

Il primo cane a morire fu Dub, lo sfortunato ma laborioso ladro.

Ensimmäinen kuollut koira oli Dub, epäonninen mutta ahkera varas.

Sebbene spesso punito, Dub aveva fatto la sua parte senza lamentarsi.

Vaikka Dubia rangaistiin usein, hän oli kantanut puolensa valittamatta.

La sua spalla ferita peggiorò se non ricevette cure adeguate e non ebbe bisogno di riposo.

Hänen loukkaantunut olkapäänsä paheni ilman hoitoa tai lepoa.

Alla fine, Hal usò la pistola per porre fine alle sofferenze di Dub.

Lopulta Hal käytti revolveria lopettaakseen Dubin kärsimykset.

Un detto comune afferma che i cani normali muoiono se vengono nutriti con razioni di husky.

Yleinen sanonta väitti, että normaalit koirat kuolevat huskyjen rehulla.

I sei nuovi compagni di Buck avevano ricevuto solo metà della quota di cibo riservata all'husky.

Buckin kuudella uudella toverilla oli vain puolet huskyn annoksesta ruokaa.

Il Terranova morì per primo, seguito dai tre cani da caccia a pelo corto.

Newfoundlandinkoira kuoli ensin, sitten kolme lyhytkarvaista seisojaa.

I due bastardi resistettero più a lungo ma alla fine morirono come gli altri.

Kaksi sekarotuista pysyivät pystyssä kauemmin, mutta lopulta he menehtyivät kuten muutkin.

Ormai tutti i comfort e la gentilezza del Southland erano scomparsi.

Tähän mennessä kaikki Etelän mukavuudet ja lempeys olivat kadonneet.

Le tre persone avevano perso le ultime tracce della loro educazione civile.

Kolme ihmistä olivat karistaneet viimeisetkin sivistyneen kasvatuksensa jäljet.

Spogliato di glamour e romanticismo, il viaggio nell'Artico è diventato brutalmente reale.

Riisuttuina loistosta ja romantiikasta arktisesta matkailusta tuli brutaalin todellista.

Era una realtà troppo dura per il loro senso di virilità e femminilità.

Se oli todellisuus, joka oli liian karu heidän mieheyden ja naiseuden käsityksilleen.

Mercedes non piangeva più per i cani, ma piangeva solo per se stessa.

Mercedes ei enää itkenyt koiria, vaan nyt vain itseään.

Trascorreva il tempo piangendo e litigando con Hal e Charles.

Hän vietti aikansa itkien ja riidellen Halin ja Charlesin kanssa.

Litigare era l'unica cosa per cui non si stancavano mai.

Riitely oli ainoa asia, johon he eivät koskaan olleet liian väsyneitä.

La loro irritabilità derivava dalla miseria, cresceva con essa e la superava.

Heidän ärtymys johtui kurjuudesta, kasvoi sen mukana ja ylitti sen.

La pazienza del cammino, nota a coloro che faticano e soffrono con generosità, non è mai arrivata.

Polun kärsivällisyys, jonka tuntevat ne, jotka uurastaa ja kärsivät ystävällisesti, ei koskaan tullut.

Quella pazienza che rende dolce la parola nonostante il dolore, era a loro sconosciuta.

Tuo kärsivällisyys, joka pitää puheen makeana tuskan läpi, oli heille tuntematonta.

Non avevano alcun briciolo di pazienza, nessuna forza derivante dalla sofferenza con grazia.

Heillä ei ollut häivääkään kärsivällisyydestä, ei voimaa, joka ammentuisi kärsimyksestä armossa.

Erano irrigiditi dal dolore: dolori nei muscoli, nelle ossa e nel cuore.

He olivat jäykkiä tuskasta – heidän lihaksiaan, luitaan ja sydäntään särki.

Per questo motivo, divennero taglienti nella lingua e pronti a pronunciare parole dure.

Tämän vuoksi heidän kielellään oli teräviä ja he olivat nopeita lausumaan ankaria sanoja.

Ogni giorno iniziava e finiva con voci arrabbiate e lamentele amare.

Jokainen päivä alkoi ja päättyi vihaisiin ääniin ja katkeriin
valituksiin.

**Charles e Hal litigavano ogni volta che Mercedes ne dava
loro l'occasione.**

Charles ja Hal riitelivät aina kun Mercedes antoi heille
mahdollisuuden.

Ogni uomo credeva di aver fatto più del dovuto.

Jokainen mies uskoi tehneensä enemmän kuin oman
osuutensa työstä kuului.

**Nessuno dei due ha mai perso l'occasione di dirlo, ancora e
ancora.**

Kumpikaan ei koskaan jättänyt käyttämättä tilaisuutta sanoa
sitä yhä uudelleen ja uudelleen.

A volte Mercedes si schierava con Charles, a volte con Hal.

Joskus Mercedes oli Charlesin, joskus Halin puolella.

Ciò portò a una grande e infinita lite tra i tre.

Tämä johti suureen ja loputtomaan riitaan kolmikon kesken.

**La disputa su chi dovesse tagliare la legna da ardere divenne
incontrollabile.**

Kiista siitä, kuka saisi pilkkoa polttopuut, riistäytyi käsistä.

**Ben presto vennero nominati padri, madri, cugini e parenti
defunti.**

Pian isien, äitien, serkkujen ja kuolleiden sukulaisten nimet
mainittiin.

**Le opinioni di Hal sull'arte o sulle opere teatrali di suo zio
divennero parte della lotta.**

Halin näkemykset taiteesta tai setänsä näytelmistä nousivat
osaksi taistelua.

**Anche le convinzioni politiche di Carlo entrarono nel
dibattito.**

Myös Charlesin poliittiset näkemykset nousivat keskusteluun.

**Per Mercedes, perfino i pettegolezzi della sorella del marito
sembravano rilevanti.**

Mercedesille jopa hänen miehensä sisaren juorut tuntuivat
merkityksellisiltä.

**Espresse la sua opinione su questo e su molti dei difetti
della famiglia di Charles.**

Hän ilmaisi mielipiteitään siitä ja monista Charlesin perheen puutteista.

Mentre discutevano, il fuoco rimase spento e l'accampamento mezzo allestito.

Heidän väitellessään nuotio pysyi sammuneena ja leiri puolivalmiina.

Nel frattempo i cani erano rimasti infreddoliti e senza cibo.

Samaan aikaan koirat pysyivät kylmissä ja ilman ruokaa.

Mercedes nutriva un risentimento che considerava profondamente personale.

Mercedesillä oli valituksen aihe, jota hän piti syvästi henkilökohtaisena.

Si sentiva maltrattata in quanto donna e le venivano negati i suoi gentili privilegi.

Hän tunsi itsensä kohdelluksi kaltoin naisena, häneltä evättiin hänen lempeät etuoikeutensa.

Era carina e gentile, e per tutta la vita era stata abituata alla cavalleria.

Hän oli kaunis ja pehmeä ja tottunut ritarillisuuteen koko elämänsä ajan.

Ma suo marito e suo fratello ora la trattavano con impazienza.

Mutta hänen miehensä ja veljensä kohtelivat häntä nyt kärsimättömästi.

Aveva l'abitudine di comportarsi in modo impotente e loro cominciarono a lamentarsi.

Hänellä oli tapana käyttäytyä avuttomasti, ja he alkoivat valittaa.

Offesa da ciò, rese loro la vita ancora più difficile.

Tästä loukkaantuneena hän teki heidän elämästään entistä vaikeampaa.

Ignorò i cani e insistette per guidare lei stessa la slitta.

Hän jätti koirat huomiotta ja halusi ehdottomasti itse ajaa reellä.

Sebbene sembrasse esile, pesava centoventi libbre (circa quaranta chili).

Vaikka hän oli ulkonäöltään kevyt, hän painoi sata kaksikymmentä kiloa.

Quel peso aggiuntivo era troppo per i cani affamati e deboli.

Tuo lisätaakka oli liikaa nälkäisille, heikoille koirille.

Nonostante ciò, continuò a cavalcare per giorni, finché i cani non crollarono nelle redini.

Silti hän ratsasti päiväkausia, kunnes koirat pettivät ohjat.

La slitta si fermò e Charles e Hal la implorarono di proseguire a piedi.

Reki seisoi paikallaan, ja Charles ja Hal pyysivät häntä kävelemään.

Loro la implorarono e la scongiurarono, ma lei pianse e li definì crudeli.

He pyysivät ja hartaasti hartaasti, mutta hän itki ja haukkui heitä julmiksi.

In un'occasione, la tirarono giù dalla slitta con pura forza e rabbia.

Kerran he vetivät hänet pois kelkasta pelkällä voimalla ja vihalla.

Dopo quello che accadde quella volta non ci riprovarono più.

He eivät koskaan yrittäneet uudelleen tuon tapahtuman jälkeen.

Si accasciò come una bambina viziata e si sedette nella neve.

Hän veltostui kuin hemmoteltu lapsi ja istui lumeen.

Continuarono a muoversi, ma lei si rifiutò di alzarsi o di seguirli.

He jatkoivat matkaa, mutta hän kieltäytyi nousemasta tai seuraamasta perässä.

Dopo tre miglia si fermarono, tornarono indietro e la riportarono indietro.

Kolmen mailin jälkeen he pysähtyivät, palasivat ja kantoivat hänet takaisin.

La ricaricarono sulla slitta, usando ancora una volta la forza bruta.

He lastasivat hänet uudelleen kelkkaan, jälleen raakaa voimaa käyttäen.

Nella loro profonda miseria, erano insensibili alla sofferenza dei cani.
Syvässä kurjuudessaan he olivat välinpitämättömiä koirien kärsimystä kohtaan.

Hal credeva che fosse necessario indurirsi e impose questa convinzione agli altri.
Hal uskoi, että ihmisen täytyy paaduttaa itseään, ja pakotti tämän uskomuksen muille.

Inizialmente ha cercato di predicare la sua filosofia a sua sorella
Hän yritti ensin saarnata filosofiaansa sisarelleen

e poi, senza successo, predicò al cognato.
ja sitten hän saarnasi tuloksetta lankolleen.

Ebbe più successo con i cani, ma solo perché li ferì.
Hän onnistui paremmin koirien kanssa, mutta vain siksi, että hän satutti niitä.

Da Five Fingers, il cibo per cani è rimasto completamente vuoto.
Five Fingersissä koiranruoka loppui kokonaan.

Una vecchia squaw sdentata vendette qualche chilo di pelle di cavallo congelata
Hampaaton vanha squaw myi muutaman kilon pakastettua hevosennahkaa

Hal scambiò la sua pistola con la pelle di cavallo secca.
Hal vaihtoi revolverinsa kuivattuun hevosennahkaan.

La carne proveniva dai cavalli affamati di allevatori di bovini, morti mesi prima.
Liha oli peräisin nälkäisistä karjankasvattajien hevosista kuukausia aiemmin.

Congelata, la pelle era come ferro zincato: dura e immangiabile.
Jäätynyt nahka oli kuin galvanoitua rautaa; sitkeää ja syötäväksi kelpaamatonta.

Per riuscire a mangiarla, i cani dovevano masticare la pelle senza sosta.
Koirien täytyi pureskella nahkaa loputtomasti saadakseen sen syötyä.

Ma le corde coriacee e i peli corti non erano certo un nutrimento.

Mutta nahkaiset nauhat ja lyhyet hiukset eivät juurikaan ravinnoksi kelvanneet.

La maggior parte della pelle era irritante e non era cibo in senso stretto.

Suurin osa nahasta oli ärsyttävää, eikä varsinaista ruokaa.

E nonostante tutto, Buck barcollava davanti a tutti, come in un incubo.

Ja kaiken tämän ajan Buck horjahti eturintamassa kuin painajaisessa.

Quando poteva, tirava; quando non poteva, restava lì finché non veniva sollevato dalla frusta o dal bastone.

Hän veti kun pystyi; kun ei pystynyt, hän makasi, kunnes ruoska tai keppi nosti hänet.

Il suo pelo fine e lucido aveva perso tutta la rigidità e la lucentezza di un tempo.

Sen hieno, kiiltävä turkki oli menettänyt kaiken entisen jäykkyyden ja kiillon.

I suoi capelli erano flosci, spettinati e pieni di sangue rappreso a causa dei colpi.

Hänen hiuksensa roikkuivat veltoina, takkuisina ja iskujen kuivuneesta verestä hyytyneinä.

I suoi muscoli si ridussero a midolli e i cuscinetti di carne erano tutti consumati.

Hänen lihaksensa kutistuivat naruiksi ja hänen ihonaluspehmusteensa olivat kuluneet pois.

Ogni costola, ogni osso erano chiaramente visibili attraverso le pieghe della pelle rugosa.

Jokainen kylkiluu, jokainen luu näkyi selvästi ryppyisten ihopoimujen välistä.

Fu straziante, ma il cuore di Buck non riuscì a spezzarsi.

Se oli sydäntäsärkevää, mutta Buckin sydän ei voinut särkyä.

L'uomo con il maglione rosso lo aveva testato e dimostrato molto tempo prima.

Punainen villapaitainen mies oli testannut ja todistanut sen jo kauan sitten.

Così come accadde a Buck, accadde anche a tutti i suoi compagni di squadra rimasti.

Kuten Buckin laita, niin oli kaikkien hänen jäljellä olevien joukkuetovereidensa laita.

Ce n'erano sette in totale, ognuno uno scheletro ambulante di miseria.

Niitä oli yhteensä seitsemän, jokainen kävelevä kurjuuden luuranko.

Erano diventati insensibili alle fruste e sentivano solo un dolore distante.

He olivat turtuneet ruoskimiselle, tuntien vain kaukaista kipua.

Anche la vista e i suoni li raggiungevano debolmente, come attraverso una fitta nebbia.

Jopa näky ja ääni kantautuivat heille heikosti, kuin sakean sumun läpi.

Non erano mezzi vivi: erano ossa con deboli scintille al loro interno.

He eivät olleet puoliksikaan elossa – he olivat luita, joiden sisällä välkkyi himmeä kipinä.

Una volta fermati, crollarono come cadaveri, con le scintille quasi del tutto spente.

Pysähtyneinä ne romahtivat kuin ruumiit, kipinät melkein sammuneina.

E quando la frusta o il bastone colpivano di nuovo, le scintille sfarfallavano debolmente.

Ja kun ruoska tai keppi iski uudelleen, kipinät lepattivat heikosti.

Poi si alzarono, barcollarono in avanti e trascinarono le loro membra in avanti.

Sitten he nousivat, horjahtivat eteenpäin ja raahasivat raajojaan eteenpäin.

Un giorno il gentile Billee cadde e non riuscì più a rialzarsi.

Eräänä päivänä kiltti Billee kaatui eikä pystynyt enää ollenkaan nousemaan.

Hal aveva scambiato la sua pistola con quella di Billee, così decise di ucciderla con un'ascia.

Hal oli vaihtanut revolverinsa, joten hän käytti kirvestä tappaakseen Billeen.

Lo colpì alla testa, poi gli tagliò il corpo e lo trascinò via.

Hän löi tätä päähän, sitten viilsi ruumiin irti ja raahasi sen pois.

Buck se ne accorse, e così fecero anche gli altri: sapevano che la morte era vicina.

Buck näki tämän, ja niin näkivät muutkin; he tiesivät kuoleman olevan lähellä.

Il giorno dopo Koona se ne andò, lasciando solo cinque cani nel gruppo affamato.

Seuraavana päivänä Koona lähti jättäen nälkäiseen joukkueeseen jäljelle vain viisi koiraa.

Joe, non più cattivo, era ormai troppo fuori di sé per rendersi conto di nulla.

Joe, joka ei enää ollut ilkeä, oli liian pitkälle eksynyt ollakseen juurikaan tietoinen mistään.

Pike, ormai non fingeva più di essere ferito, era appena cosciente.

Pike, joka ei enää teeskennellyt vammaansa, oli tuskin tajuissaan.

Solleks, ancora fedele, si rammaricava di non avere più la forza di dare.

Yhä uskollinen Solleks suri, ettei hänellä ollut voimia antaa.

Teek fu battuto più di tutti perché era più fresco, ma stava calando rapidamente.

Teek hävisi eniten, koska hän oli virkeämpi, mutta hiipumassa nopeasti.

E Buck, ancora in testa, non mantenne più l'ordine né lo fece rispettare.

Ja Buck, yhä johdossa, ei enää pitänyt yllä järjestystä eikä valvonut sitä.

Mezzo accecato dalla debolezza, Buck seguì la pista solo a tentoni.

Puolisokeana heikkoudesta, Buck seurasi polkua yksin tunnolla.

Era una bellissima primavera, ma nessuno di loro se ne accorse.

Oli kaunis kevätsää, mutta kukaan heistä ei huomannut sitä.

Ogni giorno il sole sorgeva prima e tramontava più tardi.

Joka päivä aurinko nousi aikaisemmin ja laski myöhemmin kuin ennen.

Alle tre del mattino era già spuntata l'alba; il crepuscolo durò fino alle nove.

Kolmelta aamulla oli jo aamunkoitto; hämärä kesti yhdeksään asti.

Le lunghe giornate erano illuminate dal sole primaverile.

Pitkät päivät olivat täynnä kevään auringonpaistetta.

Il silenzio spettrale dell'inverno si era trasformato in un caldo mormorio.

Talven aavemainen hiljaisuus oli muuttunut lämpimäksi huminaksi.

Tutta la terra si stava svegliando, animata dalla gioia degli esseri viventi.

Koko maa heräsi eloon, täynnä elävien olentojen iloa.

Il suono proveniva da ciò che era rimasto morto e immobile per tutto l'inverno.

Ääni tuli jostakin, mikä oli maannut kuolleena ja liikkumattomana läpi talven.

Ora quelle cose si mossero di nuovo, scrollandosi di dosso il lungo sonno del gelo.

Nyt nuo asiat liikkuivat taas, ravistellen pois pitkän pakkasunen.

La linfa saliva attraverso i tronchi scuri dei pini in attesa.

Mahla nousi odottavien mäntyjen tummien runkojen välistä.

Salici e pioppi tremuli fanno sbocciare giovani gemme luminose su ogni ramoscello.

Pajut ja haavat puhkaisevat kirkkaan nuoria silmuja jokaiseen oksaan.

Arbusti e viti si tingono di un verde fresco mentre il bosco si anima.

Pensaat ja köynnökset saivat raikkaan vihreän väriloiston metsän herätessä eloon.

Di notte i grilli cantavano e di giorno gli insetti strisciavano nella luce del sole.

Sirkat sirittivät yöllä ja ötökät ryömivät päivänvalossa auringossa.

Le pernici gridavano e i picchi picchiavano in profondità tra gli alberi.

Peltopyyt jyrisivät ja tikat koputtivat syvällä puissa.

Gli scoiattoli chiacchieravano, gli uccelli cantavano e le oche starnazzavano per richiamare l'attenzione dei cani.

Oravat lörpöttelivät, linnut lauloivat ja hanhet torivat koirien yli.

Gli uccelli selvatici arrivavano a cunei affilati, volando in alto da sud.

Villilinnut tulivat terävinä parvina lentäen etelästä.

Da ogni pendio giungeva la musica di ruscelli nascosti e impetuosi.

Jokaiselta rinteeltä kuului piilossa olevien, kohisevien purojen musiikkia.

Tutto si scongelava e si spezzava, si piegava e ricominciava a muoversi.

Kaikki suli ja napsahti, taipui ja lähti taas liikkeelle.

Lo Yukon si sforzò di spezzare le fredde catene del ghiaccio ghiacciato.

Yukon ponnisteli murtaakseen jäätyneen jään kylmät ketjut.

Il ghiaccio si scioglieva sotto, mentre il sole lo scioglieva dall'alto.

Jää suli alta, kun aurinko sulatti sen ylhäältä.

Si aprirono dei buchi, si allargarono delle crepe e dei pezzi caddero nel fiume.

Ilmareikiä avautui, halkeamat levisivät ja lohkareet putosivat jokeen.

In mezzo a tutta questa vita sfrenata e sfrenata, i viaggiatori barcollavano.

Kaiken tämän purkautuvan ja roihuavan elämän keskellä matkalaiset horjahtivat.

Due uomini, una donna e un branco di husky camminavano come morti.

Kaksi miestä, nainen ja lauma huskyja kävelivät kuin kuolleet.

I cani cadevano, Mercedes piangeva, ma continuava a guidare la slitta.

Koirat kaatuivat, Mercedes itki, mutta ajoi silti reellä.

Hal imprecò debolmente e Charles sbatté le palpebre con gli occhi lacrimanti.

Hal kirosi heikosti, ja Charles räpytteli silmiään vetisten.

Si imbatterono nell'accampamento di John Thornton, nei pressi della foce del White River.

He kompuroivat John Thorntonin leiriin White Riverin suulla.

Quando si fermarono, i cani caddero a terra, come se fossero stati tutti colpiti a morte.

Kun ne pysähtyivät, koirat lysähtivät maahan, ikään kuin ne olisivat kaikki kuolleet.

Mercedes si asciugò le lacrime e guardò John Thornton.

Mercedes pyyhki kyyneleensä ja katsoi John Thorntonia.

Charles si sedette su un tronco, lentamente e rigidamente, dolorante per il sentiero.

Charles istui tukin päällä hitaasti ja jäykästi, polun aiheuttamien kipujen kourissa.

Hal parlava mentre Thornton intagliava l'estremità del manico di un'ascia.

Hal puhui Thorntonin veistäessä kirveenvarren päätä.

Tagliò il legno di betulla e rispose con frasi brevi e decise.

Hän veisteli koivupuuta ja vastasi lyhyin, mutta päättäväisin vastauksin.

Quando gli veniva chiesto, dava un consiglio, certo che non sarebbe stato seguito.

Kun häneltä kysyttiin, hän antoi neuvon, varmana siitä, ettei sitä noudatettaisiin.

Hal spiegò: "Ci avevano detto che il ghiaccio lungo la pista si stava staccando".

Hal selitti: "He kertoivat meille, että jääpeite oli sulamassa pois."

"Ci avevano detto che dovevamo restare fermi, ma siamo arrivati a White River."

"He sanoivat, että meidän pitäisi pysyä paikoillamme – mutta pääsimme White Riveriin."

Concluse con un tono beffardo, come per cantare vittoria nelle difficoltà.

Hän lopetti puheensa ivallisesti, ikään kuin julistaakseen voiton vaikeuksissa.

"E ti hanno detto la verità", rispose John Thornton a bassa voce ad Hal.

– Ja he puhuivat sinulle totta, John Thornton vastasi Halille hiljaa.

"Il ghiaccio potrebbe cedere da un momento all'altro: è pronto a staccarsi."

"Jää voi antaa periksi minä hetkenä hyvänsä – se on valmis putoamaan pois."

"Solo la fortuna cieca e gli sciocchi avrebbero potuto arrivare vivi fin qui."

"Vain sokea onni ja hölmöt olisivat voineet selvitä näin pitkälle hengissä."

"Te lo dico senza mezzi termini: non rischierei la vita per tutto l'oro dell'Alaska."

"Sanon teille suoraan, en vaarantaisi henkeäni koko Alaskan kullasta."

"Immagino che tu non sia uno stupido", rispose Hal.

– Se johtuu kai siitä, ettet ole hölmö, Hal vastasi.

"Comunque, andiamo avanti con Dawson." Srotolò la frusta.

"Siitä huolimatta menemme Dawsoniin." Hän avasi ruoskansa.

"Sali, Buck! Ehi! Alzati! Forza!" urlò con voce roca.

"Nouse ylös, Buck! Hei! Nouse ylös! Mene!" hän huusi käheästi.

Thornton continuò a intagliare, sapendo che gli sciocchi non volevano sentire ragioni.

Thornton jatkoi vehrelyä tietäen, etteivät hölmöt kuuntele järkeä.

Fermare uno stupido era inutile, e due o tre stupidi non cambiavano nulla.

Typeryksen pysäyttäminen oli turhaa – ja kaksi tai kolme typerystä eivät muuttaneet mitään.

Ma la squadra non si mosse al suono del comando di Hal.
Mutta joukkue ei liikkunut Halin käskystä.

Ormai solo i colpi potevano farli sollevare e avanzare.
Nyt vain iskut saivat heidät nousemaan ja vetämään eteenpäin.

La frusta schioccava ripetutamente sui cani indeboliti.
Ruoska napsahti yhä uudelleen heikentyneiden koirien yli.

John Thornton strinse forte le labbra e osservò in silenzio.
John Thornton puristi huulensa tiukasti ja katseli hiljaa.

Solleks fu il primo a rialzarsi sotto la frusta.
Solleks ryömi ensimmäisenä jaloilleen ruoskan alla.

Poi Teek lo seguì, tremando. Joe urlò mentre barcollava.
Sitten Teek seurasi vapisten perässä. Joe kiljaisi kompastelun jälkeen.

Pike cercò di alzarsi, fallì due volte, poi alla fine si rialzò barcollando.
Pike yritti nousta ylös, epäonnistui kahdesti ja seisoi sitten lopulta horjuen.

Ma Buck rimase lì dov'era caduto, senza muoversi affatto.
Mutta Buck makasi siinä, mihin oli kaatunut, eikä liikkunut lainkaan tällä kertaa.

La frusta lo colpì più volte, ma lui non emise alcun suono.
Ruoska viilsi häntä yhä uudelleen ja uudelleen, mutta hän ei päästänyt ääntäkään.

Lui non sussultò né oppose resistenza, rimase semplicemente immobile e in silenzio.
Hän ei värähtänyt eikä vastustellut, vaan pysyi hiljaa ja liikkumatta.

Thornton si mosse più di una volta, come per dire qualcosa, ma non lo fece.
Thornton liikahti useammin kuin kerran, ikään kuin puhuakseen, mutta ei tehnyt niin.

I suoi occhi si inumidirono, ma la frusta continuava a schioccare contro Buck.
Hänen silmänsä kostuivat, ja ruoska paukahti yhä Buckia vasten.

Alla fine Thornton cominciò a camminare lentamente, incerto sul da farsi.

Viimein Thornton alkoi kävellä hitaasti edestakaisin, epävarmana siitä, mitä tehdä.

Era la prima volta che Buck falliva e Hal si infuriò.

Se oli ensimmäinen kerta, kun Buck oli epäonnistunut, ja Hal raivostui.

Gettò via la frusta e prese al suo posto il pesante manganello.

Hän heitti ruoskan alas ja poimi sen sijaan raskaan pampun.

La mazza di legno colpì con violenza, ma Buck non si alzò per muoversi.

Puinen nuija putosi kovaa, mutta Buck ei vieläkään noussut liikkuakseen.

Come i suoi compagni di squadra, era troppo debole, ma non solo.

Kuten joukkuetoverinsa, hän oli liian heikko – mutta enemmänkin kuin vain.

Buck aveva deciso di non muoversi, qualunque cosa accadesse.

Buck oli päättänyt olla liikkumatta, tapahtuipa seuraavaksi mitä tahansa.

Sentì qualcosa di oscuro e sicuro incombere proprio davanti a sé.

Hän tunsi edessään jonkin synkän ja varman leijuvan.

Quel terrore lo aveva colto non appena aveva raggiunto la riva del fiume.

Tuo kauhu valtasi hänet heti joen rannalle päästyään.

Quella sensazione non lo aveva abbandonato da quando aveva sentito il ghiaccio assottigliarsi sotto le zampe.

Tunne ei ollut lähtenyt hänestä siitä lähtien, kun hän oli tuntenut jään ohuena tassujensa alla.

Qualcosa di terribile lo stava aspettando: lo sentiva proprio lungo il sentiero.

Jotain kamalaa odotti – hän tunsi sen aivan polun varrella.

Non avrebbe camminato verso quella cosa terribile davanti a lui

Hän ei aikonut kävellä kohti sitä kauheaa asiaa edessään

Non avrebbe obbedito a nessun ordine che lo avrebbe condotto a quella cosa.

Hän ei aikonut totella mitään käskyä, joka veisi hänet tuon luo.

Ormai il dolore dei colpi non lo sfiorava più: era troppo stanco.

Iskujen kipu tuskin kosketti häntä enää – hän oli liian kaukana.

La scintilla della vita tremolava lentamente, affievolita da ogni colpo crudele.

Elämän kipinä lepatti himmeästi, himmeni jokaisen julman iskun alla.

Gli arti gli sembravano distanti; tutto il corpo sembrava appartenere a un altro.

Hänen raajansa tuntuivat etäisiltä; koko hänen kehonsa näytti kuuluvan toiselle.

Sentì uno strano torpore mentre il dolore scompariva completamente.

Hän tunsi oudon tunnottomuuden kivun hävitessä kokonaan.

Da lontano, sentiva che lo stavano picchiando, ma non se ne rendeva conto.

Kaukaa hän aisti joutuvansa lyödyksi, mutta tuskin tiesi sitä.

Poteva udire debolmente i tonfi, ma ormai non gli facevano più male.

Hän kuuli tömähdykset heikosti, mutta ne eivät enää oikeasti satuttaneet.

I colpi andarono a segno, ma il suo corpo non sembrava più il suo.

Iskut osuivat, mutta hänen ruumiinsa ei enää tuntunut omalta.

Poi, all'improvviso, senza alcun preavviso, John Thornton lanciò un grido selvaggio.

Sitten yhtäkkiä, ilman varoitusta, John Thornton päästi villin huudon.

Era inarticolato, più il grido di una bestia che di un uomo.

Se oli epäselvää, enemmän eläimen kuin ihmisen huutoa.

Si lanciò sull'uomo con la mazza e fece cadere Hal all'indietro.

Hän hyppäsi pamppumiehen kimppuun ja löi Halin taaksepäin.

Hal volò come se fosse stato colpito da un albero, atterrando pesantemente al suolo.

Hal lensi kuin puu olisi iskenyt häneen ja laskeutui kovaa maahan.

Mercedes urlò a gran voce in preda al panico e si portò le mani al viso.

Mercedes huusi paniikissa ääneen ja tarttui kasvoihinsa.

Charles si limitò a guardare, si asciugò gli occhi e rimase seduto.

Charles vain katseli, pyyhki silmiään ja jäi istumaan.

Il suo corpo era troppo irrigidito dal dolore per alzarsi o contribuire alla lotta.

Hänen ruumiinsa oli kivusta liian jäykkä noustakseen ylös tai auttaakseen taistelussa.

Thornton era in piedi davanti a Buck, tremante di rabbia, incapace di parlare.

Thornton seisoi Buckin yllä, raivosta vapisten, kykenemättä puhumaan.

Tremava di rabbia e lottò per trovare la voce.

Hän tärisi raivosta ja yritti löytää äänensä sen läpi.

"Se colpisci ancora quel cane, ti uccido", disse infine.

"Jos lyöt koiraa uudelleen, tapan sinut", hän sanoi lopulta.

Hal si asciugò il sangue dalla bocca e tornò avanti.

Hal pyyhki veren suustaan ja astui taas eteenpäin.

"È il mio cane", borbottò. "Togliti di mezzo o ti sistemo io."

– Se on minun koirani, hän mutisi. – Pois tieltä, tai korjaan sinut.

"Vado da Dawson e tu non mi fermerai", ha aggiunto.

"Minä menen Dawsoniin, etkä sinä estä minua", hän lisäsi.

Thornton si fermò tra Buck e il giovane arrabbiato.

Thornton seisoi lujasti Buckin ja vihaisen nuoren miehen välissä.

Non aveva alcuna intenzione di farsi da parte o di lasciar passare Hal.

Hänellä ei ollut aikomustakaan astua sivuun tai päästää Halia menemään.

Hal tirò fuori il suo coltello da caccia, lungo e pericoloso nella sua mano.

Hal veti esiin metsästysveitsensä, pitkän ja vaarallisen kädessään.

Mercedes urlò, poi pianse, poi rise in preda a un'isteria selvaggia.

Mercedes kirkaisi, sitten itki ja sitten nauroi villisti hysteriassa.

Thornton colpì la mano di Hal con il manico dell'ascia, con forza e rapidità.

Thornton iski Halin kättä kirveenvarrella lujaa ja nopeasti.

Il coltello si liberò dalla presa di Hal e volò a terra.

Veitsi irtosi Halin otteesta ja lensi maahan.

Hal cercò di raccogliere il coltello, ma Thornton gli batté di nuovo le nocche.

Hal yritti nostaa veistä, ja Thornton löi rystysiään uudelleen.

Poi Thornton si chinò, afferrò il coltello e lo tenne fermo.

Sitten Thornton kumartui, otti veitsen ja piteli sitä.

Con due rapidi colpi del manico dell'ascia, tagliò le redini di Buck.

Kahdella nopealla kirveenvarren iskulla hän katkaisi Buckin ohjat.

Hal non aveva più voglia di combattere e si allontanò dal cane.

Halilla ei ollut enää taistelutahtoa jäljellä ja hän astui taaksepäin koiran luota.

Inoltre, ora Mercedes aveva bisogno di entrambe le braccia per restare in piedi.

Sitä paitsi Mercedes tarvitsi nyt molemmat käsivartensa pysyäkseen pystyssä.

Buck era troppo vicino alla morte per poter nuovamente tirare la slitta.

Buck oli liian lähellä kuolemaa ollakseen enää hyödyllinen reen vetämiseen.

Pochi minuti dopo, ripartirono, dirigendosi verso il fiume.

Muutaman minuutin kuluttua he lähtivät liikkeelle ja suuntasivat jokea pitkin alas.

Buck sollevò debolmente la testa e li guardò lasciare la banca.

Buck nosti heikosti päätään ja katseli heidän poistuvan pankista.

Pike guidava la squadra, con Solleks dietro al volante.

Pike johti joukkuetta, Solleksin ollessa takana ratin takana.

Joe e Teek camminavano in mezzo, zoppicando entrambi per la stanchezza.

Joe ja Teek kävelivät välissä, molemmat ontuen uupumuksesta.

Mercedes si sedette sulla slitta e Hal afferrò la lunga pertica.

Mercedes istui kelkassa ja Hal tarttui pitkään ohjaustankoon.

Charles barcollava dietro di lui, con passi goffi e incerti.

Charles kompuroi taakse, hänen askeleensa kömpelöt ja epävarmat.

Thornton si inginocchiò accanto a Buck e tastò delicatamente per vedere se aveva ossa rotte.

Thornton polvistui Buckin viereen ja tunnusteli varovasti murtuneita luita.

Le sue mani erano ruvide, ma si muovevano con gentilezza e cura.

Hänen kätensä olivat karheat, mutta liikkuivat ystävällisesti ja huolella.

Il corpo di Buck era pieno di lividi, ma non presentava lesioni permanenti.

Buckin ruumis oli mustelmilla, mutta pysyviä vammoja ei näkynyt.

Ciò che restava era una fame terribile e una debolezza quasi totale.

Jäljelle jäi hirvittävä nälkä ja lähes täydellinen heikkous.

Quando la situazione fu più chiara, la slitta era già andata molto a valle.

Siihen mennessä, kun tämä oli selvä, kelkka oli mennyt pitkälle alavirtaan.

L'uomo e il cane osservavano la slitta avanzare lentamente sul ghiaccio che si rompeva.

Mies ja koira katselivat reen hidasta ryömimistä halkeilevan jään yli.

Poi videro la slitta sprofondare in una cavità.

Sitten he näkivät kelkan vajoavan onkaloon.

La pertica volò in alto, ma Hal vi si aggrappò ancora invano.

Geppikeppi lensi ilmaan, ja Hal tarrasi siitä yhä turhaan kiinni.

L'urlo di Mercedes li raggiunse attraverso la fredda distanza.

Mercedeksen huuto kantautui heidän eteensä kylmän matkan takaa.

Charles si voltò e fece un passo indietro, ma era troppo tardi.

Charles kääntyi ja astui taaksepäin – mutta hän oli liian myöhässä.

Un'intera calotta di ghiaccio cedette e tutti precipitarono.

Koko jääpeite antoi periksi, ja he kaikki putosivat läpi.

Cani, slitte e persone scomparvero nelle acque nere sottostanti.

Koirat, reki ja ihmiset katosivat alapuolella olevaan mustaan veteen.

Nel punto in cui erano passati era rimasto solo un largo buco nel ghiaccio.

Jäähän oli jäänyt vain leveä reikä siitä kohdasta, josta he olivat ohittaneet.

Il fondo del sentiero era crollato, proprio come aveva previsto Thornton.

Polun pohja oli pudonnut – aivan kuten Thornton varoitti.

Thornton e Buck si guardarono l'un l'altro, in silenzio per un momento.

Thornton ja Buck katsoivat toisiaan hetken hiljaa.

"Povero diavolo", disse Thornton dolcemente, e Buck gli leccò la mano.

– Voi raukkaa, sanoi Thornton hiljaa, ja Buck nuoli hänen kättään.

Per amore di un uomo
Miehen rakkaudesta

John Thornton si congelò i piedi per il freddo del dicembre precedente.
John Thornton palelsi jalkansa edellisen joulukuun kylmyydessä.

I suoi compagni lo fecero sentire a suo agio e lo lasciarono guarire da solo.
Hänen kumppaninsa tekivät hänestä mukavan olon ja jättivät hänet toipumaan yksin.

Risalirono il fiume per raccogliere una zattera di tronchi da sega per Dawson.
He menivät jokea ylös keräämään lauttaa sahatukkeja Dawsonille.

Zoppicava ancora leggermente quando salvò Buck dalla morte.
Hän ontui vielä hieman pelastaessaan Buckin kuolemalta.

Ma con il persistere del caldo, anche quella zoppia è scomparsa.
Mutta lämpimän sään jatkuessa jopa tuo ontuminen katosi.

Sdraiato sulla riva del fiume durante le lunghe giornate primaverili, Buck si riposò.
Buck lepäsi pitkinä kevätpäivinä joenrannalla maaten.

Osservava l'acqua che scorreva e ascoltava gli uccelli e gli insetti.
Hän katseli virtaavaa vettä ja kuunteli lintujen ja hyönteisten laulua.

Lentamente Buck riacquistò le forze sotto il sole e il cielo.
Hitaasti Buck sai takaisin voimansa auringon ja taivaan alla.

Dopo aver viaggiato tremila miglia, riposarsi è stato meraviglioso.
Lepo tuntui ihanalta kolmentuhannen mailin matkustamisen jälkeen.

Buck diventò pigro man mano che le sue ferite guarivano e il suo corpo si riempiva.

Buckista tuli laiska haavansa parantuessa ja hänen kehonsa täyttyessä.

I suoi muscoli si rassodarono e la carne tornò a ricoprire le sue ossa.

Hänen lihaksensa kiinteytyivät ja liha palasi peittämään hänen luunsa.

Stavano tutti riposando: Buck, Thornton, Skeet e Nig.

He kaikki lepäsivät – Buck, Thornton, Skeet ja Nig.

Aspettarono la zattera che li avrebbe portati a Dawson.

He odottivat lauttaa, joka veisi heidät alas Dawsoniin.

Skeet era un piccolo setter irlandese che fece amicizia con Buck.

Skeet oli pieni irlanninsetteri, joka ystävystyi Buckin kanssa.

Buck era troppo debole e malato per resisterle al loro primo incontro.

Buck oli liian heikko ja sairas vastustaakseen häntä heidän ensimmäisessä kohtaamisessaan.

Skeet aveva la caratteristica di guaritore che alcuni cani possiedono per natura.

Skeetillä oli parantajan ominaisuus, joka joillakin koirilla on luonnostaan.

Come una gatta, leccò e pulì le ferite aperte di Buck.

Kuin emokissa, hän nuoli ja puhdisti Buckin raakoja haavoja.

Ogni mattina, dopo colazione, ripeteva il suo attento lavoro.

Joka aamu aamiaisen jälkeen hän toisti huolellisen työnsä.

Buck finì per aspettarsi il suo aiuto tanto quanto quello di Thornton.

Buck alkoi odottaa hänen apuaan yhtä paljon kuin Thorntonin.

Anche Nig era amichevole, ma meno aperto e meno affettuoso.

Nig oli myös ystävällinen, mutta vähemmän avoin ja vähemmän hellyydenkipeä.

Nig era un grosso cane nero, in parte segugio e in parte levriero.

Nig oli iso musta koira, osaksi verikoira ja osaksi hirvikoira.

Aveva occhi sorridenti e un'infinita bontà d'animo.

Hänellä oli nauravat silmät ja loputtoman hyvä luonne hengessä.

Con sorpresa di Buck, nessuno dei due cani mostrò gelosia nei suoi confronti.

Buckin yllätykseksi kumpikaan koira ei osoittanut mustasukkaisuutta häntä kohtaan.

Sia Skeet che Nig condividevano la gentilezza di John Thornton.

Sekä Skeet että Nig jakoivat John Thorntonin ystävällisyyden.

Man mano che Buck diventava più forte, lo attiravano in stupidi giochi da cani.

Buckin vahvistuessa he houkuttelivat hänet mukaan tyhmiin koiraleikkeihin.

Anche Thornton giocava spesso con loro, incapace di resistere alla loro gioia.

Thorntonkin usein leikki heidän kanssaan, kykenemättä vastustamaan heidän iloaan.

In questo modo giocoso, Buck passò dalla malattia a una nuova vita.

Tällä leikkisällä tavalla Buck siirtyi sairaudesta uuteen elämään.

L'amore, quello vero, ardente e passionale, era finalmente suo.

Rakkaus – tosi, palava ja intohimoinen rakkaus – oli vihdoin hänen.

Non aveva mai conosciuto questo tipo di amore nella tenuta di Miller.

Hän ei ollut koskaan tuntenut tällaista rakkautta Millerin kartanossa.

Con i figli del giudice aveva condiviso lavoro e avventure.

Tuomarin poikien kanssa hän oli jakanut työn ja seikkailun.

Nei nipoti notò un orgoglio rigido e vanitoso.

Pojanpoikien luona hän näki jäykkää ja kerskuvaa ylpeyttä.

Con lo stesso giudice Miller aveva un rapporto di rispettosa amicizia.

Tuomari Millerin kanssa hänellä oli kunnioittava ystävyys.

Ma l'amore che era fuoco, follia e adorazione era ciò che accadeva con Thornton.

Mutta rakkaus, joka oli tulta, hulluutta ja palvontaa, tuli Thorntonin mukana.

Quest'uomo aveva salvato la vita di Buck, e questo di per sé significava molto.

Tämä mies oli pelastanut Buckin hengen, ja se yksinään merkitsi paljon.

Ma più di questo, John Thornton era il tipo ideale di maestro.

Mutta ennen kaikkea John Thornton oli ihanteellinen mestari.

Altri uomini si prendevano cura dei cani per dovere o per necessità lavorative.

Toiset miehet hoitivat koiria velvollisuuden tai liiketoiminnan välttämättömyyden vuoksi.

John Thornton si prendeva cura dei suoi cani come se fossero figli.

John Thornton huolehti koiristaan kuin lapsistaan.

Si prendeva cura di loro perché li amava e semplicemente non poteva farne a meno.

Hän välitti heistä, koska rakasti heitä eikä yksinkertaisesti voinut sille mitään.

John Thornton vide molto più lontano di quanto la maggior parte degli uomini riuscisse mai a vedere.

John Thornton näki jopa kauemmas kuin useimmat miehet koskaan kykenivät näkemään.

Non dimenticava mai di salutarli gentilmente o di pronunciare una parola di incoraggiamento.

Hän ei koskaan unohtanut tervehtiä heitä ystävällisesti tai sanoa rohkaisevaa sanaa.

Amava sedersi con i cani per fare lunghe chiacchierate, o "gassy", come diceva lui.

Hän rakasti istua koirien kanssa pitkiä keskusteluja varten tai "kaasupäissään", kuten hän itse sanoi.

Gli piaceva afferrare bruscamente la testa di Buck tra le sue mani forti.

Hän tarttui mielellään Buckin päähän rajusti vahvojen käsiensä väliin.

Poi appoggiò la testa contro quella di Buck e lo scosse delicatamente.

Sitten hän nojasi päätään Buckin päätä vasten ja ravisteli tätä kevyesti.

Nel frattempo, chiamava Buck con nomi volgari che per lui significavano affetto.

Koko ajan hän haukkui Buckia töykein nimin, jotka merkitsivät Buckille rakkautta.

Per Buck, quell'abbraccio rude e quelle parole portarono una gioia profonda.

Buckille tuo karkea halaus ja nuo sanat toivat syvää iloa.

A ogni movimento il suo cuore sembrava sussultare di felicità.

Hänen sydämensä tuntui vapisevan onnesta joka liikkeellä.

Quando poi balzò in piedi, la sua bocca sembrava ridere.

Kun hän hyppäsi ylös jälkeenpäin, hänen suunsa näytti siltä kuin se olisi nauranut.

I suoi occhi brillavano intensamente e la sua gola tremava per una gioia inespressa.

Hänen silmänsä loistivat kirkkaasti ja hänen kurkkunsa vapisi sanoin kuvaamattomasta ilosta.

Il suo sorriso rimase immobile in quello stato di emozione e affetto ardente.

Hänen hymynsä pysähtyi tuossa liikutuksen ja hehkuvan kiintymyksen tilassa.

Allora Thornton esclamò pensieroso: "Dio! Riesce quasi a parlare!"

Sitten Thornton huudahti mietteliäästi: "Voi luoja! Hän melkein osaa puhua!"

Buck aveva uno strano modo di esprimere l'amore che quasi gli causava dolore.

Buckilla oli outo tapa ilmaista rakkautta, joka melkein aiheutti tuskaa.

Spesso stringeva forte la mano di Thornton tra i denti.

Hän puristi usein Thorntonin kättä tiukasti hampaillaan.

Il morso avrebbe lasciato segni profondi che sarebbero rimasti per qualche tempo.

Purema jätti syvät jäljet, jotka pysyivät jonkin aikaa.

Buck credeva che quei giuramenti fossero amore, e Thornton la pensava allo stesso modo.

Buck uskoi noiden valaiden olevan rakkautta, ja Thornton tiesi saman.

Il più delle volte, l'amore di Buck si manifestava in un'adorazione silenziosa, quasi silenziosa.

Useimmiten Buckin rakkaus ilmeni hiljaisena, lähes äänettömänä ihailuna.

Sebbene fosse emozionato quando veniva toccato o gli si parlava, non cercava attenzione.

Vaikka hän ilahtui kosketuksesta tai puhuttelusta, hän ei hakenut huomiota.

Skeet spinse il naso sotto la mano di Thornton finché lui non la accarezzò.

Skeet työnsi kuonoaan Thorntonin käden alle, kunnes tämä silitti tätä.

Nig si avvicinò silenziosamente e appoggiò la sua grande testa sulle ginocchia di Thornton.

Nig käveli hiljaa Thorntonin luo ja laski suuren päänsä tämän polvelle.

Buck, al contrario, si accontentava di amare da una rispettosa distanza.

Buck sitä vastoin tyytyi rakastamaan kunnioittavan etäisyyden päästä.

Rimase sdraiato per ore ai piedi di Thornton, vigile e attento.

Hän makasi tuntikausia Thorntonin jalkojen juuressa, valppaana ja tarkkaillen.

Buck studiò ogni dettaglio del volto del suo padrone, perfino il più piccolo movimento.

Buck tutki isäntänsä kasvojen jokaista yksityiskohtaa ja pienintäkin liikettä.

Oppure sdraiati più lontano, studiando in silenzio la sagoma dell'uomo.

Tai valehteli kauempana, tutkien miehen hahmoa hiljaa.

Buck osservava ogni piccolo movimento, ogni cambiamento di postura o di gesto.

Buck tarkkaili jokaista pientä liikettä, jokaista asennon tai eleen muutosta.

Questo legame era così potente che spesso catturava lo sguardo di Thornton.

Tämä yhteys oli niin voimakas, että se usein veti Thorntonin katseen puoleensa.

Incontrò lo sguardo di Buck senza dire parole, e il suo amore traspariva chiaramente.

Hän kohtasi Buckin katseen sanomatta sanaakaan, rakkaus säteili niiden läpi.

Per molto tempo dopo essere stato salvato, Buck non perse mai di vista Thornton.

Pelastumisensa jälkeen Buck ei päästänyt Thorntonia näkyvistä pitkään aikaan.

Ogni volta che Thornton usciva dalla tenda, Buck lo seguiva da vicino all'esterno.

Aina kun Thornton poistui teltasta, Buck seurasi häntä tiiviisti ulos.

Tutti i severi padroni delle Terre del Nord avevano fatto sì che Buck non riuscisse più a fidarsi.

Kaikki Pohjolan ankarat isännät olivat tehneet Buckin pelokkaaksi luottamaan heihin.

Temeva che nessun uomo potesse restare suo padrone se non per un breve periodo.

Hän pelkäsi, ettei kukaan voisi pysyä hänen isäntänään kuin lyhyen aikaa.

Temeva che John Thornton sarebbe scomparso come Perrault e François.

Hän pelkäsi John Thorntonin katoavan Perraultin ja Françoisin tavoin.

Anche di notte, la paura di perderlo tormentava il sonno agitato di Buck.

Yölläkin Buckin levoton uni vaivasi pelko hänen menettämisestään.

Quando Buck si svegliò, si trascinò fuori al freddo e andò nella tenda.

Herättyään Buck ryömi ulos kylmään ja meni telttaan.

Ascoltò attentamente il leggero suono del suo respiro interiore.

Hän kuunteli tarkasti sisällään kuuluvaa pehmeää hengitystä.

Nonostante il profondo amore di Buck per John Thornton, la natura selvaggia sopravvisse.

Vaikka Buckin syvä rakkaus John Thorntonia kohtaan oli suuri, villieläin pysyi hengissä.

Quell'istinto primitivo, risvegliatosi nel Nord, non scomparve.

Tuo pohjoisessa herännyt alkukantainen vaisto ei kadonnut.

L'amore portava devozione, lealtà e il caldo legame attorno al fuoco.

Rakkaus toi mukanaan omistautumista, uskollisuutta ja tulen ääreen luomaa lämmintä sidettä.

Ma Buck mantenne anche i suoi istinti selvaggi, acuti e sempre all'erta.

Mutta Buck säilytti myös villit vaistonsa, terävinä ja aina valppaina.

Non era solo un animale domestico addomesticato proveniente dalle dolci terre della civiltà.

Hän ei ollut vain kesytetty lemmikki sivilisaation pehmeiltä mailta.

Buck era un essere selvaggio che si era seduto accanto al fuoco di Thornton.

Buck oli villi olento, joka oli tullut istumaan Thorntonin tulen ääreen.

Sembrava un cane del Southland, ma in lui albergava la natura selvaggia.

Hän näytti etelänkoiralta, mutta villiys asui hänen sisällään.

Il suo amore per Thornton era troppo grande per permettersi un furto da parte di quell'uomo.

Hänen rakkautensa Thorntonia kohtaan oli liian suuri salliakseen varastamisen mieheltä.

Ma in qualsiasi altro campo ruberebbe con audacia e senza esitazione.

Mutta missä tahansa muussa leirissä hän varastaisi rohkeasti ja taukoamatta.

Era così abile nel rubare che nessuno riusciva a catturarlo o accusarlo.

Hän oli niin ovela varastamaan, ettei kukaan saanut häntä kiinni tai syyttämään.

Il suo viso e il suo corpo erano coperti di cicatrici dovute a molti combattimenti passati.

Hänen kasvonsa ja vartalonsa olivat täynnä arpia monista aiemmista taisteluista.

Buck continuava a combattere con ferocia, ma ora lo faceva con maggiore astuzia.

Buck taisteli edelleen raivokkaasti, mutta nyt hän taisteli ovelammin.

Skeet e Nig erano troppo docili per combattere, ed erano di Thornton.

Skeet ja Nig olivat liian lempeitä taistelemaan, ja he olivat Thorntonin.

Ma qualsiasi cane estraneo, non importa quanto forte o coraggioso, cedeva.

Mutta jokainen outo koira, olipa se kuinka vahva tai rohkea tahansa, antoi periksi.

Altrimenti, il cane si ritrovò a combattere contro Buck, lottando per la propria vita.

Muuten koira huomasi taistelevansa Buckin kanssa; taistelevansa hengestään.

Buck non ebbe pietà quando decise di combattere contro un altro cane.

Buck ei tuntenut armoa, kun hän päätti taistella toista koiraa vastaan.

Aveva imparato bene la legge del bastone e della zanna nel Nord.

Hän oli oppinut hyvin Pohjoisen nuijan ja hampaiden lain.

Non ha mai rinunciato a un vantaggio e non si è mai tirato indietro dalla battaglia.

Hän ei koskaan luopunut edustaan eikä koskaan perääntynyt taistelusta.

Aveva studiato Spitz e i cani più feroci della polizia e della posta.

Hän oli tutkinut pystykorvia ja postin ja poliisin hurjimpia koiria.

Sapeva chiaramente che non esisteva via di mezzo in un combattimento selvaggio.

Hän tiesi selvästi, ettei villissä taistelussa ole mitään keskitietä.

Doveva governare o essere governato; mostrare misericordia significava mostrare debolezza.

Hänen täytyi hallita tai tulla hallituksi; armon osoittaminen tarkoitti heikkouden osoittamista.

La pietà era sconosciuta nel mondo crudo e brutale della sopravvivenza.

Armo oli tuntematonta selviytymisen raa'assa ja brutaalissa maailmassa.

Mostrare pietà era visto come un atto di paura, e la paura conduceva rapidamente alla morte.

Armon osoittamista pidettiin pelkona, ja pelko johti nopeasti kuolemaan.

La vecchia legge era semplice: uccidere o essere uccisi, mangiare o essere mangiati.

Vanha laki oli yksinkertainen: tapa tai tule tapetuksi, syö tai tule syödyksi.

Quella legge proveniva dalle profondità del tempo e Buck la seguì alla lettera.

Tuo laki oli peräisin muinaisista ajoista, ja Buck noudatti sitä täysin.

Buck era più vecchio dei suoi anni e del numero dei suoi respiri.

Buck oli ikäänsä ja hengitystensä määräänsä nähden vanhempi.

Collegava in modo chiaro il passato remoto con il momento presente.

Hän yhdisti menneisyyden selkeästi nykyhetkeen.

I ritmi profondi dei secoli si muovevano attraverso di lui come le maree.

Iän syvät rytmit liikkuivat hänen lävitseen kuin vuorovesi.

Il tempo pulsava nel suo sangue con la stessa sicurezza con cui le stagioni muovevano la terra.

Aika sykki hänen veressään yhtä varmasti kuin vuodenajat liikuttivat maata.

Sedeva accanto al fuoco di Thornton, con il petto forte e le zanne bianche.

Hän istui Thorntonin tulen ääressä vahvarintaisena ja valkohampaisena.

La sua lunga pelliccia ondeggiava, ma dietro di lui lo osservavano gli spiriti dei cani selvatici.

Hänen pitkä turkkinsa liehui, mutta hänen takanaan villikoirien henget tarkkailivat.

Lupi mezzi e lupi veri si agitavano nel suo cuore e nei suoi sensi.

Puolisudet ja täysikasvuiset sudet liikkuivat hänen sydämessään ja aisteissaan.

Assaggiarono la sua carne e bevvero la stessa acqua che bevve lui.

He maistoivat hänen lihaansa ja joivat samaa vettä kuin hänkin.

Annusarono il vento insieme a lui e ascoltarono la foresta.

He nuuhkivat tuulta hänen rinnallaan ja kuuntelivat metsän ääniä.

Sussurravano il significato dei suoni selvaggi nell'oscurità.

He kuiskasivat pimeydessä kuuluvien villien äänien merkityksiä.

Modellavano il suo umore e guidavano ciascuna delle sue reazioni silenziose.

Ne muovasivat hänen mielialojaan ja ohjasivat jokaista hänen hiljaista reaktiotaan.

Giacevano accanto a lui mentre dormiva e diventavano parte dei suoi sogni profondi.

Ne makasivat hänen kanssaan hänen nukkuessaan ja niistä tuli osa hänen syvimpiä uniaan.

Sognavano con lui, oltre lui, e costituivano il suo stesso spirito.

He unelmoivat hänen kanssaan, hänen tuolla puolen, ja loivat hänen sielunsa.

Gli spiriti della natura selvaggia chiamavano con tanta forza che Buck si sentì attratto.

Erämaan henget kutsuivat Buckia niin voimakkaasti, että se tuntui vierivän mukanaan.

Ogni giorno che passava, l'umanità e le sue rivendicazioni si indebolivano nel cuore di Buck.

Joka päivä ihmiskunta ja sen vaatimukset heikkenivät Buckin sydämessä.

Nel profondo della foresta si stava per udire un richiamo strano ed emozionante.

Syvällä metsässä oli kajahtamaisillaan outo ja jännittävä kutsu.

Ogni volta che sentiva la chiamata, Buck provava un impulso a cui non riusciva a resistere.

Joka kerta kun Buck kuuli kutsun, hän tunsi vastustamatonta halua.

Avrebbe voltato le spalle al fuoco e ai sentieri battuti dagli uomini.

Hän aikoi kääntyä pois tulesta ja tallatuilta ihmisten poluilta.

Stava per addentrarsi nella foresta, avanzando senza sapere il perché.

Hän aikoi syöksyä metsään, jatkaa eteenpäin tietämättä miksi.

Non mise in discussione questa attrazione, perché la chiamata era profonda e potente.

Hän ei kyseenalaistanut tätä vetoa, sillä kutsu oli syvä ja voimakas.

Spesso raggiungeva l'ombra verde e la terra morbida e intatta

Usein hän saavutti vihreän varjon ja pehmeän koskemattoman maan

Ma poi il forte amore per John Thornton lo riportò al fuoco.

Mutta sitten voimakas rakkaus John Thorntonia kohtaan veti hänet takaisin tuleen.

Soltanto John Thornton riuscì davvero a tenere stretto il cuore selvaggio di Buck.

Vain John Thornton todella piti Buckin villiä sydäntä otteessaan.

Per Buck il resto dell'umanità non aveva alcun valore o significato duraturo.

Muulla ihmiskunnalla ei ollut Buckille pysyvää arvoa tai merkitystä.

Gli sconosciuti potrebbero lodarlo o accarezzargli la pelliccia con mani amichevoli.

Muukalaiset saattavat kehua häntä tai silittää hänen turkkiaan ystävällisillä käsillään.

Buck rimase impassibile e se ne andò per eccesso di affetto.

Buck pysyi liikkumattomana ja käveli pois liiallisen kiintymyksen vaikutuksesta.

Hans e Pete arrivarono con la zattera che era stata attesa a lungo

Hans ja Pete saapuivat kauan odotetun lautan kanssa

Buck li ignorò finché non venne a sapere che erano vicini a Thornton.

Buck jätti heidät huomiotta, kunnes sai tietää, että he olivat lähellä Thorntonia.

Da allora in poi li tollerò, ma non dimostrò mai loro tutto il suo calore.

Sen jälkeen hän sieti heitä, mutta ei koskaan osoittanut heille täyttä lämpöä.

Accettava da loro cibo o gentilezza come se volesse fare loro un favore.

Hän otti heiltä ruokaa tai ystävällisyyttä ikään kuin tekisi heille palveluksen.

Erano come Thornton: semplici, onesti e lucidi nei pensieri.

He olivat kuin Thornton – yksinkertaisia, rehellisiä ja ajatuksiltaan selkeitä.

Tutti insieme viaggiarono verso la segheria di Dawson e il grande vortice

Kaikki yhdessä he matkustivat Dawsonin sahalle ja suurelle pyörteelle

Nel corso del loro viaggio impararono a comprendere profondamente la natura di Buck.

Matkallaan he oppivat ymmärtämään syvällisesti Buckin luonnetta.

Non cercarono di avvicinarsi come avevano fatto Skeet e Nig.

He eivät yrittäneet lähentyä toisiltaan, kuten Skeet ja Nig olivat tehneet.

Ma l'amore di Buck per John Thornton non fece che aumentare con il tempo.

Mutta Buckin rakkaus John Thorntonia kohtaan vain syveni ajan myötä.

Solo Thornton poteva mettere uno zaino sulla schiena di Buck durante l'estate.

Vain Thornton kykeni panemaan rinkan Buckin selkään kesällä.

Buck era disposto a eseguire senza riserve qualsiasi ordine impartito da Thornton.

Mitä tahansa Thornton käski, Buck oli valmis tekemään täysin määrin.

Un giorno, dopo aver lasciato Dawson per le sorgenti del Tanana,

Eräänä päivänä, lähdettyään Dawsonista Tananan alkulähteille,

il gruppo era seduto su una rupe che scendeva per un metro fino a raggiungere la nuda roccia.

Ryhmä istui kalliolla, joka putosi metrin päähän paljaalle kallioperälle.

John Thornton si sedette vicino al bordo e Buck si riposò accanto a lui.

John Thornton istui lähellä reunaa ja Buck lepäsi hänen vieressään.

Thornton ebbe un'idea improvvisa e richiamò l'attenzione degli uomini.

Thorntonille tuli äkillinen ajatus, ja hän kiinnitti miesten huomion.

Indicò l'altro lato del baratro e diede a Buck un unico comando.

Hän osoitti rotkon yli ja antoi Buckille yhden ainoan käskyn.

"Salta, Buck!" disse, allungando il braccio oltre il precipizio.

"Hyppää, Buck!" hän sanoi heilauttaen kätensä pudotuksen yli.

Un attimo dopo dovette afferrare Buck, che stava saltando per obbedire.

Hetken kuluttua hänen oli pakko napata Buckin, joka hyppäsi totellakseen.

Hans e Pete si precipitarono in avanti e tirarono entrambi indietro per metterli in salvo.

Hans ja Pete ryntäsivät eteenpäin ja vetivät molemmat takaisin turvaan.

Dopo che tutto fu finito e che ebbero ripreso fiato, Pete prese la parola.

Kaiken päätyttyä ja heidän vetäytyessään henkeä Pete puhui.

«È un amore straordinario», disse, scosso dalla feroce devozione del cane.

"Rakkaus on outoa", hän sanoi järkyttyneenä koiran kiihkeästä omistautumisesta.

Thornton scosse la testa e rispose con calma e serietà.

Thornton pudisti päätään ja vastasi tyynen vakavana.

«No, l'amore è splendido», disse, «ma anche terribile».

"Ei, rakkaus on ihanaa", hän sanoi, "mutta myös kamalaa."

"A volte, devo ammetterlo, questo tipo di amore mi fa paura."

"Joskus, minun on myönnettävä, tällainen rakkaus pelottaa minua."

Pete annuì e disse: "Mi dispiacerebbe tanto essere l'uomo che ti tocca".

Pete nyökkäsi ja sanoi: "En haluaisi olla se mies, joka koskee sinuun."

Mentre parlava, guardava Buck con aria seria e piena di rispetto.

Hän katsoi Buckia puhuessaan vakavana ja kunnioittavana.

"Py Jingo!" esclamò Hans in fretta. "Neanch'io, no signore."

– Voi herra! sanoi Hans nopeasti. – En minäkään, herra.

Prima che finisse l'anno, i timori di Pete si avverarono a Circle City.

Ennen vuoden loppua Peten pelko kävi toteen Circle Cityssä.

Un uomo crudele di nome Black Burton attaccò una rissa nel bar.

Julma mies nimeltä Black Burton aloitti tappelun baarissa.

Era arrabbiato e cattivo, e si scagliava contro un novellino.

Hän oli vihainen ja ilkeämielinen ja hyökkäsi uuteen nurjaan.

John Thornton intervenne, calmo e bonario come sempre.

John Thornton astui esiin, tyynenä ja hyväntuulisena kuten aina.

Buck giaceva in un angolo, con la testa bassa, e osservava Thornton attentamente.

Buck makasi nurkassa pää painuksissa ja tarkkaili Thorntonia tarkasti.

Burton colpì all'improvviso e il suo pugno fece girare Thornton.

Burton iski yhtäkkiä, ja hänen lyöntinsä pyöräytti Thorntonia.

Solo la ringhiera della sbarra gli impedì di cadere violentemente a terra.

Vain tangon kaide esti häntä putoamasta kovaa maahan.

Gli osservatori hanno sentito un suono che non era un abbaio o un guaito

Tarkkailijat kuulivat äänen, joka ei ollut haukkumista tai ulvontaa

Buck emise un profondo ruggito mentre si lanciava verso l'uomo.

Buck karjaisi syvästi syöksyessään miestä kohti.

Burton alzò il braccio e per poco non si salvò la vita.

Burton nosti kätensä ilmaan ja pelasti hädin tuskin oman henkensä.

Buck si schiantò contro di lui, facendolo cadere a terra.

Buck törmäsi häneen ja kaatoi hänet lattialle.

Buck gli diede un morso profondo al braccio, poi si lanciò alla gola.

Buck puri syvälle miehen käsivarteen ja syöksyi sitten kurkkuun.

Burton riuscì a parare solo in parte e il suo collo fu squarciato.

Burton pystyi torjumaan vain osittain, ja hänen niskansa repesi auki.

Gli uomini si precipitarono dentro, brandendo i manganelli e allontanarono Buck dall'uomo sanguinante.

Miehet ryntäsivät sisään nuijat pystyssä ja ajoivat Buckin pois verta vuotavan miehen selästä.

Un chirurgo ha lavorato rapidamente per impedire che il sangue fuoriuscisse.

Kirurgi työskenteli nopeasti estääkseen veren vuotamisen.

Buck camminava avanti e indietro ringhiando, tentando di attaccare ancora e ancora.

Buck kuljeskeli edestakaisin ja murisi yrittäen hyökätä yhä uudelleen ja uudelleen.

Soltanto i bastoni oscillanti gli impedirono di raggiungere Burton.

Vain heiluttavat mailat estivät häntä pääsemästä Burtoniin.

Proprio lì, sul posto, venne convocata una riunione dei minatori.

Kaivostyöläisten kokous kutsuttiin koolle ja pidettiin siellä paikan päällä.

Concordarono sul fatto che Buck era stato provocato e votarono per liberarlo.

He olivat yhtä mieltä siitä, että Buckia oli provosoitu, ja äänestivät hänen vapauttamisensa puolesta.

Ma il nome feroce di Buck risuonava ormai in ogni accampamento dell'Alaska.

Mutta Buckin hurja nimi kaikui nyt jokaisessa Alaskan leirissä.

Più tardi, quello stesso autunno, Buck salvò Thornton di nuovo in un modo nuovo.

Myöhemmin samana syksynä Buck pelasti Thorntonin jälleen uudella tavalla.

I tre uomini stavano guidando una lunga barca lungo delle rapide impetuose.

Kolme miestä ohjasivat pitkää venettä alas karuja koskia.

Thornton manovrava la barca, gridando indicazioni per raggiungere la riva.

Thornton ohjasi venettä ja huusi ohjeita rantaviivalle.

Hans e Pete correvano sulla terraferma, tenendo una corda da un albero all'altro.

Hans ja Pete juoksivat maalla köysi kädessään puusta puuhun.

Buck procedeva a passo d'uomo sulla riva, tenendo sempre d'occhio il suo padrone.

Buck pysytteli vauhdissa rannalla pitäen koko ajan silmällä isäntäänsä.

In un punto pericoloso, delle rocce sporgevano dall'acqua veloce.

Yhdessä ikävässä paikassa kivet työntyivät esiin nopean veden alta.

Hans lasciò andare la cima e Thornton tirò la barca verso la larghezza.

Hans päästi köydestä irti, ja Thornton ohjasi veneen leveälle.

Hans corse a percorrerla di nuovo, superando le pericolose rocce.

Hans juoksi pikaisesti kiinni veneeseen vaarallisten kivien ohi.

La barca superò la sporgenza ma trovò una corrente più forte.

Vene ylitti reunan, mutta osui virran voimakkaampaan kohtaan.

Hans afferrò la cima troppo velocemente e fece perdere l'equilibrio alla barca.

Hans tarttui köyteen liian nopeasti ja veti veneen pois tasapainosta.

La barca si capovolse e sbatté contro la riva, con la parte inferiore rivolta verso l'alto.

Vene pyörähti ympäri ja iskeytyi rantaan pohja ylöspäin.

Thornton venne scaraventato fuori e trascinato nella parte più selvaggia dell'acqua.

Thornton heitettiin ulos ja pyyhkäistiin veden villimpään kohtaan.

Nessun nuotatore sarebbe sopravvissuto in quelle acque pericolose e pericolose.

Yksikään uimari ei olisi selvinnyt hengissä noissa tappavissa, kilpavedessä.

Buck si lanciò all'istante e inseguì il suo padrone lungo il fiume.

Buck hyppäsi heti mukaan ja ajoi isäntäänsä takaa alas jokea.

Dopo trecento metri finalmente raggiunse Thornton.

Kolmensadan jaardin jälkeen hän saapui viimein Thorntonin luo.

Thornton afferrò la coda di Buck, e Buck si diresse verso la riva.

Thornton tarttui Buckin pyrstöön, ja Buck kääntyi rantaa kohti.

Nuotò con tutte le sue forze, lottando contro la forte resistenza dell'acqua.

Hän ui täydellä voimallaan taistellen veden villiä vastusta vastaan.

Si spostarono verso valle più velocemente di quanto riuscissero a raggiungere la riva.

He liikkuivat alavirtaan nopeammin kuin ehtivät rantaan.

Più avanti, il fiume ruggiva più forte, precipitando in rapide mortali.

Edessä joki pauhui kovempaa syöksyessään tappaviin koskiin.

Le rocce fendevano l'acqua come i denti di un enorme pettine.

Kivet viilsivät vettä kuin valtavan kamman piikit.

La forza di attrazione dell'acqua nei pressi del dislivello era selvaggia e ineluttabile.

Veden vetovoima lähellä pisaraa oli raju ja väistämätön.

Thornton sapeva che non sarebbero mai riusciti a raggiungere la riva in tempo.

Thornton tiesi, etteivät he koskaan ehtisi rantaan ajoissa.

Raschiò una roccia, ne sbatté una seconda,

Hän raapi yli yhden kiven, murskasi toisen,

Poi si schiantò contro una terza roccia, afferrandola con entrambe le mani.

Ja sitten hän törmäsi kolmanteen kiveen tarttuen siihen molemmilla käsillään.

Lasciò andare Buck e urlò sopra il ruggito: "Vai, Buck! Vai!"

Hän päästi irti Buckista ja huusi karjunnan yli: "Mene, Buck! Mene!"

Buck non riuscì a restare a galla e fu trascinato dalla corrente.

Buck ei pysynyt pinnalla, ja virta vei hänet alas.

Lottò con tutte le sue forze, cercando di girarsi, ma non fece alcun progresso.

Hän taisteli kovasti, kamppaili kääntyäkseen, mutta ei edistynyt lainkaan.

Poi sentì Thornton ripetere il comando sopra il fragore del fiume.

Sitten hän kuuli Thorntonin toistavan käskyn joen pauhun yli.

Buck si impennò fuori dall'acqua e sollevò la testa come per dare un'ultima occhiata.

Buck nousi vedestä ja nosti päätään ikään kuin vilkaistakseen viimeisen kerran.

poi si voltò e obbedì, nuotando verso la riva con risolutezza.

sitten kääntyi ja totteli uiden päättäväisesti kohti rantaa.

Pete e Hans lo tirarono a riva all'ultimo momento possibile.

Pete ja Hans vetivät hänet maihin viimeisellä mahdollisella hetkellä.

Sapevano che Thornton avrebbe potuto aggrapparsi alla roccia solo per pochi minuti.

He tiesivät, että Thornton voisi roikkua kalliossa enää vain minuutteja.

Corsero su per la riva fino a un punto molto più in alto rispetto al punto in cui lui era appeso.

He juoksivat penkerettä ylös paikkaan, joka oli paljon korkeammalla kuin se paikka, jossa hän riippui.

Legarono con cura la cima della barca al collo e alle spalle di Buck.

He sitoivat veneen köyden huolellisesti Buckin kaulaan ja hartioihin.

La corda era stretta ma abbastanza larga da permettere di respirare e muoversi.

Köysi oli tiukka, mutta silti tarpeeksi löysä hengittämistä ja liikkumista varten.

Poi lo gettarono di nuovo nel fiume impetuoso e mortale.

Sitten he heittivät hänet takaisin kuohuvaan, kuolettavaan jokeen.

Buck nuotò coraggiosamente ma non riuscì a prendere l'angolazione giusta per affrontare la forza della corrente.

Buck ui rohkeasti, mutta epäonnistui suunnassaan virran voimaan nähden.

Si accorse troppo tardi che stava per superare Thornton.

Hän tajusi liian myöhään, että oli ajautumassa Thorntonin ohi.

Hans tirò forte la corda, come se Buck fosse una barca che si capovolge.

Hans nykäisi köyttä tiukalle, aivan kuin Buck olisi kaatumassa oleva vene.

La corrente lo trascinò sott'acqua e lui scomparve sotto la superficie.

Virtaus veti hänet pinnan alle, ja hän katosi.

Il suo corpo colpì la riva prima che Hans e Pete lo tirassero fuori.

Hänen ruumiinsa osui penkereeseen ennen kuin Hans ja Pete vetivät hänet ylös.

Era mezzo annegato e gli tolsero l'acqua dal corpo.

Hän oli puoliksi hukkunut, ja he hakkasivat veden hänestä pois.

Buck si alzò, barcollò e crollò di nuovo a terra.

Buck nousi seisomaan, horjahti ja lysähti taas maahan.

Poi udirono la voce di Thornton portata debolmente dal vento.

Sitten he kuulivat Thorntonin äänen, jonka tuuli kantoi vaimeasti.

Sebbene le parole non fossero chiare, sapevano che era vicino alla morte.

Vaikka sanat olivat epäselviä, he tiesivät hänen olevan lähellä kuolemaa.

Il suono della voce di Thornton colpì Buck come una scossa elettrica.

Thorntonin ääni iski Buckiin kuin sähköisku.

Saltò in piedi e corse su per la riva, tornando al punto di partenza.

Hän hyppäsi ylös ja juoksi penkerettä ylös palaten lähtöpisteelle.

Legarono di nuovo la corda a Buck, e di nuovo lui entrò nel fiume.

Jälleen he sitoivat köyden Buckiin, ja jälleen hän meni puroon.

Questa volta nuotò direttamente e con decisione nell'acqua impetuosa.

Tällä kertaa hän ui suoraan ja lujasti kuohuvaan veteen.

Hans lasciò scorrere la corda con regolarità, mentre Pete impediva che si aggrovigliasse.

Hans päästi köyden ulos tasaisesti samalla kun Pete esti sitä sotkeutumasta.

Buck nuotò con forza finché non si trovò allineato appena sopra Thornton.

Buck ui lujaa, kunnes oli linjassa juuri Thorntonin yläpuolella.

Poi si voltò e si lanciò verso di lui come un treno a tutta velocità.

Sitten hän kääntyi ja syöksyi alas kuin täyttä vauhtia kulkeva juna.

Thornton lo vide arrivare, si preparò e gli abbracciò il collo.

Thornton näki hänen tulevan, kannatteli ja kietoi kätensä hänen kaulansa ympärille.

Hans legò saldamente la corda attorno a un albero mentre entrambi venivano tirati sott'acqua.

Hans sitoi köyden tiukasti puun ympärille, kun molemmat vedettiin pinnan alle.

Caddero sott'acqua, schiantandosi contro rocce e detriti del fiume.

Ne syöksyivät veden alle törmäillen kiviin ja joen roskiin.

Un attimo prima Buck era in cima e un attimo dopo Thornton si alzava ansimando.

Yhtenä hetkenä Buck oli huipulla, seuraavana Thornton nousi henkeään haukkoen.

Malconci e soffocati, si diressero verso la riva e si misero in salvo.

Hakattuina ja tukehtuessa he ajautuivat rannalle turvaan.

Thornton riprese conoscenza mentre era sdraiato su un tronco alla deriva.

Thornton palasi tajuihinsa maaten ajotukilla.

Hans e Pete lavorarono duramente per riportarlo a respirare e a vivere.

Hans ja Pete tekivät hänen kanssaan kovasti töitä saadakseen hengityksen ja elämän takaisin.

Il suo primo pensiero fu per Buck, che giaceva immobile e inerte.

Hänen ensimmäinen ajatuksensa oli Buck, joka makasi liikkumattomana ja velttona.

Nig ululò sul corpo di Buck e Skeet gli leccò delicatamente il viso.

Nig ulvoi Buckin ruumiin yli, ja Skeet nuoli hänen kasvojaan hellästi.

Thornton, dolorante e contuso, esaminò Buck con mano attenta.

Thornton, kipeänä ja mustelmilla, tutki Buckia varovaisin käsin.

Ha trovato tre costole rotte, ma il cane non presentava ferite mortali.

Hän löysi koiralta kolme murtunutta kylkiluuta, mutta ei kuolettavia vammoja.

"Questo è tutto", disse Thornton. "Ci accamperemo qui". E così fecero.

– Siinä se, Thornton sanoi. – Me leiriydymme täällä. Ja niin he tekivätkin.

Rimasero lì finché le costole di Buck non guarirono e lui poté di nuovo camminare.

He pysyivät, kunnes Buckin kylkiluut paranivat ja hän pystyi taas kävelemään.

Quell'inverno Buck compì un'impresa che accrebbe ulteriormente la sua fama.

Sinä talvena Buck suoritti saavutuksen, joka nosti hänen mainettaan entisestään.

Fu un gesto meno eroico del salvataggio di Thornton, ma altrettanto impressionante.

Se oli vähemmän sankarillista kuin Thorntonin pelastaminen, mutta aivan yhtä vaikuttavaa.

A Dawson, i soci avevano bisogno di provviste per un viaggio lontano.

Dawsonissa kumppanit tarvitsivat tarvikkeita pitkää matkaa varten.

Volevano viaggiare verso est, in terre selvagge e incontaminate.

He halusivat matkustaa itään, koskemattomille erämaa-alueille.

Quel viaggio fu possibile grazie all'impresa compiuta da Buck nell'Eldorado Saloon.

Buckin tekemä Eldorado Saloonissa mahdollisti tuon matkan.

Tutto cominciò con degli uomini che si vantavano dei loro cani bevendo qualcosa.

Se alkoi miesten kerskuessa koiristaan drinkkien äärellä.

La fama di Buck lo rese bersaglio di sfide e dubbi.

Buckin maine teki hänestä haasteiden ja epäilysten kohteen.

Thornton, fiero e calmo, rimase fermo nel difendere il nome di Buck.

Thornton, ylpeänä ja tyynenä, puolusti lujasti Buckin nimeä.

Un uomo ha affermato che il suo cane riusciva a trainare facilmente duecentocinquanta chili.

Eräs mies sanoi, että hänen koiransa pystyisi vetämään helposti viisisataa paunaa.

Un altro disse seicento, e un terzo si vantò di settecento.

Toinen sanoi kuusisataa, ja kolmas kerskui seitsemäsataa.

"Pfft!" disse John Thornton, "Buck può trainare una slitta da mille libbre."

– Pöh! sanoi John Thornton. – Buck pystyy vetämään tuhannen paunan reen.

Matthewson, un Bonanza King, si sporse in avanti e lo sfidò.

Matthewson, Bonanza-kuningas, nojasi eteenpäin ja haastoi hänet.

"Pensi che possa spostare tutto quel peso?"

"Luuletko, että hän pystyy liikuttamaan niin paljon painoa?"

"E pensi che riesca a sollevare il peso per cento metri?"

"Ja luuletko hänen vetävän painon kokonaiset sata jaardia?"

Thornton rispose freddamente: "Sì. Buck è abbastanza cane da farlo."

Thornton vastasi kylmästi: "Kyllä. Buck on tarpeeksi koira tekemään sen."

"Metterà in moto mille libbre e la tirerà per cento metri."

"Hän laittaa tuhannen punnan voiman liikkeelle ja vetää sitä sata metriä."

Matthewson sorrise lentamente e si assicurò che tutti gli uomini udissero le sue parole.

Matthewson hymyili hitaasti ja varmisti, että kaikki miehet kuulivat hänen sanansa.

"Ho mille dollari che dicono che non può. Eccoli."

"Minulla on tuhat dollaria, joka kieltää hänen pääsynsä siihen. Tässä se on."

Sbatté sul bancone un sacco di polvere d'oro grande quanto una salsiccia.

Hän paiskasi baaritiskille makkaran kokoisen säkin kultapölyä.

Nessuno disse una parola. Il silenzio si fece pesante e teso intorno a loro.

Kukaan ei sanonut sanaakaan. Hiljaisuus heidän ympärillään kävi raskaaksi ja jännittyneeksi.

Il bluff di Thornton, se mai lo fu, era stato preso sul serio.

Thorntonin bluffi – jos se sellainen oli – oli otettu vakavasti.

Sentì il calore salirgli al viso mentre il sangue gli affluiva alle guance.

Hän tunsi kuumuuden nousevan kasvoilleen veren noustessa poskilleen.

In quel momento la sua lingua aveva preceduto la ragione.

Hänen kielensä oli mennyt sillä hetkellä järjen edelle.

Non sapeva davvero se Buck sarebbe riuscito a spostare mille libbre.

Hän ei todellakaan tiennyt, pystyisikö Buck liikuttamaan tuhatta paunaa.

Mezza tonnellata! Solo la sua mole gli faceva sentire il cuore pesante.

Puoli tonnia! Jo pelkkä sen koko sai hänen sydämensä tuntumaan raskaalta.

Aveva fiducia nella forza di Buck e lo riteneva capace.

Hän luotti Buckin voimaan ja oli pitänyt tätä kyvykkäänä.

Ma non aveva mai affrontato una sfida di questo tipo, non in questo modo.

Mutta hän ei ollut koskaan kohdannut tällaista haastetta, ei tällaista.

Una dozzina di uomini lo osservavano in silenzio, in attesa di vedere cosa avrebbe fatto.

Kymmenkunta miestä katseli häntä hiljaa odottaen, mitä hän tekisi.

Lui non aveva i soldi, e nemmeno Hans e Pete.

Hänellä ei ollut rahaa – eikä Hansilla eikä Petelläkään.

"Ho una slitta fuori", disse Matthewson in modo freddo e diretto.

– Minulla on ulkona reki, Matthewson sanoi kylmästi ja suoraan.

"È carico di venti sacchi, da cinquanta libbre ciascuno, tutti di farina.

"Se on lastattu kahdellakymmenellä säkillä, viisikymmentä paunaa kukin, pelkkää jauhoa."

Quindi non lasciare che la scomparsa della slitta diventi la tua scusa", ha aggiunto.

Joten älä anna kadonneen kelkan olla tekosyynäsi nyt", hän lisäsi.

Thornton rimase in silenzio. Non sapeva che parole dire.

Thornton seisoi hiljaa. Hän ei tiennyt, mitä sanoja sanoisi.

Guardò i volti intorno a sé senza vederli chiaramente.

Hän katseli ympärilleen kasvoja näkemättä niitä selvästi.

Sembrava un uomo immerso nei suoi pensieri, che cercava di ripartire.

Hän näytti mieheltä, joka oli jähmettynyt ajatuksiinsa ja yritti käynnistää elämänsä uudelleen.

Poi incontrò Jim O'Brien, un amico dei tempi dei Mastodon.

Sitten hän näki Jim O'Brienin, ystävänsä Mastodon-ajoilta.

Quel volto familiare gli diede un coraggio che non sapeva di avere.

Tuo tuttu kasvo antoi hänelle rohkeutta, jota hän ei tiennyt itsellään olevan.

Si voltò e chiese a bassa voce: "Puoi prestarmi mille dollari?"

Hän kääntyi ja kysyi hiljaisella äänellä: "Voitko lainata minulle tuhat?"

"Certo", disse O'Brien, lasciando cadere un pesante sacco vicino all'oro.

– Totta kai, sanoi O'Brien pudottaen jo raskaan säkin kultaa kohti.

"Ma sinceramente, John, non credo che la bestia possa fare questo."

"Mutta totta puhuen, John, en usko, että peto pystyy tähän."

Tutti quelli presenti all'Eldorado Saloon si precipitarono fuori per assistere all'evento.

Kaikki Eldorado Saloonissa ryntäsivät ulos katsomaan tapahtumaa.

Lasciarono tavoli e bevande e perfino le partite furono sospese.

He poistuivat pöydistä ja juomista, ja jopa pelit keskeytettiin.

Croupier e giocatori accorsero per assistere alla conclusione di questa audace scommessa.

Jakajat ja uhkapelurit tulivat todistamaan rohkean vedonlyönnin loppua.

Centinaia di persone si radunarono attorno alla slitta sulla strada ghiacciata.

Sadat ihmiset kokoontuivat pulkan ympärille jäiselle avoimelle kadulle.

La slitta di Matthewson era carica di un carico completo di sacchi di farina.

Matthewsonin reki seisoi täydessä kuormassa jauhosäkkejä.

La slitta era rimasta ferma per ore a temperature sotto lo zero.

Pulkka oli seissyt tuntikausia miinuslämpötiloissa.

I pattini della slitta erano congelati e incollati alla neve compatta.

Kelkan jalakset olivat jäätyneet tiukasti kiinni pakkautuneeseen lumeen.

Gli uomini scommettevano due a uno che Buck non sarebbe riuscito a spostare la slitta.

Miehet tarjosivat kaksi yhteen -kertoimia sille, ettei Buck pystyisi liikuttamaan rekeä.

Scoppiò una disputa su cosa significasse realmente "break out".

Kiistaa syntyi siitä, mitä "break out" oikeastaan tarkoitti.

O'Brien ha affermato che Thornton dovrebbe allentare la base ghiacciata della slitta.

O'Brien sanoi, että Thorntonin pitäisi löysätä kelkan jäätynyttä pohjaa.

Buck potrebbe quindi "rompere" una partenza solida e immobile.

Buck voisi sitten "murtautua esiin" vankasta, liikkumattomasta alusta.

Matthewson sosteneva che anche il cane doveva liberare i corridori.

Matthewson väitti, että koiran täytyy vapauttaa myös juoksijat.

Gli uomini che avevano sentito la scommessa concordavano con Matthewson.

Vedonlyönnin kuulleet miehet olivat samaa mieltä Matthewsonin näkemyksestä.

Con questa sentenza, le probabilità contro Buck salirono a tre a uno.

Tuon päätöksen myötä kertoimet nousivat kolmeen yhteen Buckia vastaan.

Nessuno si fece avanti per accettare le crescenti quote di tre a uno.

Kukaan ei astunut esiin ottaakseen kasvavaa kolmen yhteen - kerrointa.

Nessuno credeva che Buck potesse compiere la grande impresa.

Yksikään mies ei uskonut Buckin pystyvän tuohon suureen saavutukseen.

Thornton era stato spinto a scommettere, pieno di dubbi.

Thornton oli kiirehditty vedonlyöntiin epäilysten vaivaamana.

Ora guardava la slitta e la muta di dieci cani accanto ad essa.

Nyt hän katsoi rekeä ja sen vieressä olevaa kymmenen koiran valjakkoa.

Vedere la realtà del compito lo faceva sembrare ancora più impossibile.

Tehtävän todellisuuden näkeminen sai sen tuntumaan entistä mahdottomammalta.

In quel momento Matthewson era pieno di orgoglio e sicurezza.

Matthewson oli sillä hetkellä täynnä ylpeyttä ja itseluottamusta.

"Tre a uno!" urlò. "Ne scommetto altri mille, Thornton!

– Kolme yhteen! hän huusi. – Lyön vetoa vielä tuhannesta, Thornton!

"Cosa dici?" aggiunse, abbastanza forte da farsi sentire da tutti.

"Mitä sanot?" hän lisäsi niin kovaa, että kaikki kuulivat.

Il volto di Thornton esprimeva i suoi dubbi, ma il suo spirito era sollevato.

Thorntonin kasvoilla näkyi epäilyksiä, mutta hänen mielialansa oli noussut.

Quello spirito combattivo ignorava le avversità e non temeva nulla.

Tuo taistelutahto jätti välinpitämättömät kertoimet huomiotta eikä pelännyt mitään.

Chiamò Hans e Pete perché portassero tutti i loro soldi al tavolo.

Hän soitti Hansille ja Petelle tuodakseen kaikki rahansa pöytään.

Non gli era rimasto molto altro: solo duecento dollari in tutto.

Heillä oli vähän jäljellä – yhteensä vain kaksisataa dollaria.

Questa piccola somma costituiva la loro intera fortuna nei momenti difficili.

Tämä pieni summa oli heidän koko omaisuutensa vaikeina aikoina.

Ciononostante puntarono tutta la loro fortuna contro la scommessa di Matthewson.

Silti he panivat koko omaisuuden Matthewsonin vetoa vastaan.

La muta composta da dieci cani venne sganciata e allontanata dalla slitta.

Kymmenen koiran valjakko irrotettiin valjakosta ja siirtyi pois reen luota.

Buck venne messo alle redini, indossando la sua consueta imbracatura.

Buck laitettiin ohjaksiin ja hänellä oli tutut valjaat.

Aveva colto l'energia della folla e ne aveva percepito la tensione.

Hän oli vanginnut väkijoukon energian ja tuntenut jännityksen.

In qualche modo sapeva che doveva fare qualcosa per John Thornton.

Jostain syystä hän tiesi, että hänen oli tehtävä jotain John Thorntonin hyväksi.

La gente mormorava ammirata di fronte alla figura fiera del cane.

Ihmiset kuiskasivat ihaillen koiran ylpeää hahmoa.

Era magro e forte, senza un solo grammo di carne in più.

Hän oli laiha ja vahva, ilman ainuttakaan ylimääräistä lihanpalaa.

Il suo peso di centocinquanta chili era sinonimo di potenza e resistenza.

Hänen sataviisikymmentä paunaa painava kokonaisuus oli pelkkää voimaa ja kestävyyttä.

Il mantello di Buck brillava come la seta, denso di salute e forza.

Buckin turkki kiilsi kuin silkki, paksuna terveydestä ja voimasta.

La pelliccia sul collo e sulle spalle sembrava sollevarsi e drizzarsi.

Hänen kaulansa ja hartioidensa turkki tuntui kohoavan ja nousevan pörröiseksi.

La sua criniera si muoveva leggermente, ogni capello era animato dalla sua grande energia.

Hänen harjansa liikkui hieman, jokainen hiuskarva elossa hänen suuresta energiastaan.

Il suo petto ampio e le sue gambe forti si sposavano bene con la sua corporatura pesante e robusta.

Hänen leveä rintakehä ja vahvat jalat sopivat yhteen hänen raskaan ja sitkeän vartalonsa kanssa.

I muscoli si tesero sotto il cappotto, tesi e sodi come ferro legato.

Lihakset väreilivät hänen takkinsa alla, kireinä ja lujina kuin sidottu rauta.

Gli uomini lo toccavano e giuravano che era fatto come una macchina d'acciaio.

Miehet koskettivat häntä ja vannoivat, että hän oli kuin teräskone.

Le probabilità contro il grande cane sono scese leggermente a due a uno.

Kertoimet laskivat hieman kahteen yhteen suurta koiraa vastaan.

Un uomo dei banchi di Skookum si fece avanti balbettando.

Skookum-penkkien mies työntyi eteenpäin änkyttäen.

"Bene, signore! Offro ottocento per lui... prima della prova, signore!"

"Hyvä, herra! Tarjoan hänestä kahdeksansataa – ennen koetta, herra!"

"Ottocento, così com'è adesso!" insistette l'uomo.

"Kahdeksansataa, tässä kohtaa hän juuri nyt seisoo!" mies vaati.

Thornton fece un passo avanti, sorrise e scosse la testa con calma.

Thornton astui eteenpäin, hymyili ja pudisti rauhallisesti päätään.

Matthewson intervenne rapidamente con tono ammonitore e aggrottando la fronte.

Matthewson astui nopeasti esiin varoittavalla äänellä ja rypisti otsaansa.

"Devi allontanarti da lui", disse. "Dagli spazio."

– Sinun täytyy astua pois hänen luotaan, hän sanoi. – Anna hänelle tilaa.

La folla tacque; solo i giocatori continuavano a offrire due a uno.

Väkijoukko hiljeni; vain uhkapelurit tarjosivat edelleen kaksi yhteen.

Tutti ammiravano la corporatura di Buck, ma il carico sembrava troppo pesante.

Kaikki ihailivat Buckin ruumiinrakennetta, mutta lasti näytti liian suurelta.

Venti sacchi di farina, ciascuno del peso di cinquanta libbre, sembravano decisamente troppi.

Kaksikymmentä säkkiä jauhoja – kukin viidenkymmenen paunan painoinen – tuntui aivan liialta.

Nessuno era disposto ad aprire la borsa e a rischiare i propri soldi.

Kukaan ei ollut halukas avaamaan laukkuaan ja riskeeraamaan rahojaan.

Thornton si inginocchiò accanto a Buck e gli prese la testa tra entrambe le mani.

Thornton polvistui Buckin viereen ja otti hänen päänsä molempiin käsiinsä.

Premette la guancia contro quella di Buck e gli parlò all'orecchio.

Hän painoi poskensa Buckin poskea vasten ja puhui tämän korvaan.

Non c'erano più né scossoni giocosi né insulti affettuosi sussurrati.

Ei enää leikkisää ravistelua tai kuiskattuja rakastavia loukkauksia.

Mormorò solo dolcemente: "Quanto mi ami, Buck."

Hän vain kuiskasi hiljaa: "Niin paljon kuin rakastatkin minua, Buck."

Buck emise un gemito sommesso, trattenendo a stento la sua impazienza.

Buck päästi hiljaisen vinkaisun, intohimonsa tuskin hillittynä.

Gli astanti osservavano con curiosità la tensione che aleggiava nell'aria.

Katsojat seurasivat uteliaina jännityksen täyttäessä ilman.

Quel momento sembrava quasi irreale, qualcosa che trascendeva la ragione.

Hetki tuntui lähes epätodelliselta, joltain järjettömältä.

Quando Thornton si alzò, Buck gli prese delicatamente la mano tra le fauci.

Kun Thornton nousi seisomaan, Buck otti hänen kätensä varovasti leukojensa väliin.

Premette con i denti, poi lasciò andare lentamente e delicatamente.

Hän painoi hampaillaan alas ja päästi sitten irti hitaasti ja varovasti.

Fu una risposta silenziosa d'amore, non detta, ma compresa.

Se oli rakkauden hiljainen vastaus, ei sanottu ääneen, vaan ymmärretty.

Thornton si allontanò di molto dal cane e diede il segnale.

Thornton astui kauas koirasta ja antoi merkin.

"Ora, Buck", disse, e Buck rispose con calma concentrata.

"No niin, Buck", hän sanoi, ja Buck vastasi keskittyneen rauhallisesti.

Buck tese le corde, poi le allentò di qualche centimetro.

Buck kiristi köysiä ja löysäsi niitä sitten muutaman sentin.

Questo era il metodo che aveva imparato; il suo modo per rompere la slitta.

Tämän menetelmän hän oli oppinut; hänen tapansa rikkoa reki.

"Caspita!" urlò Thornton, con voce acuta nel silenzio pesante.

"Voi ei!" Thornton huusi terävällä äänellä raskaassa hiljaisuudessa.

Buck si girò verso destra e si lanciò con tutto il suo peso.

Buck kääntyi oikealle ja syöksyi koko painollaan.

Il gioco svanì e tutta la massa di Buck colpì le timonerie strette.

Löysäys katosi, ja Buckin koko massa osui tiukkoihin köysiin.

La slitta tremò e i pattini produssero un suono secco e scoppiettante.

Reki tärisi ja jalaksista kuului napsahdus.

"Haw!" ordinò Thornton, cambiando di nuovo direzione a Buck.

"Hau!" Thornton komensi ja muutti jälleen Buckin suuntaa.

Buck ripeté la mossa, questa volta tirando bruscamente verso sinistra.

Buck toisti liikkeen, tällä kertaa vetäen jyrkästi vasemmalle.

La slitta scricchiolava più forte, i pattini schioccavano e si spostavano.

Kelkka rätisi kovempaa, jalakset napsahtivat ja siirtyivät.

Il pesante carico scivolò leggermente di lato sulla neve ghiacciata.

Raskas kuorma liukui hieman sivuttain jäätyneen lumen poikki.

La slitta si era liberata dalla presa del sentiero ghiacciato!

Kelkka oli irronnut jäisen polun otteesta!

Gli uomini trattennero il respiro, inconsapevoli di non stare nemmeno respirando.

Miehet pidättivät hengitystään tietämättä, etteivät he edes hengittäneet.

"Ora, TIRA!" gridò Thornton nel silenzio glaciale.

"Nyt, VEDÄ!" Thornton huusi jäätyneen hiljaisuuden läpi.

Il comando di Thornton risuonò netto, come lo schiocco di una frusta.

Thorntonin käsky kajahti terävästi, kuin ruoskan läiskähdys.

Buck si lanciò in avanti con un affondo violento e violento.

Buck syöksyi eteenpäin raivokkaalla ja rajulla syöksyllä.

Tutto il suo corpo si irrigidì e si contrasse sotto l'enorme sforzo.

Koko hänen ruumiinsa jännittyi ja kouristeli valtavan rasituksen alla.

I muscoli si muovevano sotto la pelliccia come serpenti che prendevano vita.

Lihakset väreilivät hänen turkkinsa alla kuin eloon heräävät käärmeet.

Il suo grande petto era basso e la testa era protesa in avanti verso la slitta.

Hänen suuri rintakehä oli alhaalla, pää ojennettuna eteenpäin kohti rekeä.

Le sue zampe si muovevano come fulmini e gli artigli fendevano il terreno ghiacciato.

Hänen käpälänsä liikkuivat kuin salama, kynnet viilsivät jäätynyttä maata.

I solchi erano profondi mentre lottava per ogni centimetro di trazione.

Urat leikattiin syviin, kun hän taisteli jokaisesta pidosta.

La slitta ondeggiò, tremò e cominciò a muoversi lentamente e in modo inquieto.

Reki keinui, tärisi ja alkoi liikkua hitaasti ja epävakaasti.

Un piede scivolò e un uomo tra la folla gemette ad alta voce.

Toinen jalka lipesi, ja mies väkijoukossa voihkaisi ääneen.

Poi la slitta si lanciò in avanti con un movimento brusco e a scatti.

Sitten reki syöksyi eteenpäin nykivällä, karkealla liikkeellä.

Non si fermò più: mezzo pollice...un pollice...cinque pollici in più.

Se ei pysähtynyt taas – puoli tuumaa... tuuma... viisi tuumaa lisää.

Gli scossoni si fecero più lievi man mano che la slitta cominciava ad acquistare velocità.

Nykäykset loivenivat kelkan alkaessa kiihtyä.

Presto Buck cominciò a tirare con una potenza fluida e uniforme.

Pian Buck veti tasaisesti ja pehmeästi.

Gli uomini sussultarono e finalmente si ricordarono di respirare di nuovo.

Miehet haukkoivat henkeään ja muistivat vihdoin hengittää uudelleen.

Non si erano accorti che il loro respiro si era fermato per lo stupore.

He eivät olleet huomanneet hengityksensä pysähtyneen pelon vallassa.

Thornton gli corse dietro, gridando comandi brevi e allegri.

Thornton juoksi perässä huutaen lyhyitä, iloisia käskyjä.

Davanti a noi c'era una catasta di legna da ardere che segnava la distanza.

Edessä oli polttopuiden pino, joka merkitsi etäisyyttä.

Mentre Buck si avvicinava al mucchio, gli applausi diventavano sempre più forti.

Buckin lähestyessä kasaa hurraaminen voimistui yhä.

Gli applausi crebbero fino a diventare un boato quando Buck superò il traguardo.

Riemuhuuto paisui karjunnaksi Buckin ohittaessa päätepisteen.

Gli uomini saltarono e gridarono, perfino Matthewson sorrise.

Miehet hyppivät ja huusivat, jopa Matthewson virnisti.

I cappelli volavano in aria e i guanti venivano lanciati senza pensarci o mirare.

Hatut lensivät ilmaan, lapaset heiteltiin ajattelematta tai tähtäämättä.

Gli uomini si afferrarono e si strinsero la mano senza sapere chi.

Miehet tarttuivat toisiinsa ja kättelivät tietämättä ketä.

Tutta la folla era in delirio, in un tripudio di gioia e di entusiasmo.

Koko väkijoukko surisi villisti, iloisesti juhlien.

Thornton cadde in ginocchio accanto a Buck con le mani tremanti.

Thornton polvistui Buckin viereen vapisevin käsin.

Premette la testa contro quella di Buck e lo scosse delicatamente avanti e indietro.

Hän painoi päänsä Buckin päätä vasten ja ravisteli tätä hellästi edestakaisin.

Chi si avvicinava lo sentiva maledire il cane con amore silenzioso.

Lähestyjät kuulivat hänen kiroilevan koiraa hiljaisella rakkaudella.

Imprecò a lungo contro Buck, con dolcezza, calore, emozione.

Hän kirosi Buckille pitkään – hiljaa, lämpimästi ja liikuttuneesti.

"Bene, signore! Bene, signore!" esclamò di corsa il re della panchina di Skookum.

"Hyvä on, herra! Hyvä on, herra!" huudahti Skookum-penkin kuningas kiireesti.

"Le darò mille, anzi milleduecento, per quel cane, signore!"

"Annan teille tuhat – ei, kaksitoistasataa – tuosta koirasta, herra!"

Thornton si alzò lentamente in piedi, con gli occhi brillanti di emozione.

Thornton nousi hitaasti jaloilleen, silmät liikutuksesta säihkyen.

Le lacrime gli rigavano le guance senza alcuna vergogna.

Kyyneleet valuivat avoimesti hänen poskiaan pitkin ilman minkäänlaista häpeää.

"Signore", disse al re della panchina di Skookum, con fermezza e fermezza

"Herra", hän sanoi Skookum-penkin kuninkaalle vakaasti ja lujasti

"No, signore. Può andare all'inferno, signore. Questa è la mia risposta definitiva."

"Ei, herra. Voitte painua helvettiin, herra. Se on lopullinen vastaukseni."

Buck afferrò delicatamente la mano di Thornton tra le sue forti mascelle.

Buck tarttui Thorntonin käteen hellästi vahvoilla leukoillaan.

Thornton lo scosse scherzosamente; il loro legame era più profondo che mai.

Thornton ravisteli häntä leikkisästi, heidän siteensä oli yhtä syvä kuin aina ennenkin.

La folla, commossa dal momento, fece un passo indietro in silenzio.

Hetken liikuttama väkijoukko astui taaksepäin hiljaa.

Da quel momento in poi nessuno osò più interrompere un affetto così sacro.

Siitä lähtien kukaan ei uskaltanut keskeyttää tuota pyhää kiintymystä.

Il suono della chiamata
Kutsun ääni

Buck aveva guadagnato milleseicento dollari in cinque minuti.
Buck oli ansainnut kuusitoistasataa dollaria viidessä minuutissa.

Il denaro permise a John Thornton di saldare alcuni dei suoi debiti.
Rahan avulla John Thornton pystyi maksamaan osan veloistaan.

Con il resto del denaro si diresse verso est insieme ai suoi soci.
Loput rahat hän suuntasi itään kumppaneidensa kanssa.

Cercarono una leggendaria miniera perduta, antica quanto il paese stesso.
He etsivät tarunhohtoista kadonnutta kaivosta, yhtä vanhaa kuin itse maa.

Molti uomini avevano cercato la miniera, ma pochi l'avevano trovata.
Monet miehet olivat etsineet kaivosta, mutta harvat olivat sitä koskaan löytäneet.

Molti uomini erano scomparsi durante la pericolosa ricerca.
Useampi kuin yksi mies oli kadonnut vaarallisen tehtävän aikana.

Questa miniera perduta era avvolta nel mistero e nella vecchia tragedia.
Tämä kadonnut kaivos oli kietoutunut sekä mysteerin että vanhan tragedian sisään.

Nessuno sapeva chi fosse stato il primo uomo a scoprire la miniera.
Kukaan ei tiennyt, kuka oli ollut ensimmäinen kaivoksen löytänyt mies.

Le storie più antiche non menzionano nessuno per nome.
Vanhimmissa tarinoissa ei mainita ketään nimeltä.

Lì c'era sempre stata una vecchia capanna fatiscente.
Siellä on aina ollut vanha, ränsistynyt mökki.

I moribondi avevano giurato che vicino a quella vecchia capanna ci fosse una miniera.

Kuolevat miehet olivat vannoneet, että tuon vanhan mökin vieressä oli kaivos.

Hanno dimostrato le loro storie con un oro che non ha eguali altrove.

He todistivat tarinansa kullalla, jollaista ei löydetty mistään muualta.

Nessuna anima viva aveva mai saccheggiato il tesoro da quel luogo.

Yksikään elävä sielu ei ollut koskaan ryöstänyt aarretta siitä paikasta.

I morti erano morti e i morti non raccontano storie.

Kuolleet olivat kuolleita, eivätkä kuolleet kerro tarinoita.

Così Thornton e i suoi amici si diressero verso Est.

Niinpä Thornton ja hänen ystävänsä suuntasivat itään.

Si unirono a noi Pete e Hans, portando con sé Buck e sei cani robusti.

Pete ja Hans liittyivät mukaan ja toivat Buckin ja kuusi vahvaa koiraa.

Si avviarono lungo un sentiero sconosciuto dove altri avevano fallito.

He lähtivät tuntemattomalle polulle, jolla muut olivat epäonnistuneet.

Percorsero in slitta settanta miglia lungo il fiume Yukon ghiacciato.

He pulkkaisivat seitsemänkymmentä mailia jäätynyttä Yukon-jokea pitkin.

Girarono a sinistra e seguirono il sentiero verso lo Stewart.

He kääntyivät vasemmalle ja seurasivat polkua Stewart-jokeen.

Superarono il Mayo e il McQuestion e proseguirono oltre.

He ohittivat Mayon ja McQuestionin ja jatkoivat matkaansa yhä pidemmälle.

Lo Stewart si restringeva fino a diventare un ruscello, infilandosi tra cime frastagliate.

Stewart-joki kutistui puroksi, joka kiemurteli terävien huippujen läpi.

Queste vette aguzze rappresentavano la spina dorsale del continente.

Nämä terävät huiput muodostivat mantereen selkärangan.

John Thornton pretendeva poco dagli uomini e dalla terra selvaggia.

John Thornton vaati miehiltä tai erämaalta vain vähän.

Non temeva nulla della natura e affrontava la natura selvaggia con disinvoltura.

Hän ei pelännyt mitään luonnossa ja kohtasi villin luonnon helposti.

Con solo del sale e un fucile poteva viaggiare dove voleva.

Vain suolan ja kiväärin avulla hän saattoi matkustaa minne halusi.

Come gli indigeni, durante il viaggio cacciava per procurarsi il cibo.

Kuten alkuasukkaat, hän metsästi ruokaa matkansa aikana.

Se non prendeva nulla, continuava ad andare avanti, confidando nella fortuna che lo attendeva.

Jos hän ei saanut mitään kiinni, hän jatkoi matkaa luottaen onneen edessään.

Durante questo lungo viaggio, la carne era l'alimento principale di cui si nutrivano.

Tällä pitkällä matkalla liha oli heidän pääruokansa.

La slitta trasportava attrezzi e munizioni, ma non c'era un orario preciso.

Reessä oli työkaluja ja ammuksia, mutta ei tarkkaa aikataulua.

Buck amava questo vagabondare, la caccia e la pesca senza fine.

Buck rakasti tätä vaeltelua; loputonta metsästystä ja kalastusta.

Per settimane viaggiarono senza sosta, giorno dopo giorno.

Viikkokausia he matkustivat päivästä toiseen tasaisesti.

Altre volte si accampavano e restavano fermi per settimane.

Toisinaan he leiriytyivät ja pysyivät paikoillaan viikkoja.

I cani riposarono mentre gli uomini scavavano nel terreno ghiacciato.

Koirat lepäsivät miesten kaivaessa jäätynyttä maata.

Scaldavano le padelle sul fuoco e cercavano l'oro nascosto.

He lämmittivät pannuja nuotioiden päällä ja etsivät piilotettua kultaa.

C'erano giorni in cui pativano la fame, altri in cui banchettavano.

Joinakin päivinä he näkivät nälkää, ja joinakin päivinä heillä oli juhlia.

Il loro pasto dipendeva dalla selvaggina e dalla fortuna della caccia.

Heidän ateriansa riippuivat riistasta ja metsästysonnesta.

Con l'arrivo dell'estate, uomini e cani caricavano carichi sulle spalle.

Kesän tullen miehet ja koirat pakkasivat taakkoja selälleen.

Fecero rafting sui laghi azzurri nascosti nelle foreste di montagna.

He laskivat koskenlaskua vuoristometsien piilossa olevien sinisten järvien yli.

Navigavano su imbarcazioni sottili su fiumi che nessun uomo aveva mai mappato.

He purjehtivat hoikilla veneillä joilla, joita kukaan ei ollut koskaan kartoittanut.

Quelle barche venivano costruite con gli alberi che avevano segato in natura.

Nuo veneet rakennettiin puista, joita he sahasivat luonnossa.

Passarono i mesi e loro viaggiarono attraverso terre selvagge e sconosciute.

Kuukaudet kuluivat, ja he kiertelivät tuntemattomien ja villien maiden halki.

Non c'erano uomini lì, ma vecchie tracce lasciavano intendere che alcuni di loro fossero presenti.

Siellä ei ollut miehiä, mutta vanhat jäljet viittasivat siihen, että miehiä oli ollut.

Se la Capanna Perduta fosse esistita davvero, allora altre persone in passato erano passate da lì.

Jos Kadonnut mökki oli todellinen, niin muitakin oli joskus tullut tätä tietä.

Attraversavano passi alti durante le bufere di neve, anche d'estate.

He ylittivät korkeita solanpätkiä lumimyrskyissä, jopa kesällä.

Rabbrividivano sotto il sole di mezzanotte sui pendii brulli delle montagne.

He hytisivät keskiyön auringon alla paljailla vuorenrinteillä.

Tra il limite degli alberi e i campi di neve, salivano lentamente.

Puunrajan ja lumikenttien välissä he kiipesivät hitaasti.

Nelle valli calde, scacciavano nuvole di moscerini e mosche.

Lämpimissä laaksoissa ne läpsyttelivät hyttys- ja kärpäspilviä.

Raccolsero bacche dolci vicino ai ghiacciai nel pieno della fioritura estiva.

He poimivat makeita marjoja jäätiköiden läheltä täydessä kesäkukinnossa.

I fiori che trovarono erano belli quanto quelli del Southland.

Heidän löytämänsä kukat olivat yhtä ihania kuin Etelämaassa.

Quell'autunno giunsero in una regione solitaria piena di laghi silenziosi.

Sinä syksynä he saapuivat yksinäiselle seudulle, joka oli täynnä hiljaisia järviä.

La terra era triste e vuota, un tempo brulicava di uccelli e animali.

Maa oli surullinen ja tyhjä, kerran täynnä lintuja ja eläimiä.

Ora non c'era più vita, solo il vento e il ghiaccio che si formava nelle pozze.

Nyt ei ollut elämää, vain tuuli ja altaisiin muodostuva jää.

Le onde lambivano le rive deserte con un suono dolce e lugubre.

Aallot liplattivat tyhjiä rantoja vasten pehmeällä, surullisella äänellä.

Arrivò un altro inverno e loro seguirono di nuovo deboli e vecchi sentieri.

Uusi talvi tuli, ja he seurasivat jälleen vanhoja, himmeitä jälkiä.

Erano le tracce di uomini che avevano cercato molto prima di loro.

Nämä olivat niiden miesten jälkiä, jotka olivat etsineet jo kauan ennen heitä.

Una volta trovarono un sentiero che si inoltrava nel profondo della foresta oscura.

Kerran he löysivät polun, joka johti syvälle pimeään metsään.

Era un vecchio sentiero e sentivano che la baita perduta era vicina.

Se oli vanha polku, ja heistä tuntui, että kadonnut mökki oli lähellä.

Ma il sentiero non portava da nessuna parte e si perdeva nel fitto del bosco.

Mutta polku ei johtanut mihinkään ja katosi tiheään metsään.

Nessuno sapeva chi avesse tracciato il sentiero e perché lo avesse fatto.

Kuka polun oli tehnyt ja miksi, sitä ei tiennyt kukaan.

Più tardi trovarono i resti di una capanna nascosta tra gli alberi.

Myöhemmin he löysivät puiden välistä piilossa olevan majan rauniot.

Coperte marce erano sparse dove un tempo qualcuno aveva dormito.

Mädäntyneet peitot lojuivat hajallaan paikoissa, joissa joku oli kerran nukkunut.

John Thornton trovò sepolto all'interno un fucile a pietra focaia a canna lunga.

John Thornton löysi sisältä pitkäpiippuisen piilukon.

Sapeva fin dai primi tempi che si trattava di un cannone della Hudson Bay.

Hän tiesi, että kyseessä oli Hudson Bayn ase jo kaupankäynnin alkuajoilta.

A quei tempi, tali armi venivano barattate con pile di pelli di castoro.

Noina päivinä tällaisia aseita vaihdettiin majavannahkapinoihin.

Questo era tutto: non rimaneva alcuna traccia dell'uomo che aveva costruito la loggia.

Siinä kaikki – majan rakentaneesta miehestä ei ollut jäljellä mitään johtolankaa.

Arrivò di nuovo la primavera e non trovarono traccia della Capanna Perduta.

Kevät tuli jälleen, eivätkä he löytäneet merkkiäkään Kadonneesta Mökistä.

Invece trovarono un'ampia valle con un ruscello poco profondo.

Sen sijaan he löysivät leveän laakson, jossa oli matala puro.

L'oro si stendeva sul fondo della pentola come burro giallo e liscio.

Kulta lepäsi pannujen pohjilla kuin sileää, keltaista voita.

Si fermarono lì e non cercarono oltre la cabina.

He pysähtyivät siihen eivätkä etsineet mökkiä enempää.

Ogni giorno lavoravano e ne trovavano migliaia di pezzi in polvere d'oro.

Joka päivä he työskentelivät ja löysivät tuhansia kultapölyä.

Confezionarono l'oro in sacchi di pelle di alce, da cinquanta libbre ciascuno.

He pakkasivat kullan hirvennahkasäkkeihin, viisikymmentä puntaa kappale.

I sacchi erano accatastati come legna da ardere fuori dal loro piccolo rifugio.

Laukut oli pinottu kuin polttopuut heidän pienen majansa ulkopuolella.

Lavoravano come giganti e i giorni trascorrevano veloci come sogni.

He työskentelivät kuin jättiläiset, ja päivät kuluivat kuin nopeasti unissa.

Accumularono tesori mentre gli infiniti giorni trascorrevano rapidamente.

He kasasivat aarteita loputtomien päivien vieridessä nopeasti.

I cani avevano ben poco da fare, se non trasportare la carne di tanto in tanto.

Koirilla ei ollut juurikaan tekemistä, paitsi silloin tällöin kuljettaa lihaa.

Thornton cacciò e uccise la selvaggina, mentre Buck si sdraiò accanto al fuoco.

Thornton metsästi ja tappoi riistan, ja Buck makasi tulen ääressä.

Trascorse lunghe ore in silenzio, perso nei pensieri e nei ricordi.

Hän vietti pitkiä tunteja hiljaisuudessa, uppoutuneena ajatuksiinsa ja muistoihinsa.

L'immagine dell'uomo peloso tornava sempre più spesso alla mente di Buck.

Karvaisen miehen kuva tuli yhä useammin Buckin mieleen.

Ora che il lavoro scarseggiava, Buck sognava mentre sbatteva le palpebre verso il fuoco.

Nyt kun työtä oli vähän, Buck unelmoi räpytellen silmiään tulelle.

In quei sogni, Buck vagava con l'uomo in un altro mondo.

Noissa unissa Buck vaelsi miehen kanssa toisessa maailmassa.

La paura sembrava il sentimento più forte in quel mondo lontano.

Pelko tuntui olevan voimakkain tunne tuossa kaukaisessa maailmassa.

Buck vide l'uomo peloso dormire con la testa bassa.

Buck näki karvaisen miehen nukkuvan pää painuksissa.

Aveva le mani giunte e il suo sonno era agitato e interrotto.

Hänen kätensä olivat ristissä, ja hänen unensa oli levotonta ja katkonaista.

Si svegliava di soprassalto e fissava il buio con timore.

Hän heräsi usein säpsähtäen ja tuijotti pelokkaasti pimeyteen.

Poi aggiungeva altra legna al fuoco per mantenere viva la fiamma.

Sitten hän heitti lisää puuta tuleen pitääkseen liekin kirkkaana.

A volte camminavano lungo una spiaggia in riva a un mare grigio e infinito.

Joskus he kävelivät hiekkarantaa pitkin harmaan, loputtoman meren äärellä.

L'uomo peloso raccolse i frutti di mare e li mangiò mentre camminava.

Karvainen mies poimi äyriäisiä ja söi niitä kävellessään.

I suoi occhi cercavano sempre pericoli nascosti nell'ombra.

Hänen silmänsä etsivät aina varjoista piilossa olevia vaaroja.

Le sue gambe erano sempre pronte a scattare al primo segno di minaccia.

Hänen jalkansa olivat aina valmiina juoksemaan ensimmäisen uhkan merkistä.

Avanzavano furtivamente nella foresta, silenziosi e cauti, uno accanto all'altro.

He hiipivät metsän läpi hiljaa ja varovaisesti, rinnakkain.

Buck lo seguì alle calcagna, ed entrambi rimasero all'erta.

Buck seurasi hänen kannoillaan, ja molemmat pysyivät valppaina.

Le loro orecchie si muovevano e si contraevano, i loro nasi fiutavano l'aria.

Heidän korvansa nykivät ja liikkuivat, heidän nenänsä nuuhkivat ilmaa.

L'uomo riusciva a sentire e ad annusare la foresta in modo altrettanto acuto quanto Buck.

Mies kuuli ja haistoi metsän yhtä tarkasti kuin Buck.

L'uomo peloso si lanciò tra gli alberi a velocità improvvisa.

Karvainen mies syöksyi puiden läpi äkillisellä vauhdilla.

Saltava da un ramo all'altro senza mai perdere la presa.

Hän hyppi oksalta oksalle, otteestaan huolimatta.

Si muoveva con la stessa rapidità con cui si muoveva sopra e sopra il terreno.

Hän liikkui yhtä nopeasti maanpinnan yläpuolella kuin sen päälläkin.

Buck ricordava le lunghe notti passate sotto gli alberi a fare la guardia.

Buck muisti pitkät yöt puiden alla, jolloin hän piti vahtia.

L'uomo dormiva appollaiato sui rami, aggrappandosi forte.

Mies nukkui oksissa tiukasti roikkuen yöllä.

Questa visione dell'uomo peloso era strettamente legata al richiamo profondo.

Tämä karvaisen miehen näky oli läheisesti sidoksissa syvään kutsuun.

Il richiamo risuonava ancora nella foresta con una forza inquietante.

Kutsu kaikui yhä metsän läpi aavemaisen voimakkaasti.

La chiamata riempì Buck di desiderio e di un inquieto senso di gioia.

Kutsu täytti Buckin kaipauksella ja levottomalla ilon tunteella.

Sentì strani impulsi e stimoli a cui non riusciva a dare un nome.

Hän tunsi outoja mielitekoja ja tunteita, joita hän ei osannut nimetä.

A volte seguiva la chiamata inoltrandosi nel silenzio dei boschi.

Joskus hän seurasi kutsua syvälle hiljaiseen metsään.

Cercava il richiamo, abbaiando piano o bruscamente mentre camminava.

Se etsi kutsuääntä haukkuen hiljaa tai terävästi kulkiessaan.

Annusò il muschio e il terreno nero dove cresceva l'erba.

Hän nuuhki sammalta ja mustaa multaa, missä ruohot kasvoivat.

Sbuffò di piacere sentendo i ricchi odori della terra profonda.

Hän huokaisi ihastuksesta syvän maan rikkaille tuoksuille.

Rimase accovacciato per ore dietro i tronchi ricoperti di funghi.

Hän kyykistyi tuntikausia sienen peittämien runkojen takana.

Rimase immobile, ascoltando con gli occhi sgranati ogni minimo rumore.

Hän pysyi paikallaan, kuunnellen silmät suurina jokaista pientä ääntä.

Forse sperava di sorprendere la cosa che aveva emesso la chiamata.

Hän on ehkä toivonut yllättävänsä sen, joka soitti.

Non sapeva perché si comportava in quel modo: lo faceva e basta.

Hän ei tiennyt, miksi hän toimi näin – hän yksinkertaisesti ymmärsi.

Questi impulsi provenivano dal profondo, al di là del pensiero o della ragione.

Ne himot tulivat syvältä sisimmästä, ajatuksen tai järjen tuolta puolen.

Buck fu colto da impulsi irresistibili, senza preavviso o motivo.

Vastustamattomat halut valtasivat Buckin varoittamatta tai syytä.

A volte sonnecchiava pigramente nell'accampamento, sotto il caldo di mezzogiorno.

Välillä hän torkkui laiskasti leirissä keskipäivän kuumuudessa.

All'improvviso sollevò la testa e le sue orecchie si drizzarono in allerta.

Yhtäkkiä hänen päänsä nousi ja korvat nousivat pystyyn valppaina.

Poi balzò in piedi e si lanciò nella natura selvaggia senza fermarsi.

Sitten hän hyppäsi ylös ja syöksyi tauotta erämaahan.

Corse per ore attraverso sentieri forestali e spazi aperti.

Hän juoksi tuntikausia metsäpolkuja ja avoimia paikkoja pitkin.

Amava seguire i letti asciutti dei torrenti e spiare gli uccelli sugli alberi.

Hän rakasti seurata kuivia purouomia ja vakoilla lintuja puissa.

Poteva restare nascosto tutto il giorno, osservando le pernici che si pavoneggiavano in giro.

Hän voisi maata piilossa koko päivän ja katsella peltopyiden
tepastelevan ympäriinsä.

**Suonavano i tamburi e marciavano, ignari della presenza
immobile di Buck.**

He rummuttivat ja marssivat tietämättöminä Buckin yhä
läsnäolosta.

Ma ciò che amava di più era correre al crepuscolo estivo.

Mutta eniten hän rakasti juosta kesähämärässä.

**La luce fioca e i suoni assonnati della foresta lo riempivano
di gioia.**

Hämärä valo ja uneliaat metsän äänet täyttivät hänet ilolla.

**Leggeva i cartelli della foresta con la stessa chiarezza con cui
un uomo legge un libro.**

Hän luki metsän merkkejä yhtä selvästi kuin mies lukee kirjaa.

E cercava sempre la strana cosa che lo chiamava.

Ja hän etsi aina sitä outoa asiaa, joka häntä kutsui.

**Quella chiamata non si è mai fermata: lo raggiungeva sia da
sveglio che nel sonno.**

Tuo kutsu ei koskaan lakannut – se tavoitti hänet sekä
valveilla että nukkuessaan.

**Una notte si svegliò di soprassalto, con gli occhi acuti e le
orecchie tese.**

Eräänä yönä hän heräsi säpsähtäen, silmät terävät ja korvat
pystyssä.

**Le sue narici si contrassero mentre la sua criniera si rizzava
in onde.**

Hänen sieraimensa nytkähtivät harjan aaltojen pörrössä.

**Dal profondo della foresta giunse di nuovo quel suono, il
vecchio richiamo.**

Syvältä metsästä kuului taas ääni, vanha kutsu.

**Questa volta il suono risuonò chiaro, un ululato lungo,
inquietante e familiare.**

Tällä kertaa ääni kaikui selkeästi, pitkä, kummitteleva, tuttu
ulvonta.

**Era come il verso di un husky, ma dal tono strano e
selvaggio.**

Se oli kuin huskyn huuto, mutta ääneltään outo ja villi.

Buck riconobbe subito quel suono: lo aveva già sentito molto tempo prima.

Buck tunsi äänen heti – hän oli kuullut saman äänen kauan sitten.

Attraversò con un balzo l'accampamento e scomparve rapidamente nel bosco.

Hän hyppäsi leirin läpi ja katosi nopeasti metsään.

Avvicinandosi al suono, rallentò e si mosse con cautela.

Äänen lähestyessä hän hidasti vauhtia ja liikkui varovasti.

Presto raggiunse una radura tra fitti pini.

Pian hän saapui aukiolle tiheiden mäntyjen väliin.

Lì, ritto sulle zampe posteriori, sedeva un lupo grigio alto e magro.

Siellä, kyykyssään pystyssä, istui pitkä, laiha puumainen susi.

Il naso del lupo puntava verso il cielo, continuando a riecheggiare il richiamo.

Suden kuono osoitti taivasta kohti, yhä toistaen kutsua.

Buck non aveva emesso alcun suono, eppure il lupo si fermò e ascoltò.

Buck ei ollut päästänyt ääntäkään, mutta susi pysähtyi ja kuunteli.

Percependo qualcosa, il lupo si irrigidì e scrutò l'oscurità.

Aistiessaan jotakin susi jännittyi ja etsi pimeyttä.

Buck si fece avanti furtivamente, con il corpo basso e i piedi ben appoggiati al terreno.

Buck hiipi näkyviin, vartalo matalana, jalat liikkumatta maassa.

La sua coda era dritta e il suo corpo era teso e teso.

Hänen häntänsä oli suora ja ruumis jännityksestä tiukasti kiertynyt.

Manifestava sia un atteggiamento minaccioso che una sorta di rude amicizia.

Hän osoitti sekä uhkaa että eräänlaista karua ystävyyttä.

Era il saluto cauto tipico delle bestie selvatiche.

Se oli varovainen tervehdys, jonka villieläimet jakavat.

Ma il lupo si voltò e fuggì non appena vide Buck.

Mutta susi kääntyi ja pakeni heti nähtyään Buckin.

Buck si lanciò all'inseguimento, saltando selvaggiamente, desideroso di raggiungerlo.

Buck lähti takaa-ajoon hyppien villisti, innokkaana saavuttamaan sen.

Seguì il lupo in un ruscello secco bloccato da un ingorgo di tronchi.

Hän seurasi sutta kuivaan puroon, jonka puupato oli tukkinut.

Messo alle strette, il lupo si voltò e rimase fermo.

Nurkkaan ajettuna susi pyörähti ympäri ja pysyi ennallaan.

Il lupo ringhiò e schioccò i denti come un husky intrappolato in una rissa.

Susi murahti ja ärähti kuin tappelussa loukkuun jäänyt huskykoira.

I denti del lupo schioccarono rapidamente e il suo corpo si irrigidì per la furia selvaggia.

Suden hampaat naksahtivat nopeasti, sen ruumis täynnä villiä raivoa.

Buck non attaccò, ma girò intorno al lupo con attenta cordialità.

Buck ei hyökännyt, vaan kiersi suden varovaisen ystävällisesti.

Cercò di bloccargli la fuga con movimenti lenti e innocui.

Hän yritti estää pakoaan hitailla, vaarattomilla liikkeillä.

Il lupo era cauto e spaventato: Buck lo superava di peso tre volte.

Susi oli varovainen ja peloissaan – Buck oli sitä kolme kertaa painavampi.

La testa del lupo arrivava a malapena all'altezza della spalla massiccia di Buck.

Suden pää ulottui tuskin Buckin massiiviseen olkapäähän asti.

Il lupo, attento a individuare un varco, si lanciò e l'inseguimento ricominciò.

Susi tähyili aukkoa, karkasi ja takaa-ajo alkoi uudelleen.

Buck lo mise alle strette più volte e la danza si ripeté.

Buck ajoi hänet nurkkaan useita kertoja, ja tanssi toistui.

Il lupo era magro e debole, altrimenti Buck non avrebbe potuto catturarlo.

Susi oli laiha ja heikko, tai muuten Buck ei olisi saanut sitä kiinni.

Ogni volta che Buck si avvicinava, il lupo si girava di scatto e lo affrontava spaventato.

Joka kerta kun Buck lähestyi, susi pyörähti ympäri ja kääntyi peloissaan häntä kohti.

Poi, alla prima occasione, si precipitò di nuovo nel bosco.

Sitten ensimmäisen tilaisuuden tullen hän syöksyi jälleen metsään.

Ma Buck non si arrese e alla fine il lupo imparò a fidarsi di lui.

Mutta Buck ei luovuttanut, ja lopulta susi alkoi luottaa häneen.

Annusò il naso di Buck e i due diventarono giocosi e attenti.

Hän nuuhki Buckin nenää, ja heistä tuli leikkisiä ja valppaita.

Giocavano come animali selvaggi, feroci ma timidi nella loro gioia.

Ne leikkivät kuin villieläimet, raivokkaita mutta ilossaan ujoja.

Dopo un po' il lupo trotterellò via con calma e decisione.

Hetken kuluttua susi ravaili pois rauhallisen määrätietoisena.

Dimostrò chiaramente a Buck che intendeva essere seguito.

Hän osoitti selvästi Buckille, että tätä seurattiin.

Correvano fianco a fianco nel buio della sera.

He juoksivat rinnakkain hämärän hämärtyessä.

Seguirono il letto del torrente fino alla gola rocciosa.

He seurasivat purouomaa ylös kallioiseen rotkoon.

Attraversarono un freddo spartiacque nel punto in cui aveva avuto origine il fiume.

He ylittivät kylmän vedenjakajan siitä, mistä virta oli alkanut.

Sul pendio più lontano trovarono un'ampia foresta e molti corsi d'acqua.

Kaukaiselta rinteeltä he löysivät laajan metsän ja monia puroja.

Corsero per ore senza fermarsi attraverso quella terra immensa.

Tämän valtavan maan halki he juoksivat tuntikausia
pysähtymättä.

Il sole saliva sempre più alto, l'aria si faceva calda, ma loro
continuavano a correre.

Aurinko nousi korkeammalle, ilma lämpeni, mutta he
jatkoivat juoksuaan.

Buck era pieno di gioia: sapeva di aver risposto alla sua
chiamata.

Buck oli täynnä iloa – hän tiesi vastaavansa kutsumukseensa.

Corse accanto al fratello della foresta, più vicino alla fonte
della chiamata.

Hän juoksi metsäveljensä rinnalla, lähemmäs kutsun lähdettä.

I vecchi sentimenti ritornano, potenti e difficili da ignorare.

Vanhat tunteet palasivat, voimakkaina ja vaikeasti
sivuutettavissa.

Queste erano le verità nascoste nei ricordi dei suoi sogni.

Nämä olivat totuudet hänen uniemuistojensa takana.

Tutto questo lo aveva già fatto in un mondo lontano e
oscuro.

Hän oli tehnyt kaiken tämän aiemminkin kaukaisessa ja
varjoisassa maailmassa.

Questa volta lo fece di nuovo, scatenandosi con il cielo
aperto sopra di lui.

Nyt hän teki tämän taas, juosten villisti avoimen taivaan alla.

Si fermarono presso un ruscello per bere l'acqua fredda che
scorreva.

He pysähtyivät puroon juomaan kylmää, virtaavaa vettä.

Mentre beveva, Buck si ricordò improvvisamente di John
Thornton.

Juodessaan Buck muisti yhtäkkiä John Thorntonin.

Si sedette in silenzio, lacerato dal sentimento di lealtà e
dalla chiamata.

Hän istuutui hiljaa, uskollisuuden ja kutsumuksen
hurmaamana.

Il lupo continuò a trottare, ma tornò indietro per incitare
Buck ad andare avanti.

Susi jatkoi ravaamistaan, mutta palasi takaisin kannustamaan Buckia eteenpäin.

Gli annusò il naso e cercò di convincerlo con gesti gentili.

Hän nuuhkaisi tämän nenää ja yritti houkutella tätä pehmeillä eleillä.

Ma Buck si voltò e riprese a tornare indietro per la strada da cui era venuto.

Mutta Buck kääntyi ympäri ja lähti takaisin samaa tietä.

Il lupo gli corse accanto per molto tempo, guaindo piano.

Susi juoksi pitkään hänen vierellään hiljaa vinkuen.

Poi si sedette, alzò il naso ed emise un lungo ululato.

Sitten hän istuutui alas, nosti kuonoaan ja päästi pitkän ulvonnan.

Era un grido lugubre, che si addolcì mentre Buck si allontanava.

Se oli surullinen huuto, joka pehmeni Buckin kävellessä pois.

Buck ascoltò mentre il suono del grido svaniva lentamente nel silenzio della foresta.

Buck kuunteli, kuinka huudon ääni hitaasti vaimeni metsän hiljaisuuteen.

John Thornton stava cenando quando Buck irruppe nell'accampamento.

John Thornton söi päivällistä, kun Buck ryntäsi leiriin.

Buck gli saltò addosso selvaggiamente, leccandolo, mordendolo e facendolo rotolare.

Buck hyökkäsi villisti hänen kimppuunsa nuoleskellen, purren ja kaataen häntä.

Lo fece cadere, gli saltò sopra e gli baciò il viso.

Hän kaatoi hänet, kiipesi hänen päälleen ja suukotti hänen kasvojaan.

Thornton lo definì con affetto "fare il buffone".

Thornton kutsui tätä kiintymyksellä "yleisen typeryksen leikkimiseksi".

Nel frattempo, imprecava dolcemente contro Buck e lo scuoteva avanti e indietro.

Koko ajan hän kirosi Buckia lempeästi ja ravisteli tätä edestakaisin.

Per due interi giorni e due notti, Buck non lasciò l'accampamento nemmeno una volta.
Kahteen kokonaiseen päivään ja yöhön Buck ei poistunut leiristä kertaakaan.

Si teneva vicino a Thornton e non lo perdeva mai di vista.
Hän pysytteli lähellä Thorntonia eikä koskaan päästänyt tätä näkyvistä.

Lo seguiva mentre lavorava e lo osservava mentre mangiava.
Hän seurasi häntä tämän työskennellessä ja katseli häntä syödessään.

Di notte vedeva Thornton avvolto nelle sue coperte e ogni mattina lo vedeva uscire.
Hän näki Thorntonin peittojensa sisällä öisin ja ulkona joka aamu.

Ma presto il richiamo della foresta ritornò, più forte che mai.
Mutta pian metsän kutsu palasi, kovempana kuin koskaan ennen.

Buck si sentì di nuovo irrequieto, agitato dal pensiero del lupo selvatico.
Buck levottomaksi tuli jälleen, ajatusten herättämänä villisusesta.

Ricordava la terra aperta e le corse fianco a fianco.
Hän muisti avoimen maan ja rinnakkain juoksemisen.

Ricominciò a vagare nella foresta, solo e vigile.
Hän alkoi jälleen vaeltaa metsään, yksin ja valppaana.

Ma il fratello selvaggio non tornò e l'ululato non fu udito.
Mutta villiveli ei palannut, eikä ulvontaa kuulunut.

Buck cominciò a dormire all'aperto, restando lontano anche per giorni interi.
Buck alkoi nukkua ulkona, pysyen poissa päiväkausia kerrallaan.

Una volta attraversò l'alto spartiacque dove aveva origine il torrente.
Kerran hän ylitti korkean vedenjakajan, josta puro oli alkanut.

Entrò nella terra degli alberi scuri e dei grandi corsi d'acqua.
Hän astui tumman puun ja leveiden purojen maahan.

Vagò per una settimana alla ricerca di tracce del fratello selvaggio.

Viikon ajan hän vaelteli etsien merkkejä villistä veljestään.

Uccideva la propria carne e viaggiava a passi lunghi e instancabili.

Hän teurasti oman saaliinsa ja kulki pitkin, väsymättömin askelin.

Pescò salmoni in un ampio fiume che arrivava fino al mare.

Hän kalasti lohta leveässä joessa, joka ulottui mereen.

Lì lottò e uccise un orso nero reso pazzo dagli insetti.

Siellä hän taisteli ja tappoi ötököiden raivostuttaman mustakarhun.

L'orso stava pescando e corse alla cieca tra gli alberi.

Karhu oli kalastanut ja juossut sokkona puiden läpi.

La battaglia fu feroce e risvegliò il profondo spirito combattivo di Buck.

Taistelu oli raju ja herätti Buckin syvän taistelutahtoisuuden.

Due giorni dopo, Buck tornò e trovò dei ghiottoni nei pressi della sua preda.

Kaksi päivää myöhemmin Buck palasi ja löysi saaliiltaan ahmoja.

Una dozzina di loro litigarono furiosamente e rumorosamente per la carne.

Tusina heistä riiteli lihasta äänekkäästi ja raivokkaasti.

Buck caricò e li disperse come foglie al vento.

Buck hyökkäsi ja hajotti heidät kuin lehdet tuuleen.

Due lupi rimasero indietro: silenziosi, senza vita e immobili per sempre.

Kaksi sutta jäi jäljelle – hiljaa, elottomasti ja liikkumatta ikuisesti.

La sete di sangue divenne più forte che mai.

Verenhimo voimistui entisestään.

Buck era un cacciatore, un assassino, che si nutriva di creature viventi.

Buck oli metsästäjä, tappaja, joka söi eläviä olentoja.

Sopravvisse da solo, affidandosi alla sua forza e ai suoi sensi acuti.

Hän selvisi yksin, luottaen voimiinsa ja teräviin aisteihinsa.

Prosperava nella natura selvaggia, dove solo i più forti potevano sopravvivere.

Hän viihtyi luonnossa, jossa vain kestävimmät pystyivät elämään.

Da ciò nacque un grande orgoglio che riempì tutto l'essere di Buck.

Tästä nousi suuri ylpeys ja täytti koko Buckin olemuksen.

Il suo orgoglio traspariva da ogni passo, dal fremito di ogni muscolo.

Hänen ylpeytensä näkyi jokaisella askeleella, jokaisen lihaksen väreilyssä.

Il suo orgoglio era evidente, come si vedeva dal suo comportamento.

Hänen ylpeytensä oli yhtä selkeä kuin sanat, ja se näkyi hänen käyttäytymisessään.

Persino il suo spesso mantello appariva più maestoso e splendeva di più.

Jopa hänen paksu turkkinsa näytti majesteettisemmalta ja kiilsi kirkkaammin.

Buck avrebbe potuto essere scambiato per un lupo grigio gigante.

Buckia olisi voitu erehtyä luulemaan jättimäiseksi metsäsudeksi.

A parte il marrone sul muso e le macchie sopra gli occhi.

Paitsi ruskea kuonossa ja täplät silmien yläpuolella.

E la striscia bianca di pelo che gli correva lungo il centro del petto.

Ja valkoinen karvajuova, joka kulki hänen rintansa keskeltä.

Era addirittura più grande del più grande lupo di quella feroce razza.

Hän oli jopa suurempi kuin tuon raivokkaan rodun suurin susi.

Suo padre, un San Bernardo, gli ha trasmesso la stazza e la corporatura robusta.

Hänen isänsä, bernhardiinikoira, antoi hänelle koon ja rotevan rungon.

Sua madre, una pastorella, plasmò quella mole conferendole la forma di un lupo.

Hänen äitinsä, paimen, muovasi tuon massan suden kaltaiseksi.

Aveva il muso lungo di un lupo, anche se più pesante e largo.

Hänellä oli suden pitkä kuono, vaikkakin painavampi ja leveämpi.

La sua testa era quella di un lupo, ma di dimensioni enormi e maestose.

Hänen päänsä oli suden, mutta rakennettu massiiviseen, majesteettiseen mittakaavaan.

L'astuzia di Buck era l'astuzia del lupo e della natura selvaggia.

Buckin viekkaus oli suden ja erämaan viekkautta.

La sua intelligenza gli venne sia dal Pastore Tedesco che dal San Bernardo.

Hänen älykkyytensä tuli sekä saksanpaimenkoiralta että bernhardiinkoiralta.

Tutto ciò, unito alla dura esperienza, lo rese una creatura temibile.

Kaikki tämä ja karut kokemukset tekivät hänestä pelottavan olennon.

Era formidabile quanto qualsiasi animale che vagasse nelle terre selvagge del nord.

Hän oli yhtä pelottava kuin mikä tahansa pohjoisen erämaassa vaeltava peto.

Nutrendosi solo di carne, Buck raggiunse l'apice della sua forza.

Pelkästään lihaa syöden Buck saavutti voimiensa huipun.

Trasudava potenza e forza maschile in ogni fibra del suo corpo.

Hän pursui voimaa ja miehistä voimaa jokaisessa solussaan.

Quando Thornton gli accarezzò la schiena, i peli brillarono di energia.

Kun Thornton silitti hänen selkäänsä, karvat leimahtivat energiasta.

Ogni capello scricchiolava, carico del tocco di un magnetismo vivente.

Jokainen hius rätinöi, latautuneena elävän magnetismin kosketuksesta.

Il suo corpo e il suo cervello erano sintonizzati sulla tonalità più fine possibile.

Hänen kehonsa ja aivonsa olivat viritetty parhaalle mahdolliselle sävelkorkeudelle.

Ogni nervo, ogni fibra e ogni muscolo lavoravano in perfetta armonia.

Jokainen hermo, säie ja lihas toimivat täydellisessä harmoniassa.

A qualsiasi suono o visione che richiedesse un intervento, rispondeva immediatamente.

Kaikkiin ääniin tai näkyihin, jotka vaativat toimenpiteitä, hän reagoi välittömästi.

Se un husky saltava per attaccare, Buck poteva saltare due volte più velocemente.

Jos husky hyppäsi hyökkäämään, Buck pystyi hyppäämään kaksi kertaa nopeammin.

Reagì più rapidamente di quanto gli altri potessero vedere o sentire.

Hän reagoi nopeammin kuin muut ehtivät nähdä tai kuulla.

Percezione, decisione e azione avvennero tutte in un unico, fluido istante.

Havainto, päätös ja toiminta tapahtuivat kaikki yhdessä sulavassa hetkessä.

In realtà si tratta di atti separati, ma troppo rapidi per essere notati.

Todellisuudessa nämä teot olivat erillisiä, mutta liian nopeita huomatakseen.

Gli intervalli tra questi atti erano così brevi che sembravano uno solo.

Näiden tekojen väliset tauot olivat niin lyhyitä, että ne tuntuivat yhdeltä.

I suoi muscoli e il suo essere erano come molle strettamente avvolte.

Hänen lihaksensa ja olemuksensa olivat kuin tiukasti kierrettyjä jousia.

Il suo corpo traboccava di vita, selvaggia e gioiosa nella sua potenza.

Hänen ruumiinsa sykki elämää, villinä ja iloisena voimassaan.

A volte aveva la sensazione che la forza stesse per esplodere completamente dentro di lui.

Välillä hänestä tuntui kuin voima purkautuisi hänestä kokonaan.

"Non c'è mai stato un cane simile", disse Thornton un giorno tranquillo.

"Ei ole koskaan ollut sellaista koiraa", Thornton sanoi yhtenä hiljaisena päivänä.

I soci osservarono Buck uscire fiero dall'accampamento.

Parit katselivat Buckin astelevan ylpeänä leiristä ulos.

"Quando è stato creato, ha cambiato il modo in cui un cane può essere", ha detto Pete.

"Kun hänet luotiin, hän muutti sitä, mitä koira voi olla", Pete sanoi.

"Per Dio! Lo penso anch'io", concordò subito Hans.

"Jeesuksen nimeen! Luulenpa niin itsekin", Hans myönsi nopeasti.

Lo videro allontanarsi, ma non il cambiamento che avvenne dopo.

He näkivät hänen marssivan pois, mutta eivät sitä muutosta, joka tapahtui sen jälkeen.

Non appena entrò nel bosco, Buck si trasformò completamente.

Metsään astuttuaan Buck muuttui täysin.

Non marciava più, ma si muoveva come uno spettro selvaggio tra gli alberi.

Hän ei enää marssinut, vaan liikkui kuin villi aave puiden keskellä.

Divenne silenzioso, come un gatto, un bagliore che attraversava le ombre.

Hänestä tuli hiljainen, kissanjalkainen, välähdys välähti varjojen läpi.

Usava la copertura con abilità, strisciando sulla pancia come un serpente.

Hän käytti suojaa taitavasti ryömimällä vatsallaan kuin käärme.

E come un serpente, sapeva balzare in avanti e colpire in silenzio.

Ja käärmeen tavoin hän saattoi hypätä eteenpäin ja iskeä hiljaa.

Potrebbe rubare una pernice bianca direttamente dal suo nido nascosto.

Hän voisi varastaa kiirunan suoraan sen piilopesästä.

Uccideva i conigli addormentati senza emettere alcun suono.

Hän tappoi nukkuvia kaneja äänettömästi.

Riusciva a catturare gli scoiattoli a mezz'aria anche se fuggivano troppo lentamente.

Hän voisi napata maaoravat ilmassa, kun ne pakenivat liian hitaasti.

Nemmeno i pesci nelle pozze riuscivano a sfuggire ai suoi attacchi improvvisi.

Edes kalat lammikoissa eivät voineet välttyä hänen äkillisiltä iskuiltaan.

Nemmeno i furbi castori impegnati a riparare le dighe erano al sicuro da lui.

Edes patoja korjaavat ovelat majavat eivät olleet turvassa häneltä.

Uccideva per nutrirsi, non per divertirsi, ma preferiva uccidere le proprie vittime.

Hän tappoi ruoakseen, ei huvikseen – mutta piti eniten omista tappamisistaan.

Eppure, un umorismo subdolo permeava alcune delle sue cacce silenziose.

Silti ovela huumori leijui hänen hiljaisten metsästystensä läpi.

Si avvicinò furtivamente agli scoiattoli, solo per lasciarli scappare.

Hän hiipi aivan oravien lähelle, vain päästääkseen ne karkuun.

Stavano per fuggire tra gli alberi, chiacchierando con rabbia e paura.

He aikoivat paeta puiden sekaan, lörpötellen kauhuissaan ja raivoissaan.

Con l'arrivo dell'autunno, le alci cominciarono ad apparire in numero maggiore.

Syksyn saapuessa hirviä alkoi näkyä runsain määrin.

Si spostarono lentamente verso le basse valli per affrontare l'inverno.

He siirtyivät hitaasti mataliin laaksoihin kohtaamaan talven.

Buck aveva già abbattuto un giovane vitello randagio.

Buck oli jo kaatanut yhden nuoren, harhailevan vasikan.

Ma lui desiderava ardentemente affrontare prede più grandi e pericolose.

Mutta hän kaipasi suurempaa ja vaarallisempaa saalista.

Un giorno, sul crinale, alla sorgente del torrente, trovò la sua occasione.

Eräänä päivänä virran latvalla, hän löysi tilaisuutensa.

Una mandria di venti alci era giunta da terre boscose.

Metsäisiltä mailta oli ylittänyt tien kaksikymmentä hirveä.

Tra loro c'era un possente toro, il capo del gruppo.

Heidän joukossaan oli mahtava härkä; ryhmän johtaja.

Il toro era alto più di due metri e mezzo e appariva feroce e selvaggio.

Härkä oli yli kaksi metriä korkea ja näytti raivoisalta ja villiltä.

Lanciò le sue grandi corna, le cui quattordici punte si diramavano verso l'esterno.

Hän heitti leveät sarvensa, joista neljätoista haarautui ulospäin.

Le punte di quelle corna si estendevano per due metri.

Noiden sarvien kärjet ulottuivat seitsemän jalan levyisiksi.

I suoi piccoli occhi ardevano di rabbia quando vide Buck lì vicino.

Hänen pienet silmänsä paloivat raivosta, kun hän huomasi Buckin lähellä.

Emise un ruggito furioso, tremando di rabbia e dolore.

Hän päästi raivoisan karjaisun, täristen raivosta ja tuskasta.

Vicino al suo fianco spuntava la punta di una freccia, appuntita e piumata.

Läheltä hänen kylkeään törrötti höyhenpeitteinen ja terävä nuolenpää.

Questa ferita contribuì a spiegare il suo umore selvaggio e amareggiato.

Tämä haava auttoi selittämään hänen rajua, katkeraa mielialaansa.

Buck, guidato dall'antico istinto di caccia, fece la sua mossa.

Muinaisen metsästysvaiston ohjaamana Buck teki siirtonsa.

Il suo obiettivo era separare il toro dal resto della mandria.

Hän pyrki erottamaan härän muusta laumasta.

Non era un compito facile: richiedeva velocità e una grande astuzia.

Tämä ei ollut helppo tehtävä – se vaati nopeutta ja hurjaa oveluutta.

Abbaiava e danzava vicino al toro, appena fuori dalla sua portata.

Hän haukkui ja tanssi härän lähellä, juuri kantaman ulkopuolella.

L'alce si lanciò con enormi zoccoli e corna mortali.

Hirvi syöksyi eteenpäin valtavilla kavioilla ja tappavilla sarvilla.

Un colpo avrebbe potuto porre fine alla vita di Buck in un batter d'occhio.

Yksi isku olisi voinut lopettaa Buckin hengen silmänräpäyksessä.

Incapace di abbandonare la minaccia, il toro si infuriò.

Koska härkä ei pystynyt jättämään uhkaa taakseen, se suuttui.

Lui caricava con furia, ma Buck riusciva sempre a sfuggirgli.

Hän hyökkäsi raivoissaan, mutta Buck livahti aina karkuun.

Buck finse di essere debole, allontanandosi ulteriormente dalla mandria.

Buck teeskenteli heikkoutta houkutellen hänet kauemmas laumasta.

Ma i giovani tori sarebbero tornati alla carica per proteggere il capo.

Mutta nuoret sonnit aikoivat rynnätä takaisin suojellakseen johtajaa.

Costrinsero Buck a ritirarsi e il toro a ricongiungersi al gruppo.

He pakottivat Buckin perääntymään ja härän liittymään takaisin ryhmään.

C'è una pazienza nella natura selvaggia, profonda e inarrestabile.

Villissä on kärsivällisyyttä, syvää ja pysäyttämätöntä.

Un ragno resta immobile nella sua tela per innumerevoli ore.

Hämähäkki odottaa liikkumatta verkossaan lukemattomia tunteja.

Un serpente si avvolge su se stesso senza contrarsi e aspetta il momento giusto.

Käärme kiemurtelee nykimättä ja odottaa, kunnes on aika.

Una pantera è in agguato, finché non arriva il momento.

Pantteri väijyy, kunnes hetki koittaa.

Questa è la pazienza dei predatori che cacciano per sopravvivere.

Tämä on selviytyäkseen metsästävien saalistajien kärsivällisyyttä.

La stessa pazienza ardeva dentro Buck mentre gli restava accanto.

Sama kärsivällisyys paloi Buckin sisällä hänen pysytellessään lähellä.

Rimase vicino alla mandria, rallentandone la marcia e incutendo timore.

Hän pysytteli lauman lähellä hidastaen sen kulkua ja herättäen pelkoa.

Provocava i giovani tori e molestava le mucche madri.

Hän kiusoitteli nuoria sonneja ja ahdisteli emolehmiä.

Spinse il toro ferito in una rabbia ancora più profonda e impotente.

Hän ajoi haavoittuneen härän syvemmälle, avuttomampaan raivoon.

Per mezza giornata il combattimento si trascinò senza alcuna tregua.

Puoli päivää taistelu jatkui ilman minkäänlaista lepoa.

Buck attaccò da ogni angolazione, veloce e feroce come il vento.

Buck hyökkäsi joka suunnasta, nopeasti ja raivokkaasti kuin tuuli.

Impedì al toro di riposare o di nascondersi con la mandria.

Hän esti härkää lepäämästä tai piiloutumasta laumansa kanssa.

Buck logorò la volontà dell'alce più velocemente del suo corpo.

Buck kulutti hirven tahdon nopeammin kuin sen ruumis.

Il giorno passò e il sole tramontò basso nel cielo a nord-ovest.

Päivä kului ja aurinko laski matalalle luoteistaivaalla.

I giovani tori tornarono più lentamente per aiutare il loro capo.

Nuoret sonnit palasivat hitaammin auttamaan johtajaansa.

Erano tornate le notti autunnali e il buio durava ormai sei ore.

Syksyn yöt olivat palanneet, ja pimeys kesti nyt kuusi tuntia.

L'inverno li spingeva verso valli più sicure e calde.

Talvi painoi heitä alamäkeen turvallisempiin, lämpimämpiin laaksoihin.

Ma non riuscirono comunque a sfuggire al cacciatore che li tratteneva.

Mutta silti he eivät päässeet pakoon metsästäjää, joka pidätteli heitä.

Era in gioco solo una vita: non quella del branco, ma quella del loro capo.

Vain yhden ihmisen henki oli vaakalaudalla – ei lauman, vaan sen johtajan.

Ciò rendeva la minaccia lontana e non una loro preoccupazione urgente.

Se teki uhkasta etäisen eikä heidän kiireellisestä huolenaiheestaan.

Col tempo accettarono questo prezzo e lasciarono che Buck prendesse il vecchio toro.

Ajan myötä he hyväksyivät tämän hinnan ja antoivat Buckin ottaa vanhan härän.

Mentre calava il crepuscolo, il vecchio toro rimase in piedi con la testa bassa.

Hämärän laskeutuessa vanha härkä seisoi pää painuksissa.

Guardò la mandria che aveva guidato svanire nella luce morente.

Hän katseli, kuinka hänen johdattamansa lauma katosi himmenevään valoon.

C'erano mucche che aveva conosciuto, vitelli che un tempo aveva generato.

Siellä oli lehmiä, jotka hän oli tuntenut, vasikoita, jotka hän oli kerran siittänyt.

C'erano tori più giovani con cui aveva combattuto e che aveva dominato nelle stagioni passate.

Hän oli taistellut nuorempia sonneja vastaan ja hallinnut niitä menneinä kausina.

Non poteva seguirli, perché davanti a lui era di nuovo accovacciato Buck.

Hän ei voinut seurata heitä – sillä hänen edessään kyykistyi Buck jälleen.

Il terrore spietato e zannuto gli bloccava ogni via che potesse percorrere.

Armoton, hampaiden peittämä kauhu esti kaikki hänen tiensä.

Il toro pesava più di trecento chili di potenza densa.

Härkä painoi yli kolmesataa kiloa tiheää voimaa.

Aveva vissuto a lungo e lottato duramente in un mondo di difficoltà.

Hän oli elänyt kauan ja taistellut lujasti kamppailun täyttämässä maailmassa.

Eppure, alla fine, la morte gli venne commessa da una bestia molto più bassa di lui.

Silti nyt, lopussa, kuolema tuli petoeläimen luota, joka oli paljon hänen alapuolellaan.

La testa di Buck non arrivò nemmeno alle enormi ginocchia noccate del toro.

Buckin pää ei edes noussut härän valtavien, rystysten peittämien polvien tasolle.

Da quel momento in poi, Buck rimase con il toro notte e giorno.

Siitä hetkestä lähtien Buck pysyi härän luona yötä päivää.

Non gli dava mai tregua, non gli permetteva mai di brucare o bere.

Hän ei koskaan antanut hänelle lepoa, ei koskaan antanut hänen laiduntaa tai juoda.

Il toro cercò di mangiare giovani germogli di betulla e foglie di salice.

Härkä yritti syödä nuoria koivunversoja ja pajunlehtiä.

Ma Buck lo scacciò, sempre all'erta e sempre all'attacco.

Mutta Buck ajoi hänet pois, aina valppaana ja aina hyökkäävänä.

Anche nei torrenti che scorrevano, Buck bloccava ogni assetato tentativo.

Jopa tihkuvien purojen kohdalla Buck torjui kaikki janoiset yritykset.

A volte, in preda alla disperazione, il toro fuggiva a tutta velocità.

Joskus härkä pakeni epätoivoissaan täyttä vauhtia.

Buck lo lasciò correre, avanzando tranquillamente dietro di lui, senza mai allontanarsi troppo.

Buck antoi hänen juosta, loikki rauhallisesti aivan takana, ei koskaan kaukana.

Quando l'alce si fermò, Buck si sdraiò, ma rimase pronto.

Kun hirvi pysähtyi, Buck kävi makuulle, mutta pysyi valmiina.

Se il toro provava a mangiare o a bere, Buck colpiva con tutta la sua furia.

Jos härkä yritti syödä tai juoda, Buck iski täydellä raivolla.

La grande testa del toro si abbassava sotto le enormi corna.

Härän suuri pää painui alemmas valtavien sarviensa alle.

Il suo passo rallentò, il trotto divenne pesante, un'andatura barcollante.

Hänen vauhtinsa hidastui, ravi muuttui raskaaksi, kompuroivaksi kävelyksi.

Spesso restava immobile con le orecchie abbassate e il naso rivolto verso il terreno.

Hän seisoi usein paikallaan korvat painuksissa ja kuono maassa.

In quei momenti Buck si prese del tempo per bere e riposare.

Noina hetkinä Buck otti aikaa juoda ja levätä.

Con la lingua fuori e gli occhi fissi, Buck sentì che la terra stava cambiando.

Kieli ulkona, silmät kiinteästi, Buck aisti maan muuttuvan.

Sentì qualcosa di nuovo muoversi nella foresta e nel cielo.

Hän tunsi jotain uutta liikkuvan metsän ja taivaan halki.

Con il ritorno delle alci tornarono anche altre creature selvatiche.

Hirvien palatessa palasivat myös muut villieläimet.

La terra sembrava viva di una presenza invisibile ma fortemente nota.

Maa tuntui elävältä ja läsnäolevalta, näkymättömältä mutta vahvasti tunnetulta.

Buck non lo sapeva tramite l'udito, la vista o l'olfatto.

Buck ei tiennyt tätä kuulo-, näkö- eikä hajuaistimuksen perusteella.

Un sentimento più profondo gli diceva che nuove forze erano in movimento.

Syvempi aisti kertoi hänelle, että uusia voimia oli liikkeellä.

Una strana vita si agitava nei boschi e lungo i corsi d'acqua.

Outoa elämää kuhisi metsissä ja purojen varrella.

Decise di esplorare questo spirito una volta completata la caccia.

Hän päätti tutkia tätä henkeä metsästyksen päätyttyä.

Il quarto giorno, Buck riuscì finalmente a catturare l'alce.

Neljäntenä päivänä Buck sai viimein hirven kaatumaan.

Rimase nei pressi della preda per un giorno e una notte interi, nutrendosi e riposandosi.

Hän pysyi saaliin luona koko päivän ja yön, syöden ja leväten.

Mangiò, poi dormì, poi mangiò ancora, finché non fu forte e sazio.

Hän söi, nukkui ja söi taas, kunnes oli vahva ja kylläinen.

Quando fu pronto, tornò indietro verso l'accampamento e Thornton.

Kun hän oli valmis, hän kääntyi takaisin leiriä ja Thorntonia kohti.

Con passo costante iniziò il lungo viaggio di ritorno verso casa.

Tasaisella vauhdilla hän aloitti pitkän paluumatkan kotiin.

Correva con la sua andatura instancabile, ora dopo ora, senza mai smarrirsi.

Hän juoksi väsymätöntä loitsuaan tunti toisensa jälkeen, kertaakaan harhautumatta.

Attraverso terre sconosciute, si muoveva dritto come l'ago di una bussola.

Tuntemattomien maiden läpi hän kulki suoraan kuin kompassin neula.

Il suo senso dell'orientamento faceva sembrare deboli, al confronto, l'uomo e la mappa.

Hänen suuntavaistonsa sai ihmisen ja kartan näyttämään heikoilta verrattuna niihin.

Mentre Buck correva, sentiva sempre più forte l'agitazione nella terra selvaggia.

Juostessaan Buckin tunsi yhä voimakkaammin villin maan hälinän.

Era un nuovo tipo di vita, diverso da quello dei tranquilli mesi estivi.

Se oli uudenlaista elämää, toisin kuin tyynien kesäkuukausien aikana.

Questa sensazione non giungeva più come un messaggio sottile o distante.

Tämä tunne ei enää tullut hienovaraisena tai etäisenä viestinä.

Ora gli uccelli parlavano di questa vita e gli scoiattoli chiacchieravano.

Nyt linnut puhuivat tästä elämästä ja oravat höpöttivät siitä.

Persino la brezza sussurrava avvertimenti tra gli alberi silenziosi.

Tuulikin kuiskasi varoituksia hiljaisten puiden läpi.

Più volte si fermò ad annusare l'aria fresca del mattino.

Useita kertoja hän pysähtyi haistelemaan raikasta aamuilmaa.

Lì lesse un messaggio che lo fece fare un balzo in avanti più velocemente.

Hän luki sieltä viestin, joka sai hänet hyppäämään eteenpäin nopeammin.

Fu pervaso da un forte senso di pericolo, come se qualcosa fosse andato storto.

Raskas vaaran tunne täytti hänet, aivan kuin jokin olisi mennyt pieleen.

Temeva che la calamità stesse per arrivare, o che fosse già arrivata.

Hän pelkäsi, että onnettomuus oli tulossa – tai oli jo tullut.

Superò l'ultima cresta ed entrò nella valle sottostante.

Hän ylitti viimeisen harjanteen ja astui alla olevaan laaksoon.

Si muoveva più lentamente, attento e cauto a ogni passo.

Hän liikkui hitaammin, valppaammin ja varovaisemmin jokaisella askeleella.

Dopo tre miglia trovò una pista fresca che lo fece irrigidire.

Kolmen mailin päässä hän löysi uuden polun, joka kangisti hänet.

I peli sul collo si rizzarono e si rizzarono in segno di allarme.

Hänen kaulansa hiukset aaltoilivat ja nousivat pystyyn pelästyksestä.

Il sentiero portava dritto all'accampamento dove Thornton aspettava.

Polku johti suoraan leiriin, jossa Thornton odotti.

Buck ora si muoveva più velocemente, con passi silenziosi e rapidi.

Buck liikkui nyt nopeammin, hänen askeleensa oli sekä hiljainen että nopea.

I suoi nervi si irrigidirono mentre leggeva segnali che altri non avrebbero notato.

Hänen hermonsa kiristyivät, kun hän luki merkkejä, jotka muut tulisivat olemaan huomaamatta.

Ogni dettaglio del percorso raccontava una storia, tranne l'ultimo pezzo.

Jokainen polun yksityiskohta kertoi tarinan – paitsi viimeinen pala.

Il suo naso gli raccontò della vita che aveva trascorso lì.

Hänen nenänsä kertoi hänelle elämästä, joka oli kulunut tällä tiellä.

L'odore gli fornì un'immagine mutevole mentre lo seguiva da vicino.

Tuoksu muutti hänen mielikuvaansa hänen seuratessaan aivan kannoilla.

Ma la foresta stessa era diventata silenziosa, innaturalmente immobile.

Mutta metsä itse oli hiljentynyt; luonnottoman liikkumaton.

Gli uccelli erano scomparsi, gli scoiattoli erano nascosti, silenziosi e immobili.

Linnut olivat kadonneet, oravat olivat piilossa, hiljaa ja liikkumatta.

Vide solo uno scoiattolo grigio, sdraiato su un albero morto.

Hän näki vain yhden harmaaoravan, makaamassa kuolleella puulla.

Lo scoiattolo si mimetizzava, rigido e immobile come una parte della foresta.

Orava sulautui joukkoon, jäykkänä ja liikkumattomana kuin osa metsää.

Buck si muoveva come un'ombra, silenzioso e sicuro tra gli alberi.

Buck liikkui kuin varjo, hiljaa ja varmasti puiden läpi.

Il suo naso si mosse di lato come se fosse stato tirato da una mano invisibile.

Hänen nenänsä nytkähti sivulle aivan kuin näkymätön käsi olisi vetänyt häntä.

Si voltò e seguì il nuovo odore nel profondo di un boschetto.

Hän kääntyi ja seurasi uutta tuoksua syvälle pensaikkoon.

Lì trovò Nig, steso morto, trafitto da una freccia.

Sieltä hän löysi Nigin makaamasta kuolleena, nuolen lävistämänä.

La freccia gli attraversò il corpo, lasciando ancora visibili le piume.

Nuoli lävisti hänen ruumiinsa, höyhenet yhä näkyvissä.

Nig si era trascinato fin lì, ma era morto prima di riuscire a raggiungere i soccorsi.

Nig oli raahannut itsensä sinne, mutta kuoli ennen kuin ehti apuun.

Cento metri più avanti, Buck trovò un altro cane da slitta.

Sadan jaardin päässä Buck löysi toisen rekikoiran.

Era un cane che Thornton aveva comprato a Dawson City.

Se oli koira, jonka Thornton oli ostanut Dawson Citystä.

Il cane lottava con tutte le sue forze, dimenandosi violentemente sul sentiero.

Koira kävi kuolemanvaaraa ja rimpuili lujaa polulla.

Buck gli passò accanto senza fermarsi, con gli occhi fissi davanti a sé.

Buck ohitti hänet pysähtymättä, katse eteenpäin tuijotettuna.

Dalla direzione dell'accampamento proveniva un canto lontano e ritmico.

Leirin suunnalta kuului kaukainen, rytmikäs laulu.

Le voci si alzavano e si abbassavano con un tono strano, inquietante, cantilenante.

Äänet nousivat ja laskivat oudolla, aavemaisella, laulavalla sävyllä.

Buck strisciò in silenzio fino al limite della radura.

Buck ryömi hiljaa aukion reunalle.

Lì vide Hans disteso a faccia in giù, trafitto da numerose frecce.

Siellä hän näki Hansin makaavan kasvot alaspäin, monien nuolien lävistämänä.

Il suo corpo sembrava quello di un porcospino, irto di penne.

Hänen ruumiinsa näytti piikkisialta, täynnä höyhenpeitteisiä varsia.

Nello stesso momento, Buck guardò verso la capanna in rovina.

Samalla hetkellä Buck katsoi raunioitunutta majaa kohti.

Quella vista gli fece rizzare i capelli sul collo e sulle spalle.

Näky sai hiukset jäykiksi nousemaan pystyyn hänen niskallaan ja hartioillaan.

Un'ondata di rabbia selvaggia travolse tutto il corpo di Buck.

Villin raivon myrsky pyyhkäisi läpi koko Buckin ruumiin.

Ringhiò forte, anche se non ne era consapevole.

Hän murahti ääneen, vaikka ei tiennyt sitä.

Il suono era crudo, pieno di una furia terrificante e selvaggia.

Ääni oli raaka, täynnä kauhistuttavaa, villiä raivoa.

Per l'ultima volta nella sua vita, Buck perse la ragione a causa delle emozioni.

Viimeisen kerran elämässään Buck menetti järkensä tunteiden tieltä.

Fu l'amore per John Thornton a spezzare il suo attento controllo.

Rakkaus John Thorntonia kohtaan mursi hänen huolellisen itsehillintänsä.

Gli Yeehats ballavano attorno alla baita in legno di abete rosso distrutta.

Yeehatit tanssivat raunioituneen kuusimajan ympärillä.

Poi si udì un ruggito e una bestia sconosciuta si lanciò verso di loro.

Sitten kuului karjunta – ja tuntematon peto ryntäsi heitä kohti.

Era Buck: una furia in movimento, una tempesta vivente di vendetta.

Se oli Buck; liikkeessä oleva raivo; elävä kostonhimoinen myrsky.

Si gettò in mezzo a loro, folle di voglia di uccidere.

Hän heittäytyi heidän keskelleen, hulluna tappamisen tarpeesta.

Si lanciò contro il primo uomo, il capo Yeehat, e colpì nel segno.

Hän hyppäsi ensimmäisen miehen, yeehat-päällikön, kimppuun ja osui naulan kantaan.

La sua gola era squarciata e il sangue schizzava a fiotti.

Hänen kurkkunsa revittiin auki ja veri pursui virtana.

Buck non si fermò, ma con un balzo squarciò la gola dell'uomo successivo.

Buck ei pysähtynyt, vaan repäisi yhdellä loikalla seuraavan miehen kurkun irti.

Era inarrestabile: squarciava, tagliava, non si fermava mai a riposare.

Hän oli pysäyttämätön – repi, viilsi, eikä koskaan pysähtynyt lepäämään.

Si lanciò e balzò così velocemente che le loro frecce non riuscirono a toccarlo.

Hän syöksyi ja hyppäsi niin nopeasti, etteivät heidän nuolensa osuneet häneen.

Gli Yeehats erano in preda al panico e alla confusione.

Yeehatit olivat oman paniikkinsa ja hämmennyksensä vallassa.

Le loro frecce non colpirono Buck e si colpirono tra loro.

Heidän nuolensa osuivat toisiinsa ohi Buckin.

Un giovane scagliò una lancia contro Buck e colpì un altro uomo.

Yksi nuori heitti keihään Buckiin ja osui toiseen mieheen.

La lancia gli trapassò il petto e la punta gli trafisse la schiena.

Keihäs lävisti hänen rintansa ja iski selkäänsä.

Il terrore travolse gli Yeehats, che si diedero alla ritirata.

Kauhu valtasi Yeehatit, ja he murtautuivat täyteen perääntymiseen.

Urlarono allo Spirito Maligno e fuggirono nelle ombre della foresta.

He huusivat Pahaa Henkeä ja pakenivat metsän varjoihin.

Buck era davvero come un demone mentre inseguiva gli Yeehats.

Buck oli todellakin kuin demoni ajaessaan Yeehateja takaa.

Li inseguì attraverso la foresta, abbattendoli come cervi.

Hän juoksi heidän perässään metsän läpi ja kaatoi heidät kuin peurat.

Divenne un giorno di destino e terrore per gli spaventati Yeehats.

Siitä tuli kohtalon ja kauhun päivä peloissaan oleville Yeehateille.

Si dispersero sul territorio, fuggendo in ogni direzione.

He hajaantuivat pitkin maata, pakenivat kauas joka suuntaan.

Passò un'intera settimana prima che gli ultimi sopravvissuti si incontrassero in una valle.

Kokonainen viikko kului ennen kuin viimeiset eloonjääneet tapasivat laaksossa.

Solo allora contarono le perdite e raccontarono quanto accaduto.

Vasta sitten he laskivat tappionsa ja puhuivat tapahtuneesta.

Buck, stanco dell'inseguimento, ritornò all'accampamento in rovina.

Väsyttyään takaa-ajosta Buck palasi raunioituneeseen leiriin.

Trovò Pete, ancora avvolto nelle coperte, ucciso nel primo attacco.

Hän löysi Peten, yhä huopissaan, kuolleena ensimmäisessä hyökkäyksessä.

I segni dell'ultima lotta di Thornton erano visibili nella terra lì vicino.

Thorntonin viimeisen kamppailun merkit näkyivät läheisessä mullassa.

Buck seguì ogni traccia, annusando ogni segno fino al punto finale.

Buck seurasi jokaista jälkeä ja nuuhki jokaisen merkin viimeiseen pisteeseen asti.

Sul bordo di una profonda pozza trovò il fedele Skeet, immobile.

Syvän lammen reunalla hän löysi uskollisen Skeetin makaamasta liikkumatta.

La testa e le zampe anteriori di Skeet erano nell'acqua, immobili nella morte.

Skeetin pää ja etutassut olivat vedessä, liikkumattomina kuollessa.

La piscina era fangosa e contaminata dai liquidi di scarico delle chiuse.

Uima-allas oli mutainen ja tahraantunut sulkulaatikoiden valumavesistä.

La sua superficie torbida nascondeva ciò che si trovava sotto, ma Buck conosceva la verità.

Sen pilvinen pinta peitti alleen sen, mitä sen alla oli, mutta Buck tiesi totuuden.

Seguì l'odore di Thornton nella piscina, ma non lo portò da nessun'altra parte.

Hän seurasi Thorntonin hajua altaaseen asti – mutta haju ei johtanut minnekään muualle.

Non c'era alcun odore che provenisse, solo il silenzio dell'acqua profonda.

Ulos ei kuulunut hajua – vain syvän veden hiljaisuus.

Buck rimase tutto il giorno vicino alla piscina, camminando avanti e indietro per l'accampamento, addolorato.

Koko päivän Buck pysytteli altaan lähellä ja käveli edestakaisin leirissä surun murtamana.

Vagava irrequieto o sedeva immobile, immerso nei suoi pensieri.

Hän vaelteli levottomasti tai istui hiljaa, vaipuneena raskaisiin ajatuksiin.

Conosceva la morte, la fine della vita, la scomparsa di ogni movimento.

Hän tunsi kuoleman; elämän lopun; kaiken liikkeen katoamisen.

Capì che John Thornton se n'era andato e non sarebbe mai più tornato.

Hän ymmärsi, että John Thornton oli poissa eikä koskaan palaisi.

La perdita lasciò in lui un vuoto che pulsava come la fame.

Menetys jätti häneen tyhjän tilan, joka jyskyttää kuin nälkä.

Ma questa era una fame che il cibo non riusciva a placare, non importava quanto ne mangiasse.

Mutta ruoka ei voinut helpottaa tätä nälkää, vaikka hän söisi kuinka paljon tahansa.

A volte, mentre guardava i cadaveri di Yeehats, il dolore si attenuava.

Ajoittain, kun hän katsoi kuolleita Yeehateja, kipu laantui.

E poi dentro di lui nacque uno strano orgoglio, feroce e totale.

Ja sitten hänen sisällään nousi outo ylpeys, raju ja täydellinen.

Aveva ucciso l'uomo, la preda più alta e pericolosa di tutte.

Hän oli tappanut ihmisen, korkeimman ja vaarallisimman pelin kaikista.

Aveva ucciso in violazione dell'antica legge del bastone e della zanna.

Hän oli tappanut uhmaten muinaista nuijan ja hampaiden lakia.

Buck annusò i loro corpi senza vita, curioso e pensieroso.

Buck nuuhki heidän elottomia ruumiitaan uteliaana ja mietteliäänä.

Erano morti così facilmente, molto più facilmente di un husky in combattimento.

Ne olivat kuolleet niin helposti – paljon helpommin kuin husky taistelussa.

Senza le armi non avrebbero avuto vera forza né avrebbero rappresentato una minaccia.

Ilman aseitaan heillä ei ollut todellista voimaa tai uhkaa.

Buck non avrebbe più avuto paura di loro, a meno che non fossero stati armati.

Buck ei koskaan enää peläisi heitä, elleivät he olisi aseistettuja.

Stava attento solo quando portavano clave, lance o frecce.

Vain silloin, kun heillä oli nuijat, keihäät tai nuolet, hän varoi.

Calò la notte e la luna piena spuntò alta sopra le cime degli alberi.

Yö laskeutui, ja täysikuu nousi korkealle puiden latvojen yläpuolelle.

La pallida luce della luna avvolgeva la terra in un tenue e spettrale chiarore, come se fosse giorno.

Kuun haalea valo kylpi maan pehmeässä, aavemaisessa loisteessa kuin päivällä.

Mentre la notte avanzava, Buck continuava a piangere presso la pozza silenziosa.

Yön pimetessä Buck suri yhä hiljaisen lammen rannalla.

Poi si accorse di un diverso movimento nella foresta.

Sitten hän huomasi metsässä erilaisen hälinän.

L'agitazione non proveniva dagli Yeehats, ma da qualcosa di più antico e profondo.

Liian voimakas ääni ei tullut Yeehatien suvusta, vaan jostakin vanhemmasta ja syvemmästä.

Si alzò in piedi, drizzò le orecchie e tastò con attenzione la brezza con il naso.

Hän nousi seisomaan, korvat pystyssä, nenä testasi varovasti tuulta.

Da lontano giunse un debole e acuto grido che squarciò il silenzio.

Kaukaa kuului heikko, terävä kiljahdus, joka rikkoi hiljaisuuden.

Poi un coro di grida simili seguì subito dopo il primo.

Sitten samanlaisten huutojen kuoro seurasi aivan ensimmäisen perässä.

Il suono si avvicinava sempre di più, diventando sempre più forte con il passare dei minuti.

Ääni lähestyi, voimistuen hetki hetkeltä.

Buck conosceva quel grido: proveniva da quell'altro mondo nella sua memoria.

Buck tunsi tämän huudon – se tuli tuosta toisesta maailmasta, joka oli hänen muistoissaan.

Si recò al centro dello spazio aperto e ascoltò attentamente.

Hän käveli avoimen tilan keskelle ja kuunteli tarkkaan.

L'appello risuonò più forte che mai, più sentito e più potente che mai.

Kutsu kajahti, moniäänisenä ja voimakkaampana kuin koskaan.

E ora, più che mai, Buck era pronto a rispondere alla sua chiamata.

Ja nyt, enemmän kuin koskaan ennen, Buck oli valmis vastaamaan kutsuunsa.

John Thornton era morto e in lui non era rimasto alcun legame con l'uomo.

John Thornton oli kuollut, cikä hänessä ollut enää mitään sidettä ihmiseen.

L'uomo e tutte le pretese umane erano svaniti: era finalmente libero.

Ihminen ja kaikki inhimilliset vaatimukset olivat poissa – hän oli vihdoin vapaa.

Il branco di lupi era a caccia di carne, proprio come un tempo avevano fatto gli Yeehats.

Susilauma jahtasi lihaa kuten Yeehatit aikoinaan.

Avevano seguito le alci mentre scendevano dalle terre boscose.

He olivat seuranneet hirviä alas metsämailta.

Ora, selvaggi e affamati di prede, attraversarono la sua valle.

Nyt he ylittivät laaksonsa, villinä ja saalista nälkäisinä.

Giunsero nella radura illuminata dalla luna, scorrendo come acqua argentata.

Kuun valaisemaan aukioon ne saapuivat, virtaten kuin hopeinen vesi.

Buck rimase immobile al centro, in attesa.

Buck seisoi keskellä liikkumattomana ja odotti heitä.

La sua presenza calma e imponente lasciò il branco senza parole, tanto da farlo restare per un breve periodo in silenzio.

Hänen tyyni, suuri läsnäolonsa hiljensi lauman hetkeksi.

Allora il lupo più audace gli saltò addosso senza esitazione.

Sitten rohkein susi hyppäsi suoraan häntä kohti epäröimättä.

Buck colpì rapidamente e spezzò il collo del lupo con un solo colpo.

Buck iski nopeasti ja mursi suden kaulan yhdellä iskulla.

Rimase di nuovo immobile mentre il lupo morente si contorceva dietro di lui.

Hän seisoi jälleen liikkumattomana, kuoleva susi kiertyi hänen takanaan.

Altri tre lupi attaccarono rapidamente, uno dopo l'altro.

Kolme muuta sutta hyökkäsi nopeasti, yksi toisensa jälkeen.

Ognuno di loro si ritrasse sanguinante, con la gola o le spalle tagliate.

Jokainen perääntyi verta vuotaen, kurkku tai hartiat viillettyinä.

Ciò fu sufficiente a scatenare una carica selvaggia da parte dell'intero branco.

Se riitti laukaisemaan koko lauman villiin rynnäköön.

Si precipitarono tutti insieme, troppo impazienti e troppo ammassati per colpire bene.

He ryntäsivät sisään yhdessä, liian innokkaina ja tungoksissa iskeäkseen hyvin.

La velocità e l'abilità di Buck gli permisero di anticipare l'attacco.

Buckin nopeus ja taito antoivat hänelle mahdollisuuden pysyä hyökkäyksen edellä.

Girò sulle zampe posteriori, schioccando i denti e colpendo in tutte le direzioni.

Hän pyörähti takajaloillaan, napsahti ja iski joka suuntaan.

Ai lupi sembrò che la sua difesa non si fosse mai aperta o avesse vacillato.

Susien mielestä tämä tuntui siltä, ettei hänen puolustuslinjansa koskaan avautunut tai horjunut.

Si voltò e colpì così velocemente che non riuscirono a raggiungerlo alle spalle.

Hän kääntyi ja iski niin nopeasti, etteivät he päässeet hänen taakseen.

Ciononostante, il loro numero lo costrinse a cedere terreno e a ritirarsi.

Siitä huolimatta heidän lukumääränsä pakotti hänet antamaan periksi ja peräätymään.

Superò la piscina e scese nel letto roccioso del torrente.

Hän ohitti altaan ja laskeutui kiviseen purouomaan.

Lì si imbatté in un ripido pendio di ghiaia e terra.

Siellä hän törmäsi jyrkkään sora- ja maapenkereeseen.

Si è infilato in un angolo scavato durante i vecchi scavi dei minatori.

Hän livahti nurkkaan kaivostyöläisten vanhan kaivun aikana.

Ora, protetto su tre lati, Buck si trovava di fronte solo al lupo frontale.

Nyt kolmelta suunnalta suojattuna Buck kohtasi vain etummaisen suden.

Lì rimase in attesa, pronto per la successiva ondata di assalto.

Siinä hän seisoi loitolla, valmiina seuraavaan hyökkäysaaltoon.

Buck mantenne la posizione con tanta ferocia che i lupi indietreggiarono.

Buck piti pintansa niin raivokkaasti, että sudet vetäytyivät.

Dopo mezz'ora erano sfiniti e visibilmente sconfitti.

Puolen tunnin kuluttua he olivat uupuneita ja näkyvästi tappion kokeneita.

Le loro lingue pendevano fuori e le loro zanne bianche brillavano alla luce della luna.

Heidän kielensä roikkuivat ulkona, heidän valkoiset kulmahampaansa loistivat kuunvalossa.

Alcuni lupi si sdraiano, con la testa alzata e le orecchie dritte verso Buck.

Muutamat sudet makasivat alas päät pystyssä, korvat höröllään Buckia kohti.

Altri rimasero immobili, attenti e osservarono ogni suo movimento.

Muut seisoivat paikoillaan, valppaina ja tarkkailivat hänen jokaista liikettään.

Qualcuno si avvicinò alla piscina e bevve l'acqua fredda.

Muutama käveli uima-altaalle ja joi kylmää vettä.

Poi un lupo grigio, lungo e magro, si fece avanti furtivamente, con passo gentile.

Sitten yksi pitkä, laiha harmaa susi hiipi lempeästi eteenpäin.

Buck lo riconobbe: era il fratello selvaggio di prima.

Buck tunnisti hänet – se oli se villi veli edelliseltä päivältä.

Il lupo grigio uggiolò dolcemente e Buck rispose con un guaito.

Harmaa susi vinkui hiljaa, ja Buck vastasi vinkumalla.

Si toccarono il naso, silenziosamente, senza timore o minaccia.

He koskettivat neniään hiljaa ja ilman uhkaa tai pelkoa.

Poi venne un lupo più anziano, scarno e segnato dalle numerose battaglie.

Seuraavaksi tuli vanhempi susi, laiha ja monien taisteluiden arpeuttama.

Buck cominciò a ringhiare, ma si fermò e annusò il naso del vecchio lupo.

Buck alkoi murahtaa, mutta pysähtyi ja nuuhki vanhan suden kuonoa.

Il vecchio si sedette, alzò il naso e ululò alla luna.

Vanha istuutui, nosti kuonoaan ja ulvoi kuulle.

Il resto del branco si sedette e si unì al lungo ululato.

Loput laumasta istuutuivat alas ja liittyivät pitkään ulvontaan.

E ora la chiamata giunse a Buck, inequivocabile e forte.

Ja nyt kutsu tuli Buckille, kiistatta ja voimakkaasti.

Si sedette, alzò la testa e ululò insieme agli altri.

Hän istuutui alas, nosti päätään ja ulvoi muiden kanssa.

Quando l'ululato cessò, Buck uscì dal suo riparo roccioso.

Kun ulvonta lakkasi, Buck astui ulos kivisestä suojastaan.

Il branco si strinse attorno a lui, annusando con gentilezza e cautela.

Lauma sulkeutui hänen ympärilleen nuuhkien sekä ystävällisesti että varovaisesti.

Allora i capi lanciarono un grido e si precipitarono nella foresta.

Sitten johtajat kiljahtivat ja syöksyivät metsään.

Gli altri lupi li seguirono, guaendo in coro, selvaggi e veloci nella notte.

Muut sudet seurasivat perässä kuorossa ulvoen, villisti ja nopeasti yössä.

Buck corse con loro, accanto al suo selvaggio fratello, ululando mentre correva.

Buck juoksi heidän kanssaan, villin veljensä rinnalla, ulvoen juostessaan.

Qui la storia di Buck giunge al termine.
Tässä Buckin tarina päättyy hyvin.
Negli anni a seguire, gli Yeehats notarono degli strani lupi.
Seuraavina vuosina Yeehatit huomasivat outoja susia.
Alcuni avevano la testa e il muso marroni e il petto bianco.
Joillakin oli ruskea päässä ja kuonossa, valkoinen rinnassa.
Ma ancora di più temevano la presenza di una figura spettrale tra i lupi.
Mutta vielä enemmän he pelkäsivät susien joukossa olevaa aavemaista hahmoa.
Parlavano a bassa voce del Cane Fantasma, il capo del branco.
He puhuivat kuiskaten Aavekoirasta, lauman johtajasta.
Questo Ghost Dog era più astuto del più audace cacciatore di Yeehat.
Tällä aavekoiralla oli enemmän oveluutta kuin rohkeimmallakaan Yeehat-metsästäjällä.
Il cane fantasma rubava dagli accampamenti nel cuore dell'inverno e faceva a pezzi le loro trappole.
Aavekoira varasteli leireiltä syvän talven aikana ja repi niiden ansat auki.
Il cane fantasma uccise i loro cani e sfuggì alle loro frecce senza lasciare traccia.
Aavekoira tappoi heidän koiransa ja pakeni heidän nuoliensa läpi jäljettömiin.
Perfino i guerrieri più coraggiosi avevano paura di affrontare questo spirito selvaggio.
Jopa heidän urheimmat soturinsa pelkäsivät kohdata tämän villin hengen.
No, la storia diventa ancora più oscura con il passare degli anni trascorsi nella natura selvaggia.
Ei, tarina synkkenee entisestään vuosien vieriessä erämaassa.
Alcuni cacciatori scompaiono e non fanno più ritorno ai loro accampamenti lontani.

Jotkut metsästäjät katoavat eivätkä koskaan palaa kaukaisiin leireihinsä.

Altri vengono trovati con la gola squarciata, uccisi nella neve.

Toiset löydetään kurkku auki revittyinä, surmattuina lumesta.

Intorno ai loro corpi ci sono delle impronte più grandi di quelle che un lupo potrebbe mai lasciare.

Niiden ruumiiden ympärillä on jälkiä – suurempia kuin mikään susi pystyisi tekemään.

Ogni autunno, gli Yeehats seguono le tracce dell'alce.

Joka syksy yeehatit seuraavat hirven jälkiä.

Ma evitano una valle perché la paura è scolpita nel profondo del loro cuore.

Mutta he välttelevät yhtä laaksoa, jonka pelko on kaiverrettu syvälle heidän sydämiinsä.

Si dice che la valle sia stata scelta dallo Spirito Maligno come sua dimora.

He sanovat, että Paha Henki on valinnut laakson kodikseen.

E quando la storia viene raccontata, alcune donne piangono accanto al fuoco.

Ja kun tarina kerrotaan, jotkut naiset itkevät tulen ääressä.

Ma d'estate, c'è un visitatore che giunge in quella valle sacra e silenziosa.

Mutta kesällä yksi vierailija saapuu tuohon hiljaiseen, pyhään laaksoon.

Gli Yeehats non lo conoscono e non potrebbero capirlo.

Yeehatit eivät tiedä hänestä eivätkä voineet ymmärtää.

Il lupo è un animale grandioso, ricoperto di gloria, come nessun altro della sua specie.

Susi on suuri, loistokkaasti pukeutunut, ainutlaatuinen.

Lui solo attraversa il bosco verde ed entra nella radura della foresta.

Hän yksin ylittää vihreän metsän ja astuu metsäaukiolle.

Lì, la polvere dorata contenuta nei sacchi di pelle d'alce si infiltra nel terreno.

Siellä hirvennahkasäkeistä tihkuu kultaista pölyä maaperään.

L'erba e le foglie vecchie hanno nascosto il giallo del sole.

Ruoho ja vanhat lehdet ovat peittäneet keltaisen auringolta.

Qui il lupo resta in silenzio, pensando e ricordando.

Tässä susi seisoo hiljaa, miettii ja muistelee.

Urla una volta sola, a lungo e lugubremente, prima di girarsi e andarsene.

Hän ulvoo kerran – pitkään ja murheellisesti – ennen kuin kääntyy lähteäkseen.

Ma non è sempre solo nella terra del freddo e della neve.

Silti hän ei ole aina yksin kylmän ja lumen maassa.

Quando le lunghe notti invernali scendono sulle valli più basse.

Kun pitkät talviyöt laskeutuvat alempien laaksojen ylle.

Quando i lupi seguono la selvaggina attraverso il chiaro di luna e il gelo.

Kun sudet seuraavat riistaa kuunvalossa ja pakkasessa.

Poi corre in testa al gruppo, saltando in alto e in modo selvaggio.

Sitten hän juoksee lauman kärjessä hyppien korkealle ja villisti.

La sua figura svetta sulle altre, la sua gola risuona di canto.

Hänen hahmonsa kohoaa muiden yläpuolelle, kurkku elossa laulusta.

È il canto del mondo più giovane, la voce del branco.

Se on nuoremman maailman laulu, lauman ääni.

Canta mentre corre: forte, libero e per sempre selvaggio.

Hän laulaa juostessaan – vahvana, vapaana ja ikuisesti villinä.